风云激荡的建安时代

JIANAN
SHIDAI

曹操父子和建安七子

刘素平 著

团结出版社

© 团结出版社，2024 年

图书在版编目（CIP）数据

风云激荡的建安时代：曹操父子和建安七子 / 刘素平著 . -- 北京：团结出版社，2025.3. -- ISBN 978-7-5234-1369-2

Ⅰ . K236.09

中国国家版本馆 CIP 数据核字第 2024UR4619 号

责任编辑：王云强
封面设计：谭　浩

出　　版：团结出版社
　　　　　（北京市东城区东皇城根南街 84 号　邮编：100006）
电　　话：（010）65228880　65244790（出版社）
　　　　　（010）65238766　85113874　65133603（发行部）
　　　　　（010）65133603（邮购）
网　　址：http://www.tjpress.com
E-mail：zb65244790@vip.163.com
　　　　　tjcbsfxb@163.com（发行部邮购）
经　　销：全国新华书店
印　　装：天津盛辉印刷有限公司

开　　本：170mm×240mm　16 开
印　　张：22.5　　　　　　　　　字　　数：238 千字
版　　次：2025 年 3 月　第 1 版　　印　　次：2025 年 3 月　第 1 次印刷

书　　号：978-7-5234-1369-2
定　　价：68.00 元
　　　　　（版权所属，盗版必究）

目 录

序 言 ………… 1

第一章 曹操，权倾天下却终不称帝 ………… 1

  01. 孟德，小名叫阿瞒 ………… 4
  02. 入仕，被举为孝廉 ………… 13
  03. 起兵，中原初逐鹿 ………… 21
  04. 激战，曹操战吕布 ………… 28
  05. 执政，迎帝迁许都 ………… 36
  06. 攻势，东征与西讨 ………… 44
  07. 决胜，与袁氏鏖战 ………… 51
  08. 治理，为天下大计 ………… 61
  09. 位高，奏事不称臣 ………… 67
  10. 暮年，文化与文学 ………… 78

第二章　曹丕，贵为皇帝却不输文采 ………… 91

  01. 出生，广学而博览 ………… 94
  02. 开国，受禅台称帝 ………… 100
  03. 执政，帝王仅七载 ………… 108
  04. 文学，文人的领袖 ………… 121

第三章　曹植，天下一石却独占八斗 ………… 131

  01. 才情，脱口能成章 ………… 133
  02. 父子，受宠与失宠 ………… 141
  03. 兄弟，相煎何太急 ………… 149
  04. 成就，一石占八斗 ………… 156

第四章　孔融，家学渊源却少年励志 ………… 161

  01. 聪明，四岁能让梨 ………… 163
  02. 性格，忠义而刚直 ………… 169
  03. 举止，敢谏又侮慢 ………… 176
  04. 命运，覆巢无完卵 ………… 184

第五章　陈琳，三易其主却不改其志 ………… 191

  01. 首秀，力谏大将军 ………… 193
  02. 避难，千古第一檄 ………… 201
  03. 归附，无法减一字 ………… 208
  04. 结局，不幸染瘟疫 ………… 213

第六章　阮瑀，文字朴素却扣人心弦 ………… 219

    01. 身世，像玉的石头 ………… 221

    02. 不就，烧山逼做官 ………… 227

    03. 代笔，骑马能挥毫 ………… 231

    04. 才艺，诗赋扣心弦 ………… 236

第七章　徐干，生逢乱世却专志于学 ………… 243

    01. 勤奋，诵文十万言 ………… 245

    02. 出山，从曹操征战 ………… 251

    03. 辞官，归隐愤著书 ………… 256

    04. 成就，诗赋文见长 ………… 264

第八章　王粲，"七子"冠冕却英年早逝 ………… 271

    01. 神童，过目而不忘 ………… 273

    02. 附表，荆州十六年 ………… 280

    03. 归曹，赐爵关内侯 ………… 287

    04. 影响，"七子"之冠冕 ………… 293

第九章　应玚，踌躇满志却壮志难酬 ………… 301

    01. 门第，承博学家传 ………… 303

    02. 邺城，入文人集团 ………… 308

    03. 鸣雁，五官将文学 ………… 314

    04. 踌躇，德琏长于赋 ………… 319

第十章　刘桢，警悟辩捷却以文见贵 ………… 321

  01. 宗室，没落的神童 ………… *323*

  02. 辩才，恪职于三曹 ………… *328*

  03. 不拘，受不敬之罪 ………… *335*

  04. 诗人，五言之冠冕 ………… *341*

后　记 ………… 346

序　言

从汉末到魏初的大半个世纪间，在中国的文学史上，出现了一个建安文人集团，这是以一大批具有文学风骨的人所参与的文人集团，其中，曹操父子和"建安七子"是建安文人集团的中坚力量。

曹操父子指的是曹操、曹丕、曹植父子三人，"建安七子"则是指孔融、陈琳、阮瑀、徐干、王粲、应玚、刘桢七位文学家。

建安，是汉献帝的年号，也是东汉王朝的最后一个年号。

曹操父子在政治和文学上都有重要影响。

曹操是建安时期的实权人物兼文坛的头号领军人物。对建安文人集团的形成起到了决定性的作用。曹操以其诗歌著称，他的诗歌反映了汉末战乱和人民苦难，风格朴实无华、不尚藻饰，被鲁迅先生誉为"改造文章的祖师"。

曹丕和曹植也是建安文学的重要人物。受其父曹操的影响，曹丕和曹植也致力于文学创作，并将文学看作

"经国之大业，不朽之盛事"。他们的作品同样展现了建安文学的雄健深沉、慷慨悲凉的艺术风格，被后人尊为典范。

"七子"的称号，最早出现在曹丕所著的《典论·论文》中："今之文人，鲁国孔融文举，广陵陈琳孔璋，山阳王粲仲宣，北海徐干伟长，陈留阮瑀元瑜，汝南应玚德琏，东平刘桢公干。斯七子者，于学无所遗，于辞无所假，咸以自骋骐骥于千里，仰齐足而并驰。"

孔融、陈琳、阮瑀、徐干、王粲、应玚、刘桢七人，基本上代表了建安时期除曹氏父子之外的文学成就，所以"七子"或"建安七子"之说，得到后世的普遍承认。

在"建安七子"中，除了孔融与曹操政见不合之外，其余六人虽然各自经历不同，但都亲身受过汉末离乱之苦，后来投奔曹操，才在地位上发生了变化，获得了安定、富贵的生活。他们大多视曹操为知己，想依赖他干一番事业。因此，他们的诗与曹氏父子有许多共同之处。又因"建安七子"曾同居魏都邺中，又称为"邺中七子"。

在汉末乱世，以"建安七子"为代表的诸多文人，为了实现政治理想，又因钦慕曹操威名而会集到了曹魏的政治中心邺城，依附于曹操父子的邺下文人集团。于是，在地处北方的曹魏政权，就形成了以曹操父子为领袖，以"建安七子"为骨干力量的文学创作集团，以其鲜明的时代特征和个性，开创了中国文学的一个新局面。

在建安时期，由于良好的文学环境和自身的文学才华，以曹操父子和"建安七子"为代表，涌现出了大量的文学作品。这些作品，不仅数量大，内容也很广泛，主要涉及游宴、咏物、赠答、军戎、情爱五种题材。具体来说，有反映东汉末年动乱现实的，有反映战乱给人民带来巨大灾难的，有描写游子寄居他乡哀怨的，有描写亲友离别哀伤的，有反映作者豪情壮志的，等等。

曹操父子和"建安七子"的诗歌作品，慷慨悲凉、雄劲质朴，具有建安文学的典型特征。曹操的诗歌以慷慨悲凉为主，曹丕的诗歌以五言诗和七言诗成就较高，曹植的诗歌充满追求与反抗的精神，"建安七子"的诗歌语言慷慨激昂、刚健有力。

曹操父子和"建安七子"对于诗、赋、散文的发展，都曾作出过贡献。

"建安七子"的诗文各具特色。孔融擅长奏议散文，作品体气高妙。王粲的诗、赋、散文号称"兼善"，其作品抒情性强。刘桢擅长诗歌，诗作气势高峻，格调苍凉。陈琳、阮瑀，以章、表、书、记闻名当时。

曹操父子和"建安七子"，不仅是建安作家的主力军，而且是中国文学史上的璀璨星辰。他们的作品不仅代表了当时的文学高度，也对后世文学的发展产生了重要影响。

曹操父子和"建安七子"，不仅在文学上有很高的成就，在政治上也有很高的见解。他们的文学作品成为后世文人学习的典范，其政治主张也为后世政治家提供了借鉴。

曹操父子和"建安七子"的故事，被后世广为传颂，成为历史上的佳话。他们的家族背景和个人经历，也成为后世的谈资和教诲之言。

曹操父子和"建安七子"在历史的长河中独树一帜，他们的故事和思想，将激励着后世人去追求真理、智慧和公正。

第一章

曹操，
权倾天下却终不称帝

曹操，本名吉利，字孟德，小名阿瞒，沛国谯县人，太尉曹嵩之子。汉桓帝永寿元年（155年）出生在谯县，汉献帝建安二十五年（220年）病逝于洛阳，终年65岁，谥号为武。次子曹丕称帝后，追尊为武皇帝，庙号太祖。

曹操为举孝廉出身，选为郎官，历任洛阳北部尉、顿丘令、议郎，拜骑都尉等职。他因镇压了黄巾起义，而迁任济南相。又因政教大行，使得一郡清平，而又迁任典军校尉。他组织了关东诸侯联军讨伐董卓，再迁任为东郡太守，拜为兖州牧。他迎接汉献帝到许昌，拜司隶校尉、录尚书事、司空，迁丞相，挟天子以令诸侯。他消灭二袁、吕布、刘表、马超、韩遂等割据势力，降服南匈奴、乌桓、鲜卑等，基本统一了中国北方地区，并推行了恢复经济生产和稳定社会秩序的有效政策，比如：扩大屯田、兴修水利、奖励农桑、重视手工业、安置流亡人口、实行"租调制"等，因此，促使了中原地区政局稳定、经济向好，阶级压迫有所减轻，社会风气有所好转。

于是，汉献帝念及曹操的功劳，封他为魏公，加九锡。在建安二十一年（216年）时，又封为魏王，位居诸侯王之上。曹操擅长诗歌、散文，开启并繁荣建安文学。

主要成就：实行屯田制，提倡薄葬。消灭群雄，统一北方，奠定曹魏政权的基础。

主要作品：《观沧海》《龟虽寿》《让县自明本志令》《蒿里行》《孟德新书》等。

后世评价：东汉末年杰出的政治家、军事家、文学家、书法家，三国时期魏国奠基人。鲁迅赞之"改造文章的祖师"。唐朝张怀瑾在《书断》中将曹操的章草评为"妙品"。

01. 孟德，小名叫阿瞒

汉桓帝永寿元年（155年），在沛国谯郡，即今安徽省亳州市，一位后来成为东汉末年著名的政治家及文学家的人出生了，这个人不是别人，正是曹操，本名吉利，字孟德，小名阿瞒。

曹操的出生，让他的父亲曹嵩既激动又兴奋，竟然喜极而泣。因为，曹操是曹嵩的长子，曹操的出生标志着曹氏后继有人了。

曹嵩对曹氏新添男丁有如此大的反应，当然是有一些原因的，那就是：曹嵩乃是中常侍大长秋曹腾的养子，后改姓曹的。

曹腾，是经历和侍候了四代皇帝的宦官，在东汉的皇宫中很有名望。在汉桓帝时期，宦官曹腾因功被封为费亭侯。曹腾去世后，曹腾的养子曹嵩继承了曹腾的侯爵之位。曹嵩十分努力，在汉灵帝时期，入朝为官并做到了太尉一职。

对于曹嵩的本姓和原本的出身，史书上没有详尽的记载，后人猜测有多种说法：其一，曹嵩本姓夏侯，名为夏侯嵩；其二，曹嵩为汉相曹参之后；其三，曹嵩是养父曹腾的同族；其四，曹嵩本是被曹腾收留的流浪的乞丐。

总之，可以确定的是：曹操是费亭侯、太尉曹嵩的长子。

虽然曹操不是出身于显赫的世家大族，但儿时的曹操还是衣食无忧的，然而，在曹操的心中是有遗憾的。因为他的出身与世家大族出身的人比起来，逊色得多。因为父亲曹嵩是给宦官做养子的，这在世家大族的人们看来，地位还不如那些赘婿。

可以说，曹操是在周围宗族鄙视的包围圈里长大的。从小，曹操就很自卑，自尊心受到极大的扭曲，这在很大程度上影响了曹操性格的正常发展。

儿童时期，曹操是一个十分叛逆的孩子。他整天飞鹰走狗，游荡无度。曹嵩的同僚看到了曹操的所作所为，就提醒曹嵩要对曹操严加管教。

曹操听说了这个事儿，担心受到父亲的责罚，便开动脑筋想办法遮掩。

恰巧有一天，曹操在路上碰到那位向父亲告他状的人，他小脑瓜子一转，计上心来。于是，他立即装出中风的样子。那个人看见这样的状况大吃一惊，赶紧去将曹操中风的事告诉了曹嵩。

曹嵩赶紧沿路去寻找曹操，待见到他时，一切正常，就问："吉利，有位叔叔说你中风了，怎么这么快就好了呢？"曹操说："我并没有中风啊！噢，一定是这位叔叔不喜欢我，所以就诅咒我喽！"

此后，曹嵩的这位同僚再向他说儿子曹操的任何话，曹嵩都不相信了。

又有一天，那位曹嵩的同僚在大街上看见曹操就叫道"阿瞒"，曹操诧异道:"叔叔,我的小名叫吉利啊!"那位叔叔答道:"你小子,欺上瞒下,叫阿瞒再贴切不过了。"

从此,阿瞒越叫越响亮,直接就取代了吉利变为曹操的小名了。

曹操从小就是个胆大的孩子。

曹操很小的时候,就喜欢一个人到户外去做一些冒险的事儿,比如,上山攀登险境,下河到中游击水,等等。

当然,这些冒险的举动,曹操都是瞒着父母去的,因为父母亲对他的重视程度很高,是不允许他有一点点闪失的。因此,他想要去冒险和寻找刺激,就只有偷偷地去,回来之后也不敢告诉父母。

父母的担心不是多余的,在曹操10岁那年,他就遇到了一次命悬一线的危险。

奔腾的谯水,在谯郡的大地上蜿蜒着。因地势的不同和季节的不同,河水的流速也是时急时缓。

曹操喜欢游水。几岁的时候,他只是在家门前或平缓的河段游水嬉戏,可是,随着泳技慢慢地越来越好,他就不满足于水流平稳的小河沟了。

有一次,曹操听大人们说:在谯水的上游地段有一个龙潭,潭里的水深不见底且隐藏着一些不可预知的危险。于是,大人们就警告孩子们,一定不可以去龙潭游泳。

大人们说的话,对胆小的孩子能起到震慑作用,吓得许多小孩子都不敢去了,然而,却激起了曹操更加浓厚的兴趣。在遍邀小伙伴却没有人敢同去的情况下,曹操就只好一个人去闯龙潭了。

这一天,曹操来到谯水的龙潭边。此时,潭水的水面上,平静得没有一丝涟漪，龙潭周围绿树掩映，显得龙潭更加的幽深而静谧。似乎有一种无言的召唤，牵引着曹操情不自禁地游向龙潭深处。

曹操开心极了。心想：大人们真是会吓唬人，哪里来的危险呢？

然而，曹操还是高兴得太早了。

突然，一条凶猛的鳄鱼，无声无息地向曹操靠近，并向曹操张开了血盆大口……就在千钧一发之际，曹操发觉了。

面对着鳄鱼张牙舞爪地攻击，10岁的曹操没有半点畏惧，只见他沉着冷静地与鳄鱼周旋着，比鱼儿都灵活，使鳄鱼无法下口。有几次，鳄鱼眼见着就要咬到他了，却被他巧妙地躲过去了。

曹操一边灵活地躲闪着，一边快速地向岸边游，终于逃过了一劫。

曹操回家后，没有也不敢向家人提起鳄鱼的事。

后来，有个大人看见一条蛇而恐惧畏缩，曹操大笑道："一条蛇有什么可怕的，真是可笑！"

那位大人脸上挂不住了，抢白道："小孩子不知天高地厚，竟说大话，你胆大一个给我看看。"

曹操便天真地争辩道："我在龙潭碰到鳄鱼都不怕，这算不算胆大呢？"

一听说曹操曾斗过了鳄鱼，众人便纷纷询问细节，曹操一五一十地如实相告，大人们不能不信，无不惊叹曹操的胆略。

可以说，儿时的曹操虽然放荡不羁，却很有才华，且足智多谋，又善于随机应变。自幼，曹操就有机会接触上层社会的子弟，比如，日后成为劲敌的袁绍，就是曹操年少时的朋友。

袁绍的出身，一直是令曹操羡慕嫉妒的。

袁绍出生在东汉后期一个权倾朝野的世家大族——汝南袁氏。从袁绍的高祖父袁安时开始，袁家四世中就有五人官拜三公。袁绍出生在洛阳。虽然他一出生没多久父亲就去世了，但他一直受到叔父袁逢、袁隗的关爱。

袁绍不仅家世好，容貌仪态也相当出众，他的穿着经常被人模仿。袁绍幼年时做了郎官，弱冠时出任濮阳令，有清正能干的名声。当然，毕竟都是从少不更事的小孩子一步步成长起来的，小孩子的天性使然，在幼年时，袁绍肯定也会有调皮捣蛋的事。

据传，在年少时，曹操还有一则智激袁绍的故事。

年少时，曹操和袁绍两人在一起常常喜欢做游侠。

有一次，曹操和袁绍两个人正在街上游逛，见到一个大户人家正在娶亲，他们俩就停下来看热闹。

曹操与袁绍两个人如泥鳅似的在娶亲的人群中钻来钻去，不知不觉地就跟着娶亲的队伍，迈进了大户人家的大门。进门后，他们就到处闲逛。

这户人家的园子真是好大啊！逛着逛着，不知不觉地竟然忘记了时间。当太阳落到了山后面，他们才意识到很晚了。随着最后一抹晚霞消失，天一下子就黑了。两个人赶紧寻路想出去，却迷路找不到大门了。等到他们在黑暗中跌跌撞撞地终于找到大门时，新郎新娘已经入了洞房，吃席的人们已经散去，大门已经关上。也就是说，他们俩被关在别人家的园子里了。

怎么办？总不能不出去吧！

突然，只听到曹操大喊大叫道："有小偷！有小偷！快来抓小偷啊！"

曹操这一声大喊，把袁绍吓了一跳，说："你疯了吗？你这样子喊叫，不是把主人都喊出来了吗？"

曹操回答："要的就是这个效果呢！"

还没等袁绍明白曹操的用意，就看见这户人家的人，纷纷从房舍中跑出来察看。曹操又在暗夜中喊道："小偷向大门那边跑了。快开门追啊！"

人们就向大门口追去。曹操混入跑向大门的人群中，袁绍也跟着跑。待大门打开后，曹操率先挤出门，袁绍也跟着挤出门。

冲出大门后，曹操和袁绍怕被人逮住，两个人就像没头苍蝇似的拼命跑，跑着跑着，跑入了一片荆棘丛中。

袁绍实在是跑不动了，也顾不得形象，一屁股坐在地上，大口地喘着粗气："跑不动了，跑不动了。"

见状，曹操一边喘一边又大喊："小偷在这里！"

"别喊了，别喊了！"袁绍又惊恐又着急，一下子跳起来。曹操继续跑，袁绍也只得跟在曹操的后面继续跑。终于，两人看到并没有人追上来，他们才寻路，各自回家了。

青年时期的曹操，身高长到了约有7尺，他细眼长须，透着机智与警敏。然而，由于曹操任性好侠、放荡不羁，也不注重道德修养和不研究学业，所以当时的人，大多数都不看好他。

当然，也有几个人例外。其中，梁国人桥玄、南阳人何颙和汝南人许邵等认为他不平凡。

桥玄，字公祖，东汉梁国睢阳（今商丘）人。出生于世代官宦之家。7世祖桥仁，著有《礼记章句》，号曰"桥君学"。祖父桥基，曾任广陵太守；父亲桥肃，曾任东莱太守。

桥玄年少时初任睢阳县功曹，敢于搏击豪强。后来，桥玄又为齐相，视民如赤子，憎恶如水火，很有政绩。继而担任汉阳（今甘肃甘谷东）太守。汉桓帝末年，鲜卑、南匈奴及高丽一起进行挑衅，桥玄被推荐为度辽将军。接任后，桥玄首先休兵养士，然后督促各级将领率兵讨伐，将来犯之敌击败。桥玄任职3年，边境十分安定，被人们传为美谈。汉灵帝初年，桥玄担任河南尹，继而升任少府和大鸿胪。建宁三年（170年）又任司空，第二年三月为司徒，居三公之位。一年后，又拜为尚书令。光和六年（183年），桥玄任太尉，数月后，因病辞官，封拜太中大夫。

桥玄为官忠于职守，刚直端方，宽严相济，不徇私情，不阿权贵。桥玄性格刚烈，虽然扬威边陲，却能爱士亲仁，雍容谦和。桥玄的子弟亲属中没有担任大官的人。甚至当桥玄去世时，家无居业，丧无所殡。桥玄也是东汉著名的文学家和书画家。

当曹操还没有发迹时，无人知道他。曹操去拜谒桥玄。桥玄就对曹操说："天下将会混乱，没有安邦济世的才能是不能扭转乾坤的，能够安天下的人，看来非你莫属了！"

曹操常常感念桥玄是知己。后来，曹操带兵东征，路过桥玄墓，亲自撰写祭文，洒酒祭奠桥玄。

据《魏晋世语》记载：桥玄曾经劝说曹操拜访许劭，曹操造访后得到了许劭的接纳，由此声名鹊起。

许劭（邵），字子将，汝南平舆（今河南平舆）人。东汉末年著名的评论家。

对于许劭品评曹操的具体过程，有以下两种说法：

一是据《后汉书》记载，曹操在没有名气的时候，曾经置办厚礼很谦逊地求许劭为他看相。而当时许劭也没有看得起曹操，不肯为曹操说相，曹操便找了个借口威胁许劭，许劭不得已，就说："君清平之奸贼，乱世之英雄。"于是，曹操特别高兴地走了。

二是据《异同杂语》记载，曹操曾经问许劭："我是什么样的人呢？"许劭不回答。曹操坚持要问，许劭只得回答说："子治世之能臣，乱世之奸雄。"曹操听后大笑不止。

南阳何颙也对人说："汉朝天下将要灭亡，能够安天下的人，必定是此人了！"

何颙，字伯求，南阳郡襄乡县人。年少时在洛阳游学，结交了不少士人。后来又在太学中很有名。何颙一生中做了两件大事：一是保袁绍；二是密谋除董卓。

何颙因为与谋划铲除宦官的陈蕃、李膺、窦武等人交好，在党锢之祸失败后，何颙也被宦官们陷害。不得已之下，何颙只得隐姓埋名逃亡到汝南郡境内。何颙所到之处都结识英雄豪杰，因而在荆州、豫州一带都很有名气。

此时的袁绍因为仰慕何颙的豪侠仗义，也跑去结交，两人私下的往来频繁。何颙还与袁绍一起帮助很多穷困无助的人，使他们度过祸患，免于党锢之祸。

机缘巧合，何颙结识了曹操。虽然当时的曹操并没有太大的名气，但是何颙非常欣赏他，何颙觉得，时逢乱世，曹操是平定天下的不二人选。

其实，早年时，曹操就表现出对武艺的爱好与才能。他博览群书，特别是喜欢兵法书。曹操曾抄录古代诸家兵法韬略，特别是还对《孙子兵法》进行了注释，后人依据曹操的注释，形成了一部《魏武注孙子》著作，这部著作现仍然传世。

这就是曹操年少时的一些事。俗话说，从小看到老。少小时的积累，为后来曹操南征北战的军事生涯，打下了坚实的基础。

02. 入仕，被举为孝廉

东汉汉灵帝熹平三年（174年），20岁的曹操被举孝廉，开始在仕途上崭露头角。

汉武帝元光元年（前134年），汉武帝下诏："令郡国举孝廉各一人。"

由此，一种选才取士的制度——察举制，确立了。察举制的主要特征：由地方长官在辖区内随时考察、选取人才，然后推荐给上级或中央，经过试用考核再任命官职。

察举的科目，按照举期可分为常科（岁科）与特科两大类。岁科，有孝廉、茂才（秀才）、察廉（廉吏）、光禄四行；特科，分为常见特科和一般特科。在上述科目中，以岁科为先。

刚开始，孝廉不是常科，因此不被重视，后来，孝廉被规定为岁举常科，才受到重视，渐渐显示出了重要性。

孝、廉，即为"孝子廉吏"的意思。"孝"是指孝敬父母，"廉"是指清廉勤政。这是古时对官吏的普遍要求。

刚开始,举孝廉以郡为单位。到了东汉汉和帝时,采纳丁鸿和刘方的建议,改以人口为单位。后来,又采纳左雄的建议,限年龄40岁以上才得举,当然,这种"限年法"实行不久就废除了。

孝廉一科,在汉代属于清流之目,为官吏晋升的正途。因为被举孝廉之后,前程远大,升迁较快。孝廉出身的官吏,很被看重,所以精通儒学的高官及富豪子弟,都以被举孝廉作为人生的追求和目标。

汉武帝以后,察举孝廉成为入仕的正途,举孝廉也成为一种政治待遇和权力。察举孝廉的选人权在地方长官手中,地方长官就掌握了选人用人的绝对权力。举荐门生故吏、亲朋好友,甚至是营私舞弊、朋比结党,慢慢地就成为了地方长官们无法抵挡的举荐选人模式。因此,地方长官们出于私心的举荐,也就成为了察举制最大的弊端。

东汉汉顺帝阳嘉元年(132年)时,针对察举制的弊端,汉顺帝采用尚书令左雄的建议,对察举制进行改革,引入了考试机制,史称"阳嘉新制",被视为科举制的萌芽。

于是,察举再加上考试,就成为了汉代选官制度中的两个重要步骤。察举之后,是否选择这个人,还要经过考试,然后才能量才录用。察举与考试,相辅而行、相互为用。

从汉武帝开始,一直到东汉,许多名公巨卿都是孝廉出身,因此,可以说,察举孝廉这一制度,对汉代政治影响很大。被举孝廉,就相当于进入了仕途,然后,再往上升职的途径有:在中央,以郎署为主,再迁为尚书、侍御史、侍中、中郎将等官;在地方,则为令、长、丞,再迁为太守、刺史。

可以说,曹操在青少年时期,对自己的人设打造是成功的。因而，小有名声的曹操在20岁的时候就被举孝廉。举孝廉之后，曹操就由谯郡进入当时的京都洛阳为郎官，不久，又被任命为洛阳北部尉。

洛阳当时是东汉的都城，也是皇亲贵戚的聚居之地，关系盘根错节，很难治理。凭着一股闯劲儿，血气方刚的曹操刚刚就任洛阳北部尉一职，就申明禁令、严肃法纪。他制造了10余根五色大棒，悬挂在衙门口的左右两侧，主要是想起到震慑作用，意思是：有犯禁者，皆棒杀之。

在曹操申明禁令以后，有一些皇亲国戚，根本没有将曹操这个毛头小子放在眼里，因而有恃无恐地无视法纪，顶风违反禁令。

当时，规定夜晚几更天以后，在街道上行走是明令禁止的。在曹操任北部尉之前，这条规定形同虚设。因为那些公子哥们，习惯于夜夜笙歌，喝起酒来根本没有时间观念，并且在喝得烂醉如泥以后，甚至会在大街上吵吵嚷嚷耍酒疯，搅得四邻不安。

俗话说，恶习难改，习惯成自然。

有一个叫蹇图的人，惯于夜行。曹操的"五色大棒"虽然高高悬挂，他却视而不见，于是就出现了违禁夜行一事。偏偏他的这次违禁夜行，还被闹到了衙门口。上面是五色大棒，下面是证据确凿。曹操就是想包庇都不行。虽然，这个蹇图是当朝皇帝宠幸的宦官蹇硕的叔父，但曹操毫不留情。曹操坚持用五色大棒将蹇图处死，杀一儆百。曹操此举，着实将京师所有的人都给震慑住了。虽然恶习难改，但是每个人行事时都得掂量掂量，还要不要自己的小命。因此，所有人都敛藏了足迹，没有人公然违犯法纪了。

然而，久而久之，曹操也因此得罪了一些当朝权贵。权贵们为了一己之私，就想将曹操调离洛阳北部尉，还得找一个充足的理由。因为毕竟曹操是有政绩的，又碍于其父曹嵩的关系，所以权贵们就对曹操采取了明升暗降的调动，将曹操调离京师，到顿丘（今河南清丰西南）任县令。

汉灵帝光和元年（178年），曹操的堂妹夫濦强侯宋奇密谋对付宦官，事败反被宦官诛杀。曹操被怀疑与此事有关，因此受到了牵连，被朝廷免去了官职。

被罢官的曹操因为在洛阳无事可做，便回到家乡谯县闲居。此时的曹操23岁。两年后，即汉灵帝光和三年（180年），曹操又被朝廷征召，授职做议郎。

在议郎一职任上，曹操也是尽职尽责的。

在曹操上任之前，朝中就发生了一件大事。这件事的起因原本是大将军窦武和太傅陈蕃要密谋诛杀宦官，却因谋划事败，大将军和太傅反被宦官陷害。从立场上而言，曹操是支持大将军和太傅一方的。从议郎的职责而言，曹操也必须上奏章陈述其中的原委。因此，曹操撰写奏章，陈述了窦武等人是正直的好官，他们履职尽责，却遭到陷害。同时，曹操还在奏章中陈述：因为奸邪之徒满朝，才导致忠良之人得不到重用。然而，曹操虽然在奏章中言辞恳切，点明利弊，但没有引起汉灵帝的重视和采纳。

此后，曹操还曾多次上书进谏，虽然偶尔有一定的成效，但无奈的是，此时的东汉朝政已经日益腐败，积重难返。曹操知道：朝廷已经到了无法匡正的地步，他也只能是尽人事，听天命了。

汉灵帝中平元年（184年），此时的东汉王朝，朝堂上下腐败之风弥漫，宦官之间争斗不止，边疆的战事也不断发生，国势已经日趋疲弱。再加上，恰逢全国大旱，庄稼颗粒无收，朝廷却不减赋税。天灾加人祸，已经使老百姓走投无路了。于是，一呼百应。贫苦百姓在巨鹿人张角的号令下，纷纷揭竿而起。

张角所率领的起义军，人人都头扎一条黄巾作为标志，因此，史家称这次起义为"黄巾起义"。黄巾军高喊："苍天已死，黄天当立，岁在甲子，天下大吉。"短短十六字的口号，道出了人们的无奈与愤恨，也给出希望和目标。于是，起义军攻击猛烈，势如破竹，对东汉朝廷的统治产生了巨大冲击。

汉灵帝任命曹操为骑都尉，令曹操和黄甫嵩等人兵合一处，向颍川的黄巾军进攻。曹操等人不辱使命，率大军合围颍川的黄巾军，一番激战，大破颍川黄巾军，首战告捷。

汉灵帝中平元年，因为在征讨黄巾军中的赫赫战功，年仅29岁的曹操就被东汉朝廷升职，迁任济南国的国相。

汉朝长期实行郡国并行制。而此时的济南国，是一个封国，其实际掌权人是朝廷任命的国相。因此可以说，曹操年纪轻轻就掌握了一个诸侯国的实权，成为了一方封疆大吏。

在出任济南国相之前，曹操入朝向汉灵帝谢恩，并表明自己的衷心："此去济南，为陛下分忧，解济南国之难。"这确实是曹操的真实想法。曹操早就看不惯宦官把持朝政，为个人的私利就可以随意地降职或者是罢免官员。年轻气盛的曹操，得此机遇，决心励精图治，造福一方。

济南国，下辖10个县。各县的长吏大多无所作为，甚至是与权势勾结，无所顾忌地贪赃枉法，搜刮民脂民膏，致使战乱频仍，民不聊生。在曹操之前，济南国在10年内更换了27任国相，依然是一塌糊涂。

曹操了解的实际情况是：在济南相任内，不同流合污，就得得罪权贵。于是他下决心治理济南国的各种乱象，明令严苛，不徇私情。

到任之后，曹操没有盲目地采取治理措施，而是四处体察民情，从而找出了最亟待解决的两个问题：一是吏治腐败；二是迷信误人。

济南国是一个大的郡国，数年来，官场黑暗，上下勾结贪腐成风。曹操在寻访清查中发现，10个县的长吏，大多数是昏庸之徒，以欺瞒朝廷、鱼肉百姓为能。

曹操果断出手。上任伊始就直接罢免了8个县的长吏，并对所有官吏的业绩进行清查考核，将那些贪腐之徒，包括无能之辈，全部撤职查办并追究责任。同时，公平公开地运用举孝廉，选用贤能之人。

曹操新官上任的这第一把火，几乎改变了整个济南国的官吏构成。那些贪官污吏在济南国无法遁形，被吓得紧急逃往别郡他国。于是，整个济南国的吏治恢复清明，政令通畅，官风正派，一扫过去的政治陈病，出现了"政教大行，一郡清平"的大好局面。

接下来，曹操将第二把火，烧在了迷信害人的祠庙上。

最开始修建祠庙，是为了纪念平灭"诸吕"有功的城阳景王刘章，然而，慢慢地就变了味道。豪强贵族和官吏们勾结在一起，竟然以修建祠庙的名义，大肆敛财，中饱私囊，以致祠庙越修越多，发展到后来，仅济南国一个郡国，就修有祠庙600多座，使得济南国有了"千祠国"的别称，此风之盛如此可见。同时，豪强贵族们动不动就巧立各种名目组织祭祀活动，借机向普通民众敛财。随着祭祀的规模越来越大，骗的钱财也越来越多。

祠庙林立，祭祀迎神活动频繁，令民众苦不堪言，怨声载道。面对此事，曹操采取了简单粗暴的措施——拆毁。名义是禁断淫祀，移风易俗。

历时一个半月，拆除违规建造的众多祠庙，只有由宗族建造的家庙和有据可依的十几座祠庙得以保留。其中，将东南西北四方保留的几座祠庙用来兴办学堂，教化民众。同时，明令禁止民间的盲目祭祀活动，重新规定了祭祀制度和等级。由此，坑骗百姓钱财的祠庙与祭祀活动被禁绝，民风焕然一新。

经过曹操3年的治理，济南国吏治清明，民风淳朴，呈现出了百姓安居乐业，经济一派繁荣的景象，与当时东汉政治极度黑暗，朝堂上下一派混乱的局面，形成了强烈的反差。

这时，东汉朝廷已经处于没落之时，各种弊端已经到了积重难返的地步，甚至，就连买官的制度都摆到了桌面上。

没有人看到曹操的努力与辛苦，只看到了济南国的富庶，也眼红于曹操的济南国相之位。于是，就有人向汉灵帝奏本任命曹操为东郡太守。曹操虽然掌握了济南国的实权，但他还是朝廷命官，必须得听从朝廷的调遣。然而，对于这次明升暗降，曹操不肯迎合权贵们，于是，他不愿就职，托病回归故里。

春夏读书，秋冬弋猎，曹操在老家谯郡，又过起了暂时隐居的生活。

　　乱世出枭雄。曹操岂会长期归隐田园呢？当然，他在等待时机的出现，而时机很快就来了。

03. 起兵，中原初逐鹿

当黄巾起义风起云涌之时，各路诸侯也都开始蠢蠢欲动，纷纷以平息叛乱为由，拥兵自重。

整个天下纷乱并起。

曹操称病归乡隐居不久，冀州刺史王芬，联合南阳人许攸、沛国人周旌等地方豪强，密谋策划废黜汉灵帝，另立合肥侯为皇帝。当时，王芬等人希望归隐的曹操能够加入他们的行列，于是，将密谋之事告诉了曹操，但是被曹操拒绝了。后来，篡位事败，王芬自杀谢罪。曹操用敏锐的判断力，让自己逃过了一劫。

接着，西北金城郡的边章、韩遂等人，杀死刺史和太守，率10余万大军，发动叛乱，反叛朝廷。

汉灵帝中平五年（188年），为了巩固统治，汉灵帝在大将军何进的倡导下，在西园设置了八校尉。因为曹操的父亲曹嵩曾任太尉，所以朝廷又任命曹操为八校尉之中的典军校尉一职。

此时的曹操，33岁。

汉灵帝中平六年（189年），汉灵帝驾崩，太子刘辩登基，是为汉少帝。因为皇帝年幼，何太后临朝听政。

大将军何进是汉少帝的母舅，他想趁汉灵帝驾崩、宦官失势之机，诛灭十常侍，但没有得到临朝听政的何太后的支持。于是，何进采纳了袁绍的建议，召时任并州牧的董卓回京，想用武力胁迫何太后同意。然而，此举打草惊蛇，董卓尚未抵达京城，何进已经事露被宦官谋杀。

是年九月，何进虽然已死，但董卓岂能错失此等良机。董卓仍然以奉诏为由，大张旗鼓地率军进入了京都洛阳。董卓拥兵自重，不费吹灰之力就执掌了朝政大权，并把汉少帝废为弘农王，改立汉少帝的弟弟陈留王刘协为皇帝，是为汉献帝。

曹操的能力，特别是曹操在济南国相任上的政绩，董卓是了解的。董卓颇为欣赏曹操，便上表举荐其为骁骑校尉，打算与他共议朝事。

然而此时的曹操，对董卓的种种行为却不敢苟同，甚至认为董卓是倒行逆施，因此曹操不愿意与董卓合作。于是，曹操只得改名换姓，逃出京师洛阳，从小路向东准备返回老家谯郡。

当曹操出了虎牢关，路过中牟县境时，被一个亭长怀疑并被抓起来送到了县衙。幸好县衙里有人暗中认出了曹操，替曹操说清楚了身份，他才得已被释放脱身。

就在这时，董卓派人毒死了弘农王母子，即原汉少帝和临朝的何太后。由此，董卓自称太师，专擅朝政。

曹操从洛阳一直逃到了陈留郡己吾县。到陈留后，散尽家财，招募起义兵。是年十二月,曹操在陈留己吾起兵,并发出倡议,号召天下英雄一起讨伐董卓。

汉献帝初平元年(190年)正月,后将军袁术、冀州牧韩馥、豫州刺史孔伷、兖州刺史刘岱、河内太守王匡、渤海太守袁绍、陈留太守张邈、东郡太守桥瑁、山阳太守袁遗、济北国相鲍信等关东诸侯同时起兵,各拥兵数万,共推时任渤海太守的袁绍为盟主,结盟共同讨伐董卓。

此时的曹操,代行奋武将军,加入了讨伐董卓的行列。

汉献帝初平元年二月,董卓听到各地起兵,组成盟军讨伐他,就胁迫汉献帝刘协迁都长安。董卓在洛阳,焚毁汉家宫殿,挖开王陵,然后驱使洛阳数百万百姓一起同行。百姓们不愿背井离乡,董卓就派士卒大肆烧掠,致使洛阳方圆200里内,荒芜凋敝,杳无人烟,尽成瓦砾。

此时,盟主袁绍驻扎在河内,张邈、刘岱、桥瑁、袁遗驻扎在酸枣(今延津北一带),孔伷驻扎在颍川,袁术驻扎在南阳,韩馥驻扎在邺县。董卓兵力强盛,袁绍等讨伐董卓的关东诸侯盟军,因为惧怕董卓精锐凉州军的战斗力,都不敢向关西进兵追击董卓。

见此情形,曹操说:"兴起义兵讨伐暴乱,如今大军都已经会集起来了,诸位还迟疑什么呢?现在,董卓焚烧宫室,劫迁天子,已经引起海内震动,人们不知身归向何处,这正是上天让他灭亡的机会,一战就可定天下,应该趁机与之决战,可不能丧失这个良机啊!"说完,曹操便独自率军西进去攻打成皋(今河南郑州荥阳市西北),只有张邈派遣将领卫兹带领一部分人马随同前去。

当曹操行至荥阳附近的汴水岸边时，与董卓的大将徐荣部相遇并展开交锋。由于士兵的数量悬殊，曹操大败，士卒死伤大半，他自己也被流箭所伤，骑的马也受伤，幸亏得到堂弟曹洪救护，将自己的坐骑让给曹操，曹操这才得以趁黑夜逃走，幸免于难。而徐荣尽管战胜，也是损兵折将，再看曹操虽然兵士不足，却能竭力奋战一整天，徐荣就认定酸枣（今河南新乡延津县）兵多将广，更不容易攻打了，因此也带兵返回了。

曹操回到酸枣，各路义军已经会集了10多万人，但每天只是摆酒设宴，根本不考虑进兵的事。于是，曹操就再次建议："请诸位听听我的计划，可以吗？"

曹操的计划是：由袁绍率领河内的军队前往孟津，会聚酸枣的各个关东诸侯军防守成皋，占据敖仓，封锁轩辕、太谷二关，在控制住这些险要之地之后，再让袁术率军进驻丹水县和析县，挺进武关，使关中惊恐。各路大军都高筑垒壁，深挖堑壕，只围困董卓军，但不要与之交战，这表明以正义之师讨伐叛逆，是大势所趋，天下很快就可以平定。

然而，关东诸将都不肯采纳曹操的这个计划。曹操只得无奈地说："现在已经高举义旗，却还迟疑不敢进兵，就会让天下人失望，我私下替诸位感到羞耻！"

关东诸军名为讨伐董卓，实际上各怀鬼胎，目的都是伺机发展自己的势力。这样的一群乌合之众，结果就可想而知了。果然不久，诸军之间出现摩擦，竟然相互间还发生了火拼，友谊的小船说翻就翻了，于是，为讨伐董卓而结成的联盟军至此解散。

此时的曹操兵少言轻，计划虽周密，无奈没人响应。于是，曹操决定招募人马。他和夏侯惇等人到扬州招募，扬州刺史陈温、丹阳太守周昕给了4000多人。然而当回到龙亢时，新招募的士兵大多数都已经叛逃。到铚县和建平县时，又招募新兵1000多人。于是，曹操率领这些人马进驻河内。

汉献帝初平二年（191年）春，袁绍与冀州牧韩馥等谋划立幽州牧刘虞当皇帝。理由是：汉献帝刘协年幼，又受制于董卓，而且远隔关山，不知道是否还活着，而汉室皇族中岁数大、辈分高的人是刘虞。其实，袁绍是因为势力强大，立刘虞为帝，目的是学董卓挟天子以让自己师出有名。于是，袁绍和韩馥便以关东诸将的名义，派遣原乐浪太守张岐拜见刘虞，并呈上众议。刘虞却断然拒绝。又请刘虞领尚书事，承制封拜，刘虞也同样拒绝了。

曹操对袁绍想立刘虞为皇帝之事是持反对意见的。

袁绍与曹操曾经是少年时的好友，但袁绍很少能听从曹操的建议，也越来越不尊重曹操。袁绍曾经得到过一块玉印，他竟然用玉印对曹操采取侮辱的动作，使得曹操开始厌恶他。因为势力还不足以与诸侯抗衡，曹操只能暂时依附于势力强大的袁绍。

兖州刺史刘岱和东郡太守桥瑁结下了仇。刘岱杀了桥瑁，并让王肱兼任东郡太守。黑山一带的于毒、白绕、眭固等贼寇，率领10多万人马到魏郡和东郡抢掠，兼任东郡太守的王肱无法抵挡。曹操率军进入东郡，在濮阳攻击并打败白绕。于是，袁绍表奏朝廷举荐曹操为东郡太守，郡治在东武阳县。

汉献帝初平三年（192年）春，曹操驻扎在顿丘，于毒等人攻打东郡的郡治东武阳，曹操便以其人之道还治其人之身，领军向西进入黑山，去进攻于毒的大本营。于毒听说以后，急忙放弃东武阳回兵去守老巢。曹操在半路上截击眭固，又在内黄县攻打匈奴于夫罗。可以说，曹操在此期间取得了全胜的战绩。

汉献帝初平三年四月，董卓被王允、吕布所杀。董卓的部将李榷等人又杀死王允，并攻打吕布。吕布战败向东逃出武官，于是，李榷等人把持了朝政。董卓被杀死，标志着历时3年的董卓之乱结束了，然而东汉的政局因此发生了巨大的变化，董卓专权暴政所引起的诸侯讨伐，为群雄割据局势打下了基础。

就在董卓被杀的同一年，青州黄巾军百万人开进兖州地界，杀了任城国相郑遂之后，又转入东平国境内。兖州刺史刘岱打算攻打黄巾军，济北国相鲍信进言劝阻。刘岱不听，坚持与黄巾军交战，被黄巾军斩杀。

这时，曹操的部将陈宫建议道："刘岱被杀，兖州已经无主，您可据兖州为霸业之基，以争天下。末将愿意前去说服刘岱的部众，让他们邀请您去主持州政。"得到曹操的同意之后，陈宫就去找鲍信。济北国相鲍信原本就与曹操交好，听了陈宫的提议，二人一拍即合，立即前往东郡（治濮阳，今河南濮阳西南）迎接曹操为兖州（治昌邑，今山东金乡西南）牧。

曹操和济北国相鲍信两军兵合一处，进击寿张县东面的黄巾军，但以失败告终。此战过后，曹操开始改革军制，严明赏罚，以此激励将士。针对黄巾军无后勤辎重，只能靠抄掠供应的弱点，曹操用独创的"设奇伏，昼夜会战"的战法，采用奇袭战术，昼夜袭击，使黄巾军无所抄掠，终于反败为胜，多次击败黄巾军。最后，将拥有百万之众的黄巾军打得落荒而逃。然而，鲍信在乱军中奋战而死。曹操悬赏寻找鲍信的尸身都没有找到，只好令人用木头雕刻鲍信的形象，哭着祭奠他。

黄巾军被迫北撤，曹操随即下令追击。曹操将黄巾军残部一直追击到济北（治卢县，今山东长清南），在济北再次大败黄巾军。汉献帝初平三年冬天，黄巾军派使者向曹操求降。对于黄巾军的求降，刚开始，曹操是很意外，甚至是有疑虑的。因为曹操知道：虽然黄巾军被他打败，但仍然还有30余万人马，怎么就轻易甘心求降了呢？

黄巾军求降使者的话，让曹操释然了。

原来，曹操曾经担任济南国相的济南国，是隶属于青州的郡国之一。曹操在济南国的治理是深入人心的，受到了百姓的信任和爱戴。因此，青州黄巾军不仅愿意向曹操求降，而且是带着30余万兵卒而来的，还有100余万百姓愿意归附。于是，曹操整编投降兵卒中的精锐部分，组成一支新军，号"青州兵"，而老弱则安置屯田。

至此，兖州之战以曹操获胜告终。由此，曹操声威渐盛，实力大增。

04. 激战，曹操战吕布

到了汉献帝初平四年（193年）春，战争局势又发生了变化。表现最突出的就是袁术和袁绍产生了矛盾。袁术向公孙瓒求援，公孙瓒就派刘备驻兵高唐、单经驻兵平原，陶谦驻兵发干，以此来威胁袁绍。此时曹操仍然依附于袁绍，两人会同出击，将他们都打败了。

于是曹操驻军鄄城。荆州的刘表逼近了南阳，切断了袁术的粮道和后路。袁术率军进入陈留，驻兵封丘，又收服了黑山军余部和匈奴于夫罗军为自己助力，目标直接指向位于兖州西北的曹操。

袁术派部将刘详驻守匡亭。曹操攻打刘详时，袁术去救援。曹操乘机主动向袁术进攻。袁术大败。

袁术退守封丘，曹操又将袁术包围，还没等到合围，袁术害怕腹背受敌，不战而溃，逃往襄邑。曹操挥师步步追击，追到太寿时，掘开渠水灌城。袁术又逃往宁陵，曹操继续追击。曹操引兵接连打败袁术所部，袁术军连连败退，一直退到了九江郡的淮水流域一带。

这样，曹操通过600里的大追击，大败了袁术，以及助力袁术的黑山军、匈奴于夫罗等部，从此解除了袁术对兖州的威胁。

在此期间，还有一个曹操带兵望梅止渴的故事。

有一天，曹操带兵出征，途中找不到有水的地方，士兵们都很口渴。

这时，曹操突然心生一计，然后，他就叫手下人传话给所有的士兵们说："前面就有一大片梅林，结了许多梅子，又甜又酸，可以解渴。"

士兵们一听，情不自禁地嘴里直流口水，并加快了行进的步伐。

就这样，曹操引领着士兵们，凭借着想象中的酸梅，战胜了饥渴，最后，得以到达有水源的地方，真正解了渴。

汉献帝初平四年夏，曹操回军定陶。

与此同时，下邳人阙宣聚集了几千人，自称为天子。徐州牧陶谦联合阙宣一同起兵，攻占了泰山郡的华县和费县，又夺取了兖州南部的任城。

同年秋，曹操也率军自兖州出发向徐州出兵，开始征讨陶谦。曹操大军势如破竹，接连攻克徐州附近的10余座城池。当曹操率军行至彭城时，与徐州牧陶谦军相遇，于是，两军展开了一场激战。结果，曹操获得大胜，迫使徐州牧陶谦败退到郯县，守城不敢出战。曹操纵兵进入徐州城，又进军取虑、睢陵、夏丘等县。曹军所过之处，鸡犬皆尽，乡邑无复行人。

汉献帝兴平元年（194年）春，因为粮草不足，曹军才收兵撤军，从徐州回到兖州。

曹操执意进攻陶谦，并大肆杀戮，是有一定原因的——志在复仇。

事情是这样的。

曹操的父亲曹嵩辞去官职以后,回到了老家谯郡养老隐居。当董卓之乱发生时,曹嵩避难到了琅琊。汉献帝初平四年秋,曹嵩又带着家人,从琅琊准备到兖州投奔长子曹操。不料,行至途中,曹嵩及家人都被陶谦的部将张闿杀死。因此,志在复仇的曹操就将杀父之仇,归怨在了陶谦身上。

到了汉献帝兴平元年(194年)夏天,曹操派荀彧、程昱两人守卫鄄城,重新发兵再攻徐州,征讨陶谦。闻讯,陶谦便向青州刺史田楷告急,而田楷则带着当时已经投奔他的平原国相刘备一起率兵前去救援。此时的刘备,仅拥有自己的军队数千人。来到徐州以后,陶谦就又增拨了丹阳郡的4000兵士归刘备指挥,于是,刘备就脱离了田楷,转投到陶谦帐下。此后,陶谦也投桃报李,上表汉献帝,推荐刘备担任了豫州刺史,驻扎在小沛。

此次,曹操连下五城,夺取的地盘很多,一直到东海郡地界。当曹操率军经过郯县时,陶谦早已安排曹豹和刘备在郯城东部设伏。于是,曹操与曹豹、刘备之兵又展开了一场遭遇战。战役的结果是曹操大胜。

此后,曹操又攻克了襄贲,然而,正当曹操准备乘胜追击彻底击破陶谦之时,后方根据地兖州却发生了政变,曹操不得不火速撤军,返回兖州救援。

原来,汉献帝兴平元年夏,陈留太守张邈和陈宫,趁曹操进攻徐州之机,反叛曹操,迎立吕布为兖州牧。

张邈与曹操本来是好友。当年曹操从洛阳逃出来时，曾经得到张邈的庇护。当曹操在陈留起兵时，也曾得到张邈的大力帮助，并且曹操曾经是张邈的部属。正是由于曹操出任了兖州牧，反而位列张邈之上，导致张邈心怀不满，于是，两人便渐渐互相起了疑忌。

陈宫，兖州东郡人，是后来依附于曹操的。当年陈宫亲自说服兖州士人迎立曹操为兖州牧。由于曹操在兖州的某些作为，引起了兖州士人的强烈不满，陈宫心里不安，才又说服张邈反叛曹操，迎立吕布为兖州牧。

吕布，本是一代名将。在汉献帝初平三年，吕布与司徒王允诛杀董卓后，遭到李傕、郭汜等人的进攻，便逃出长安。吕布先后逃奔袁术、袁绍等人，这几位都害怕自己会成为董卓第二，因此都不接见和容留吕布。最后，当吕布路经陈留时，被陈宫、张邈等人迎到了濮阳，让他出任兖州牧。

陈宫、张邈在兖州时间很久，影响较大，再加上曹操大军远在徐州，既然陈宫、张邈两人已经反了，兖州各郡县就纷纷响应了。在兖州牧曹操进攻徐州之际，兖州发生叛乱，曹操在徐州一听说兖州生变，恐怕进退失据，便火速撤兵回救兖州。

曹操在出征讨伐徐州的陶谦之前，将兖州大本营的事务交由司马荀彧处置。当荀彧闻听陈宫、张邈反叛的消息之后，急令驻守在东郡的大将夏侯惇回军来固守兖州的治所鄄城，同时，又派程昱出兵镇守范县、东阿两县。荀彧和程昱艰难保住兖州治所鄄城，范县、东阿两县也尚在曹操掌握之中，除此以外，其他各郡县都叛乱策应吕布，形势变得十分紧张。

曹操回军救援，途中，闻报吕布未能攻下大本营——兖州州治鄄城，而是驻军在西面的濮阳。曹操心中极为高兴，对部将们说："吕布忽然之间得到兖州之地，但是没有占据东平，切断亢父、泰山的通道，凭借险要地形来截击我军，反而屯兵在濮阳，我断定他不会有太大作为了。"

于是，曹操没有立即回军兖州，而是转向濮阳进军。

吕布乃一代名将，并不是浪得虚名。闻听曹操向濮阳攻来，吕布便让濮阳的大姓氏人家实行反间计。

当曹操兵临濮阳城下时，有大户人家就暗中来到曹营，谎称要协助曹操打开城门，并擒拿吕布。这大户人家说得言之凿凿，曹操也是获胜心切，就信以为真，被大户人家欺骗入了城。曹操率军进入濮阳城之后，便命人用火烧了城门，激励将士们只有前进不能后退。

然而，就在这时，吕布伏兵突然强势出击，犹如神兵天降，占据有利地形，对曹军展开了密集的攻击。吕布先用骑兵侵袭曹军，后路已经被切断的曹军，进不能进，退不能退，因此，阵势一下子就溃乱了。

曹操单骑趁乱逃跑，却误入了吕布军中。好在吕布士兵并不认识曹操，还问曹操："曹操何在？"曹操用手向前一指，谎称："前乘黄马跑者便是。"闻言，吕布的士兵们向前追去。

而曹操在冒火的城门处穿门而出，落马，左手掌也被火烧伤了。司马楼异看见，扶着曹操上自己的马，这才得以脱险。曹操还未返回营寨，所骑的马先跑回了营寨。将士们没有看见曹操，都很惊慌。回营后曹操勉强支撑着去慰劳安抚将士，并下令军中赶快制作攻城器械，准备再次攻城。

曹操初战败于吕布，对自己很恼火。可以说，自陈留起兵以来，曹操还从来没有输得这么惨过，况且，这次不是输在了交战上，而是输在了自己决策的失误上。对方还没损失一兵一卒，而己方就已经溃不成军了。因此，曹操不仅懊恼，而且感到很羞辱。

曹操回到治所重整旗鼓，反复发起对濮阳的进攻，与吕布对峙达百余日之久，然而，曹操始终不能攻克濮阳。这时因为蝗虫灾害暴发，吕布、曹操两军中的军粮都接济不上了，于是，双方暂时休战，各自引兵退去。

汉献帝兴平元年九月，曹操率军回到了鄄城。而吕布先是退到乘氏县，被当地人李进打败，便继续往东，将兵屯在山阳。

此时，冀州牧袁绍见曹操丢失了兖州，又逢天灾，军中已经没有多少粮食了，便派遣使者对曹操说想要两军合兵一处。说是兵合一处，其实袁绍就是想将曹操收编。袁绍还想将曹操的家属迁居到邺城，名为照顾，实际上是当人质，迫使曹操成为袁绍部属后为其所辖制。曹操原本想答应袁绍，但听了谋士程昱的建议后，曹操才打消这个念头，断然拒绝了袁绍的收编。

十月，曹操到了东阿县。

这一年，天灾人祸，米谷一斛值50多万钱，真的出现了人吃人的现象。于是官府遣散了新招募的士兵和力役。陶谦死去，刘备接替了徐州牧。

汉献帝兴平二年（195年），恢复了元气的曹操，整军再战吕布，并且三次击败了吕布。

第一次曹操战吕布是在汉献帝兴平二年的春天。

曹操率军袭击定陶，因为定陶据守南城死战，曹操未能攻下。这时，恰巧吕布率兵赶到了，于是，曹操又迎击吕布，并击破了吕布军。

第二次曹操战吕布是在汉献帝兴平二年的夏天。

吕布的部将薛兰、李封屯兵在巨野，曹操率军攻击薛兰兵。薛兰不敌，就向吕布求救，吕布便立即前往搭救薛兰。

当然，此时的曹操已经不是以前的曹操了，他怎么会给对手留下夹击他的机会，因此还没等吕布到达，曹操就已经将薛兰打败，并杀了薛兰。然后，曹操再举兵迎击吕布，吕布见薛兰已败，救援已经毫无意义了，便前队变后队开始撤退。曹操借机追击搏杀，两军又是一阵激战，曹操又略胜一筹。

不久，曹操与吕布又展开了第三次激战。

这一次，吕布是在东缗与陈宫会合，率领万余众来战，反攻曹操。这时，曹操兵少，营中不足千人。大敌当前，敌强我弱，曹操沉着冷静地想出了对策。于是，曹操在吕布的军营外设伏，以奇兵突袭吕布军，把吕布打得大败。曹操率军冲进吕布的大营，混乱中吕布乘夜逃走。曹操继续进兵，收复定陶，又分兵平定了周边各郡县。而已经溃不成军的吕布，只得一路继续向东奔逃，最后归附了徐州的刘备。

此时，那位与曹操先是好友，后来又在关键之时背叛曹操的张邈，也追随着吕布逃到了徐州。曹操将兖州全部收复。与此同时，张邈让他的弟弟张超，带着他的家属，逃到雍丘据守。于是，汉献帝兴平二年八月，曹操又兵围雍丘。

汉献帝兴平二年十月，汉献帝正式拜曹操为兖州牧。至此，兖州又为曹操所控制。

十二月，在曹操的强大攻击下，张超据守的雍丘兵崩溃，张超战败自杀。曹操入城杀尽了张邈的三族。唯有张邈奔向袁术求救，然而，行至中途，张邈就被他自己的乱兵所杀了。至此，曹操控制下的兖州完全平定，于是，没有了后顾之忧的曹操，便领兵继续向东，攻取了陈国一带。

05. 执政，迎帝迁许都

东汉献帝初平三年（192 年），董卓旧部李傕、郭汜等人以给董卓报仇为借口率军攻陷长安，杀死司徒王允等人，控制汉献帝刘协，开始把持朝政。然而，李傕、郭汜等人因为意见不统一发生火拼，史称"李郭之乱"。

汉献帝兴平二年（195 年）六月，李傕的部下杨奉率部背叛李傕，李傕的势力逐渐衰落。同月，张济从陕县来劝和，想把献帝暂时安置在弘农。汉献帝也思念旧京，于是派人恳请李傕东归，往返十数次李傕与郭汜才答应。

七月，汉献帝乘车出宣平门，正要过护城河桥时，郭汜部下数百名士兵在桥上拦住去路，使汉献帝的车驾无法前进。汉献帝说："你们怎敢这样迫近至尊！"郭汜军队才撤退。晚上在霸陵，侍从官员与卫士都饥饿不堪，张济根据各人官职大小，分别给予饮食。

汉献帝拜张济为骠骑将军，回陕县驻守。升任郭汜为车骑将军，杨定为后将军，杨奉为兴义将军，董承为安集将军。郭汜等人一起护送汉献帝，郭汜想让献帝前往高陵，公卿与张济都认为应该去弘农。汉献帝派使者告诉郭汜："朕只是因为弘农离祭祀天地之处和祖先宗庙较近，并无别的意思，希望将军不要猜疑！"郭汜仍不服从。汉献帝便整天不肯吃饭，郭汜听后说："可以暂且先到附近的县城，再作商议。"

八月，汉献帝銮驾到达新丰。不久，郭汜又阴谋胁迫献帝西还。侍中种辑得到消息后，秘密通知杨定、董承、杨奉，命他们到新丰会合。郭汜阴谋败露，逃入终南山。八月初五，汉献帝到达华阴，宁辑将军段煨等与后将军杨定等人又展开了对汉献帝控制权的争夺。

此时，李傕与郭汜后悔放汉献帝东归了，又赶来加入争夺。十二月，争夺的将领们在弘农东涧大战。汉献帝露宿在曹阳，董承、杨奉假意与李傕等联合，而秘密派人到河东去搬救兵，击破李傕等人后，汉献帝的车驾才得以前进。李傕等又率军而来，死伤无数。从东涧开始，40里当中攻杀不断，好不容易才到陕县，扎营守卫。

然后，董承、李乐等人护卫汉献帝渡过黄河。汉献帝到了河东大阳县以后，住在百姓家里，然后到李乐营中。当时百官饥饿，河内太守张扬派数千人背米前来进贡，汉献帝这才坐着牛车，定都安邑。

汉献帝建安元年（196年）七月，汉献帝终于到达洛阳。

从汉献帝兴平二年（195年）七月至汉献帝建安元年（196年）七月，整整一年时间，汉献帝刘协为摆脱李傕、郭汜的控制而东迁的历史事件才宣告完成，史称"献帝东迁"。

当汉献帝在东迁的路上艰难行进时，汉献帝建安元年正月，曹操的军队到达武平，袁术任命的陈国相袁嗣投降，于是，曹操占据了武平。

曹操想要迎接汉献帝，将领中有人表示疑虑，然而曹操最倚重的荀彧和程昱两人是赞同和鼓励的，于是曹操就派曹洪率军向西去迎接汉献帝。然而，卫将军董承和袁术的部将苌奴凭险抗拒，使得曹洪无法前进，无功而返。

此时，汝南郡、颍川郡的黄巾军何义、刘辟、黄邵、何曼等部，各有兵数万人。起初追随袁术，后又依附孙坚。

汉献帝建安元年二月，曹操率兵攻打何义等人，在许县一带击破了何义等各路黄巾军，杀了刘辟、黄邵等人，何义及其部众投降。随即，曹操攻下了许县（今河南许昌），使其势力发展到豫州（今安徽亳州一带），曹军的实力也有所增强。

汉献帝东迁途中，曹操就被汉献帝拜为建德将军。

六月，与曹操早已有联系的议郎董昭认为曹操是天下英雄，就给曹操献计说："杨奉的兵马最强，然而朝中却没有党援，可以借机用计让杨奉相信您能成为他的外援。"董昭又对杨奉说曹操可以成为外援，杨奉果然大喜，于是，上奏表恳请汉献帝升曹操为镇东将军，并承袭了其父曹嵩的费亭侯爵位。

这年七月，杨奉、韩暹终于把汉献帝送到了洛阳。杨奉驻守在梁县，而韩暹和董承留在京中守卫皇宫。然而，当汉献帝回到洛阳以后，大臣杨奉、韩暹、董承等人，也互相猜忌出现了不和。韩暹居功自傲、为所欲为，扰乱政事，董承忧虑之下，便秘召曹操入朝勤王，以节制韩暹等人。

这样，曹操就慢慢走入了汉献帝的视线，也得到了汉献帝几位宠臣的信任。

于是，汉献帝建安元年八月，曹操就名正言顺地来到洛阳，入朝进贡，赐给公卿以下百官。觐见汉献帝时，曹操奏请了韩暹、张扬等人的罪过。韩暹怕被杀，便单骑投奔杨奉，汉献帝因为此前韩暹、张扬等人护送保驾有功，诏令赦免了他们，不再问罪。

这样，汉献帝以曹操领司隶校尉、录尚书事、假节钺等职权，总领朝政。曹操也以护驾之功，奏请汉献帝封卫将军董承等13人为列侯，并以罪行，奏请汉献帝杀侍中台崇、尚书冯硕等3人。

这样，曹操便开始执掌朝政大权。

曹操入朝执政后，本想立即迁都到许县，但是考虑到汉献帝久经颠沛流离，形势初定，怕再次迁都引起非议，为此，曹操有些犹豫不决。于是，曹操就问计于议郎董昭。

董昭就给曹操分析道：现在的洛阳人多意杂，各怀心事，不好控制局面，要想成就大事，就只有迁都一条路可走。行非常之事，才能有非常之功。从大处着眼，要早做决断。

当曹操又顾虑到驻扎在梁县的杨奉时，董昭又建议道："先派人拜谢杨奉奏表镇东将军的恩情，再以洛阳粮食困难为由，向杨奉提出先让献帝暂时到距离许县比较近的鲁阳居住，以便保证粮食供应。杨奉有勇无谋，一定不会怀疑的，那么，我们就将献帝直接迎至许县。"

于是，曹操依董昭计而行，果然成功。等到杨奉获知真相，再起兵阻截时，早已经来不及了。

汉献帝建安元年九月，曹操终于将汉献帝迎至许县，然后，以许县作为都城。到达许都之后，汉献帝任命曹操为大将军，并封为武平侯。自从皇帝西迁，朝廷一天比一天混乱。直到迁都到许县，宗庙社稷和各种礼仪制度才重新建立起来。

曹操以洛阳残破为由，把汉献帝迁到许县，从此开始了曹操"挟天子以令诸侯"的时代。

同年十月，曹操出兵讨伐杨奉，激战之后，杨奉兵败南逃，投奔袁术。于是，曹操攻占了梁县。

可以说，迁都于许县，使得曹操在政治上取得了"挟天子以令诸侯"的优势地位。当袁绍得知这一情况后，在后悔自己没先走这一步棋的同时，遣使让汉献帝改迁都城到离冀州较近的鄄城，这样就有利于袁绍控制朝政了。

此时的曹操，虽然实力在袁绍之下，但他拒绝了袁绍，汉献帝也就拒绝了。

不久，汉献帝任命袁绍为太尉，但是袁绍耻于位于曹操之下，便不肯接受。因为袁绍此时的实力比曹操雄厚，曹操还不敢得罪他，就将自己大将军名号让给袁绍。于是，汉献帝改任曹操为司空，代行车骑将军。

无论如何，迁都到许县之后，曹操是将汉献帝紧紧控制在了自己手中。曹操以亲信充任皇宫卫士，又以亲信谋士荀彧为侍中、守尚书令，当曹操出征时，朝政便由荀彧总理。

因此，可以说，从此，大权已归曹氏，汉家天下已有名无实了。

曹操大权在握以后，可以按照自己的想法处理事情了。

首先，在汉献帝建安元年，曹操笼络了两个人到自己的麾下。

第一个人是刘备，字玄德。

汉献帝建安元年九月，刘备被吕布攻破小沛，弃妻子而逃。十月，刘备就投奔了曹操。程昱劝说道："我看刘备有雄才大略，而且很得人心，终究不会甘居人下，不如趁早除掉他。"曹操说："现在正是招揽天下英雄的时候，除掉一个人会失去天下人的心，不能这样做。"

因为曹操一直看好刘备，见刘备来投靠自己，高兴地接纳并待之甚厚。不仅任命刘备为豫州牧，还供给他军粮，增加他的将士，又派刘备收合散兵，向东攻击吕布。此后，曹操还上表为刘备取得左将军之职。

可以说，曹操对刘备极为敬重，达到了与刘备出则同舆、坐则同席的地步。而此时的刘备也只能暂时栖在曹操之所。

当然，刘备不可能是久居人下之人，后来的事实也说明了这一点，当然那是后话了。

第二个人是郭嘉，字奉孝。

在汉献帝建安元年，曹操很器重的一位谋士邓志才去世了。伤心之余，曹操就让荀彧再推荐一位可以接替邓志才的谋士。于是，荀彧就将自己的好友郭嘉推荐给了曹操。

曹操听到荀彧对郭嘉的介绍就十分高兴，于是，亲自十里相迎将郭嘉接入了自己的营帐，共论天下大事。

很显然，作为曹操的得力干将荀彧的好友，郭嘉此前肯定对曹操的志向抱负、脾气秉性做足了功课。因此，小曹操15岁的郭嘉，对曹操的想法和心思了如指掌。当曹操就天下形势向郭嘉问计时，郭嘉一语道破要害。

郭嘉建议道："首先要趁袁绍攻击公孙瓒之时先消灭吕布，这样，既可以使我军扩大实力，又可以避免以后我军袁决战时吕布在侧翼的威胁。"

曹操又问："作为谋士，最关键的素质是什么？"

郭嘉答道："战争和下棋一样，其实，所有的战争都是事先部署好的，而作为排兵布阵的谋士，熟读兵法只是入门功课，考验一位谋士优劣的关键是临场应变的能力。"

郭嘉的话，让曹操堵着的心一下子透亮了。曹操情不自禁地感叹道："使吾成大事者，必此人也。"

而当郭嘉离开曹操的营帐后，也是大喜过望地自言自语道："真吾主也。"从此，郭嘉便当上了曹操的军师祭酒，为曹操的四方征战出谋划策，忠心效力。

可以说，此次曹操与郭嘉的会面，在重要性上来说，绝不亚于后来刘备与诸葛亮的"隆中对"。

其次，曹操实行屯田制度。

军粮问题是诸侯混战时期主要需要解决的问题。于是，曹操采纳了枣祗、韩浩等人的建议，实行屯田。当然，这需要人力和物力，曹操就想到了利用熟悉农耕的汝南、颍川的黄巾军的人和物。回归相对稳定的农耕田园生活之中的农民们，获得极大的满足感和成就感，农民之所以起义，是因为想过上这样的日子。

曹操实行屯田的当年，就获得了粮食百万斛。于是，他下令各州郡，都要置田官，招募百姓进行屯田。

曹操实行的屯田，共分为民屯和军屯两种。

民屯，是由政府分给屯田的百姓一块田地耕种，收获后与政府分成。当时，对分成还作了具体的规定，同时，曹操还从中央到地方，层层任命了主管民屯的官员。

军屯，是由军队屯田，方法和民屯相类似，只是各级田官的主管由军队的将士担任。

在当时粮食奇缺、饥荒不断的情况下，屯田很好地解决了曹操的军粮问题，同时，也使北方久经破坏的社会经济得到恢复。

可以说，这是曹操在经济上的一大成功，也是曹操后来能够统一北方的重要条件。

06. 攻势，东征与西讨

从汉献帝建安二年（197年）到汉献帝建安四年（199年），曹操讨伐张绣，东征袁术所部，再讨李傕，进攻久与他为敌的吕布。

汉献帝建安二年正月，曹操来到宛城。

张绣前来投降。张绣是张济的侄子。张济因在汉献帝东迁的过程中护驾有功，被汉献帝封为骠骑将军，驻守陕县。因为反对汉献帝迁都到许县而与曹操为敌，兵败后从关中逃到南阳。张济死后，侄子张绣接管了他的军队。

张绣投降曹操之后不久又反悔了，再次反叛曹操。曹操没想到张绣是个出尔反尔的小人。由于对张绣的为人估计不足，张绣的突然反水，打了曹操一个措手不及。曹操仓促与张绣交战，结果败得很惨。不仅曹操自己被乱箭射中，而且大儿子曹昂和侄子曹安民遇害身亡。不得已之下，曹操引军退回到武阴。张绣率领骑兵来进攻。这次曹操有了准备，不出意外地将张绣打败。张绣败逃去了穰县，与刘表联合。

战后,曹操痛定思痛,对将领们说:"我接受张绣投降没错,错就错在没有立即取得他们的人质,因此才弄到这种地步。我已经明白了失误的原因。诸位看着吧!这是血的教训,从今以后再不会失败了。"

于是,曹操引军回到许都。

袁术想在淮南自称皇帝。袁术认为吕布是可以拉拢的人选,便派人去通知吕布。没想到,吕布扣留了袁术的使者,并把袁术的书信上报了朝廷。

袁术大怒道:"吕布小儿,果然是翻脸不认人的主,看我怎么收拾你!"

袁术攻打吕布,却被吕布击败。

汉献帝建安二年九月,袁术又转去进犯陈国。曹操率军往东去攻打袁术。袁术闻听曹操亲自率军前来,还没交战,便丢下军队独自逃跑,只留下部将桥蕤、李丰、梁纲、乐就等人防守。

袁术之所以闻曹操之名就丧胆,是因为中原初逐鹿时,曹操的600里大追击给他造成了巨大的心理阴影,那种感觉真是太恐怖了。

果然,曹操率兵到达,桥蕤等人兵败都被杀。幸亏袁术跑得早,才得以逃过淮河,暂时捡回一条命。

于是,曹操又引军回到许都。

当曹操从舞阴离开返回时,南阳、章陵等县又都反叛依附了张绣。曹操便令曹洪引军去攻打南阳和章陵。曹洪交战不利,只得退后驻守叶县。其间,曹洪多次遭到张绣、刘表的侵袭。

汉献帝建安二年十一月,曹操再一次亲自南征,到达宛城。

此时,刘表的部将邓济据守湖阳。曹操引兵攻打湖阳。以迅雷不及掩耳之势攻破湖阳城，活捉了邓济。

不久，曹操又以同样的强劲攻势，拿下了舞阴。

汉献帝建安三年（198年）正月，曹操回师许都。然后他立即专门设置了一个新的官职——军师祭酒。

军师祭酒一职，是曹操为郭嘉这位首席谋士特别开辟的。这除了拉拢郭嘉为自己所用之外，其重要原因是，在与袁术、张绣、刘表等人的交战中，曹操深刻地体会到谋士所起到的巨大作用。

郭嘉在军师祭酒之位将近十年，对曹操的统一大业，起到了举足轻重的作用。

对于郭嘉的早逝，曹操痛心不已，发出著名三叹："哀哉奉孝！惜哉奉孝！痛哉奉孝！"

军师祭酒一职，因郭嘉而开辟，也唯郭嘉居其位近十年。继任者还有：董昭、袁涣、杜袭、王朗。除了郭嘉，杜袭是经荀彧特别介绍而上任，其余三人均由谏议大夫提拔，可见军师祭酒应为谏议大夫之长，首席谋士。

历任军师祭酒均得到重用，并且与曹操私交非常好。除了郭嘉之外，当曹操大权在握时，官职都位列公卿。唯独郭嘉因病早逝，无福看见曹操一统江北之时。

汉献帝建安三年三月，曹操在穰县包围了张绣。围困了近两个月之后，刘表派兵来援救张绣，截断了曹操的后路，摆出了对曹军两面夹击的态势。曹操正在苦思破敌之计，见此，就将计就计，假装害怕被两面夹击的样子，迅速撤退。张绣果然率军追来。曹军很难前进，就摆开连营阵势逐渐推进。

曹操给荀彧去信，乐观地说："敌军来追赶我，虽然我每天仅行进数里，但是我估计，当走到安众县时，必定能打败张绣。"

曹操到了安众时，张绣和刘表的军队据守险要之地，合力对曹军形成了前后夹击之势。张绣不禁得意忘形，以为这次一定能彻底打败曹操。然而，张绣还是高兴得太早了。其实，看似腹背受敌的曹操早已经想好了对敌之策。

夜幕降临，曹操令将士们连夜在险要地方开凿地下通道，将辎重物资先行全部运走，只留下精兵强将作为奇兵埋伏下来。

刚刚布局完毕，天就亮了。张绣闻报目之所及，已经看不见曹军人马，就以为曹操已经逃跑，于是就放弃险要地形，全军下山来追。这样一来，张绣和刘表的军队就无险可据，敌对双方站在同等的高度，然而，双方的战斗力是不可同日而语的。曹操出动伏兵与步兵骑兵联合对敌，一下子就将张绣打得大败。

汉献帝建安三年七月，曹操收兵回到许都。荀彧不解地问曹操："您战前就知道敌军必定会失败，为什么？"曹操哈哈大笑，回答道："敌人阻挡我们返回的军队，同我处于死地的将士进行决战，我因此知道要胜利。"

这大概就是"置之死地而后生"的经典战例。

与此同时，吕布想要帮助袁术，就派部将高顺去攻打已经归附曹操的刘备。尽管曹操派夏侯惇援助刘备，但刘备仍然被高顺打败。

汉献帝建安三年九月，解除了张绣的威胁之后，曹操开始东征吕布。到了十月，曹军屠杀了彭城，俘获了彭城国相侯谐。紧接着，曹操又向下邳进军。虽然吕布亲自率领骑兵迎战，但是仍然被曹操打得大败。此战，曹操俘虏了吕布的勇将成廉。吕布战败逃走，曹操引军追击，一直追到下邳城下。此时，吕布真的感到害怕了，想要投降。陈宫等人阻止了吕布。因为大家都意识到，此时投降已经太晚了，即便是投降，曹操也不会再饶恕吕布，因此陈宫等人劝说吕布向袁术求救，并亲自出战。吕布只好硬着头皮去上阵，结果仍然战败，不得不退回下邳城固守。

曹操攻城，久攻不下。由于曹军连续作战，将士们出现疲乏困累之态。于是曹操打算退兵。在退兵之前，曹操决定给予吕布一次致命一击，速战速决。曹操采用了荀攸和郭嘉的计策，决开泗河和沂河，引水灌城，将下邳城变成了一座水城。一个多月后，在强大的攻势之下，吕布的部将宋宪、魏续等人活捉陈宫，献城投降。曹操入城活捉了吕布，然后把吕布、陈宫都杀了。

当初泰山郡豪杰臧霸、孙观、吴敦、君礼、昌豨等人各自拉起队伍，在吕布打败刘备时，臧霸等人全部归附了吕布。这次因为吕布战败，臧霸等人也被曹军俘获，但曹操宽厚地接纳并款待他们，还划出青州、徐州沿海地区委托他们管理，从琅琊郡、东海郡和北海国中分出一部分，设立城阳郡、利城郡和昌虑郡。臧霸等人受此礼遇，怎么能不对曹操感激涕零，誓死效忠呢？

当然，在用人方面，曹操不仅赏罚分明，不计前嫌，而且知人善任，换位思考。

曹操当初为兖州牧的时候，曾任命东平人毕谌为别驾。张邈叛变时，扣押了毕谌的母亲、弟弟和妻子儿女当人质。曹操听说此事后，因没有保护好部下的家人而向毕谌道歉，并劝说毕谌可以离开兖州跟随张邈而去。

曹操对毕谌说:"老母在那边儿,您可以离开这儿。"

闻听,毕谌马上叩头谢恩,并表示没有异心。曹操称赞了毕谌,并有感于部下对自己的衷心拥护而流下了眼泪。

然而,毕谌离开曹操,就马不停蹄地逃跑,去归附张邈。不是毕谌出尔反尔,他实在是迫不得已。母亲和至爱亲人都被张邈所控制,毕谌怎么能让母亲为他身陷险境而不顾呢!

吕布兵败,毕谌也被捉。大家都为毕谌捏着一把汗。然而,大家的担心有些多余了,因为曹操当着大家的面说道:"一个孝顺父母的人,难道会不忠于君主吗?毕谌这样的人,才是我们所要寻找的人啊!"于是,曹操不仅没有处罚毕谌,反而任命毕谌为鲁国相。

曹操这种用人之道,实在令人敬佩,有识之士焉能不趋之若鹜。

不知不觉,时光穿梭到了汉献帝建安三年二月,曹操率军回到了昌邑。张扬的部将杨丑杀了张扬,眭固又杀了杨丑,并带领张扬的人马归附了袁绍,驻扎在射犬。

汉献帝建安三年四月,曹操开启了3年东征西讨的收官之战。

曹操进军到了黄河岸边,派出史涣、曹仁渡河攻打眭固。而此时的眭固只派原来任张扬长史的薛洪、河内太守缪尚留守射犬,眭固自己则领军出城向北去迎接袁绍,想得到袁绍的援救。没想到,在犬城眭固与史涣、曹仁相遇。于是,两军展开激战,结果是史涣、曹仁打败了眭固,并杀了眭固。

于是,史涣和曹仁迎接曹操渡过黄河,包围射犬。薛洪和缪尚率领军队投降,被曹操封为列侯。这样,曹操夺取了河内郡,把势力范围扩张到了黄河以北地区。

这边的战事停歇，曹操回到敖仓，任命魏种为河内太守，把黄河以北的事交付给魏种。

魏种是当年被曹操举荐为孝廉的。

对于魏种对自己的忠诚曹操是自信满满的。兖州叛乱时，曹操说："谁都有可能背弃我，只有魏种不会。"然而，魏种辜负了曹操对他的这份信任。因此，当闻报魏种也逃跑时，曹操很伤心也很气愤，怒气冲冲地说："只要你魏种不是南逃到越，北逃到胡，我决不放过你！"

然而，等到攻下射犬，活捉了魏种时，惜才的曹操又在心里劝说自己："他是个人才啊！"于是，曹操亲自给魏种松绑，并重用了他。

呜呼！爱才如曹操，历史上也没谁了吧？

07. 决胜，与袁氏鏖战

3年的东征西讨，在一定范围内，曹操解除了袁术、吕布、张绣等人拥兵自重、不服从朝廷调遣、各自为政的混乱局面。曹操不仅将势力范围扩大到了黄河以北地区，同时也收罗招抚了一些人才为己所用。曹操知道，接下来他要面对的，就是发小袁绍了。因为，袁绍是当时北方最强大的一股势力，也是曹操统一北方最强大的敌人。袁氏一门，自袁绍曾祖袁安以下，四世位居三公，袁氏的故吏门生遍布于天下，势力根基雄厚。

当曹操东征西讨之时，袁绍也已经吞并了公孙瓒，兼有了冀、并、幽、青四州之地。袁绍自己镇守冀州，并以长子袁谭、次子袁熙、外甥高干，分别驻守青、幽、并三州。此时的袁绍已经拥有数十万人马，并且后方稳固，兵精粮足。于是，袁绍也将日益壮大的曹操当成了最危险的敌人。

汉献帝建安四年（199年）六月，袁绍挑选精兵10万、战马万匹，企图南下进攻许都，志在一举消灭曹操。

曹军将领们认为无法抵挡袁绍大军，而曹操说："我熟悉袁绍的为人，他这个人，志向虽然远大，才能却低；外表虽然严厉，内心却十分懦弱；虽然喜欢嫉妒别人，自己威信却不高；士兵虽然多，部署却不得当，将领们又骄傲蛮横政令不统一。因此说，袁绍的土地虽然广大，粮食虽然丰富，此次他前来，却正好是来奉送给我的。"

曹操未雨绸缪地做好了预案，并抓紧加以实施。

汉献帝建安四年八月，曹操率主力进入黎阳。分兵派出在青州有潜在影响力的臧霸等人，迅速攻入青州，并占领齐、北海、东安等地，以巩固右翼。又留下大将于禁屯军驻防黄河南岸，密切监视袁绍大军的动向。

是年九月，曹操回到许都，又分出部分兵力驻守官渡。

是年十二月，败逃的张绣听从了谋士贾诩的计谋，再一次向曹操投降。曹操当然极为高兴，摒弃前嫌，立即封张绣为扬武将军。这样一来，曹操的后顾之忧便解除了。

当时曹操又亲自率领大军屯兵在官渡，准备迎击袁绍。

由此，官渡之战的序幕渐渐拉开了。

在曹操与袁绍各自以对方为最大的对手，准备决一死战之时，其他较弱的势力，不仅存在着，而且是不容忽视的存在。

袁术自从在陈国被曹操打败之后，日渐困窘。袁绍的长子袁谭从青州派人迎接袁术。袁术打算经过下邳北上，与袁谭派来的人会合。曹操便派刘备、朱灵截击袁术。恰在这时，袁术病死，围绕袁术所展开的布局便都不重要了。然而，因为袁术之事，却改变了一些人和一些事。

在这里首先最值得一提的人，就是刘备。

此前刘备在陶谦死后，曾一度出任徐州牧，后来因为徐州被吕布攻占，刘备就投奔了曹操。曹操认为刘备是个英雄，便不顾劝阻委以重任。

这时，程昱和郭嘉听说曹操派出刘备去截击袁术，就对曹操说："不能放走刘备！"曹操一听，也后悔了，马上派人去追赶刘备，可是已经来不及了。

刘备确实不是久居人下之人，为了能够出去单飞，暗中做了许多准备。刘备早就暗中和董承等人图谋反叛曹操，待到曹操同意他带兵出征，他立即起兵离开曹营。

汉献帝建安五年（200年）正月，刘备到达下邳。趁董承等人谋划诛杀曹操之机，刘备也袭击刺杀了徐州刺史车胄，占据了徐州，拉出人马驻扎在沛县。刘备此举等于公开反叛了曹操，因此，曹操派刘岱、王忠去攻打刘备，但是他们没有打败刘备。

与此同时，董承等人的阴谋暴露了。曹操这次对待董承等人毫不手软，将他们全部杀死。然后，曹操决定亲自东征刘备。

诸位将领都劝阻道："与主公您争夺天下的人是袁绍，如今袁绍率军就要来了，如果主公您放弃袁绍而进攻刘备，袁绍乘机攻击我们的后方，抄了我们的后路怎么办呢？"

曹操分析道："刘备是人中豪杰啊！如果现在不打败他，一定会成为后患。而反观袁绍，他虽然有大志，但遇见事情常常是迟疑不决，这次他也一定不会轻举妄动的。"

军师祭酒郭嘉也支持曹操。于是，曹操进军攻打刘备，并以迅雷不及掩耳之势击破了刘备，使得刘备逃奔去投靠袁绍。曹操俘获了刘备的妻儿。此时，刘备的部将也是结义兄弟关羽驻守下邳，曹操又引军去攻，关羽战败。因为刘备的妻儿在曹操手中，关羽接受了曹操的劝降。因为昌豨曾反叛投靠了刘备，曹操借此机会也将昌豨打败了。

果然，在曹操进攻刘备时，袁绍并无动作，直到曹操打败了刘备和昌豨，回到官渡，袁绍一直没有出兵。

袁绍只是在汉献帝建安五年正月，派陈琳书写了一篇檄文——《为袁绍檄豫州文》，檄文中着实把曹操骂得够呛，也气得够呛，甚至气得曹操多年的顽疾都好了。

直到二月，袁绍才派大将郭图、淳于琼、颜良等人进攻驻扎在白马的东郡太守刘延，拉开了曹操与袁绍大战的序幕。而袁绍亲自率大军进驻黎阳，并准备渡过黄河，企图渡河寻求与曹操军的主力决战，再向曹操所在的许都发动进攻。

事实上，此时曹操的实力要比袁绍弱得多。

其一，曹操所占的大河以南地区，地盘既小，又是刚刚结束了四次战争之地，已经是残破不堪，还没有完全恢复元气，因此，从物资贮备上来说，远远比不上袁绍那样丰富。

其二，曹操的兵力也远远不及袁绍。曹操的总兵力不过几万人，而且刚刚经历了多次的战役，伤兵较多，这样一来，投入前线的兵力是远远少于袁绍的。

袁绍大军来进攻，整个许都都震动了。

汉献帝建安五年四月，曹操亲自率兵北上援救刘延，去解白马之围。

谋士荀攸向曹操献计:"现在我们兵力少,敌不过袁绍,需要分散袁绍的兵力才能取胜。主公您先进军延津,做出要渡河袭击袁军后方的样子;一定会吸引袁军分兵向西来应战,然后我们用轻装部队攻打白马,乘其不备,就可以捉住颜良。"

荀攸献上的可谓声东击西之计,曹操采纳了他的意见。

果然,袁绍听说曹军要渡河,立即分兵西去应战。而曹操依计,日夜兼程迅速赶往白马。曹操率军突然杀到离白马还有十多里时,颜良得知消息,大惊失色,慌忙应战。

曹操派张辽和当时在曹军中的关羽首先出阵,打败了袁军,大将颜良被斩首。于是,白马之围解除了。

曹操迁徙出当地百姓,和驻守在白马的军队一起沿着黄河向西撤离。袁绍闻听此消息后,立即命令文丑渡河追赶曹军,一直追到延津南边。

曹操见追兵渐渐接近,就命令收住部队,在延津南坡下扎营,并派人登上壁垒瞭望袁军,瞭望的人说:"有五六百骑兵。"过了一会儿,又报告说:"骑兵逐渐增多,步兵多得数不清。"于是,曹操说:"不要再报了。"

曹操命令骑兵们解开马鞍把马放开,并且将辎重物资放置在道路上。这时,从白马所缴获的辎重物资正被运上大路。将领们认为袁军骑兵多,不如撤回保护营寨。荀攸说:"这是用来迷惑敌人的,怎么能撤走呢!"

袁绍的骑兵将领文丑和刘备所带领的五六千骑兵先后追到。见此,曹军各将领们又说:"是否可以上马了?"曹操说:"还不到时候。"

过了一会儿，袁绍的骑兵越来越多，有的已经纷纷争抢辎重物资，曹军的阵形一下子就混乱了。

这时，曹操才从容地说："可以了。"

于是，曹操仅剩的不足600的骑兵全部上马，突然杀出，一下子就将袁绍打败了，并且在阵前斩杀了袁绍的大将文丑。

颜良和文丑是袁绍的名将。与曹操打了两仗，两员虎将都被斩杀，这使得袁军大为震动。

曹操初战得胜，主动撤军，到官渡继续凭险扼守。袁绍进军保卫阳武，而关羽趁机带着刘备的妻儿逃归刘备。

汉献帝建安五年八月，袁绍大军采取东西数十里，靠着沙堆扎营，连营步步推进，逐渐向官渡逼近。

曹操也分兵扎营，坚守官渡的营垒，伺机而动。

初与袁绍对抗，曹操交战不利。这时曹操的军队人马不足1万人，且受伤的将士就有十分之二三。

袁军向曹军的营地发动猛攻。袁军先是作高橹、起土山，由上至下向曹营中射击，箭如雨下，曹营内的人都用盾掩蔽身体，大家很恐慌。然后，袁军又挖地道，想从地下袭击曹营。这一切计策，都被曹操以设投石机、挖掘沟壍等方法逐一破解了。

这时，曹操军中的粮食出现了短缺。曹操给荀彧写信，商议准备撤回。荀彧则回信鼓动说："袁绍的全部人马都集中在官渡，准备跟您一决高低，您以极弱的兵力去抵挡极强的袁军，如果不能制服他，就一定会被他战胜。天下成败已经到了关键时刻啊！况且，您也知道，袁绍不过是一个平庸之辈，能聚集人才，却不会使用。凭您非凡的勇武和智慧,再加上您是代天子讨伐逆贼,名正言顺,无往而不胜!"曹操听从了荀彧的意见。

曹操与袁绍在官渡对峙,其他势力也在寻找着战机。

江东的孙策,听说曹操与袁绍对峙,便策划袭击许都,以取得挟天子以令诸侯的地位。然而,还没有开始出兵,孙策就被刺杀身亡,遗憾的英年早逝。

这时,在汝南投降的刘辟等人叛变了曹操,为呼应袁绍在官渡的行动,在许都城郊进行抢掠。袁绍还派出刘备前去援助刘辟。曹操便派出曹仁将刘备打败。刘备又逃了。于是,曹军攻下了刘辟的营寨。

两军交战,兵马未动,粮草先行。袁绍和曹操对峙,后勤供给是绝对重要的。这一日,袁绍的好几千辆运粮车来了。曹操采用许攸的计策,派出徐晃、史涣带领一小部分精兵,去截击偷袭袁军的粮草,不出所料,顺利地打败了护卫粮草的袁军,并将粮车全部烧掉。

在官渡,曹操与袁绍两军一攻一守,相持了数月。

虽然曹军屡次战斗都有斩杀敌将,但是兵少粮尽,士兵疲乏。

曹操对运粮的人说:"再过15天,等打败了袁绍,就不再让你们劳累了。"

到了十月时,袁绍从河北运来粮草万余车进行补给,屯在离袁绍大营40里的乌巢,并派大将淳于琼等5位将领带万余人进行看守。

而此时,久战之下且被围困的曹操大军的处境,已经是极为困难了。就在这时,有一个人来给曹操献上了一计,这个人就是许攸。

许攸,本来是袁绍的谋士。许攸曾经向袁绍献偷袭许都之计,可是袁绍并没有采纳,这让许攸觉得袁绍是很难成大事的人。同时,许攸在河北的家眷因犯法被袁绍手下抓了，这让许攸心生恨意。于是，许攸就后悔投错了主人，转而来投曹操。曹操闻听许攸来投很高兴，跣足就出来迎接许攸，这让许攸很感动，于是，他就献上了偷袭乌巢之计。

曹操身边的人对许攸有些怀疑，只有荀攸、贾诩两人劝说曹操采纳。

于是，曹操不仅采纳，而且立即亲率5000多精锐步兵、骑兵连夜出动，留下曹洪守营。所有的人都衔着枚（古代军队秘密行动时，让士兵口中横衔着像筷子的东西，防止说话，以免敌人发觉。——笔者注），马勒上口，换上袁绍军的军装，乘着黑夜，从小路偷袭乌巢。天刚放亮，曹军到达了乌巢。随后，曹操立即下令四面放火，还在睡梦中的袁绍军一时大乱。袁绍军主将淳于琼见曹军人少，很快稳住阵脚，出门外摆开阵势。曹军迅猛进攻，淳于琼退回拒营死守。曹操便挥军攻击营寨。

袁绍闻听粮草大营告急，急忙派兵前来救援。

曹公左右有人说："贼军骑兵逐渐靠近了，请主公分兵抵挡。"

曹操发怒道："等贼军到了身后再来报告！"

"置之死地而后生"，曹操这是让自己的人马，处于有可能被前后夹击的境地，将士们唯有拼命死战，别无他法。

袁绍虽然派人援救淳于琼，但是派来的人数很有限，这是因为，当袁绍刚刚听说曹操袭击乌巢时，认为这正是攻破曹操大营的好机会。

袁绍的长子袁谭说："趁曹操攻打淳于琼等人的时候，曹营必定空虚，我们去攻占曹军的大营，曹操即便是夺取了粮草，但是无处可归了。"

袁绍听从了长子袁谭的建议，派张郃、高览率重兵去攻打曹洪。然而，曹操早就预料到了袁绍会有这一招，因此，曹操预留在大本营的兵力精且多，所以由张郃、高览所率领的袁军，一时间并没有攻破曹操的大本营。

乌巢那边，由于袁绍派来援救乌巢的兵力不足，而曹操亲率的5000精骑，人人都是拼死力战，很快曹军就攻破乌巢，斩杀了守乌巢的淳于琼等将领，粮草尽归曹军。

当乌巢败讯的消息传来时，袁绍的大将张郃、高览等人，便率部投降了曹操，而袁绍的大军也四处溃散了。

见大势已去，袁绍袁谭父子便放弃大军，只带少量人马逃回黄河以北。

曹军追赶不及，却尽获袁军的全部辎重、地图、户口册及珍宝，俘虏了袁军将士。

在清点袁绍的书信时，曹操得到了自己部下和许都的人勾结袁绍的信，他不仅没看，而且当众全部烧了，说："当袁绍强大时，我都不能自保，况且是众人呢！"

曹操的不加追究，用意很明显：他这是在告诉天下人，危难之时，每个人有多种想法他是可以理解的。他对此是既往不咎的。

不得不说，曹操的这一手是相当高明的。这样，就让那些曾经左右摇摆的人，不仅消除了害怕曹操问罪的心理，也让更多的人知道了曹操的胸怀和求才之心。

官渡之战，从客观条件上说，曹操是处于劣势的，然而，由于曹操能正确分析客观条件，善于听取别人的正确意见，所以，能够扬长避短，采用正确的战略战术，因此，使战争向有利于自己的方面转化，再经过自己主观上的努力，最终，在历经了1年多的对峙后，曹操赢得了最后的胜利。

官渡之战，曹操击溃了最大的敌人袁绍，曹操统一北方已是大势所趋。然而，此时的袁绍并不甘心于失败，还在做最后的努力。

汉献帝建安六年（201年）四月，曹操在黄河边炫耀兵力，攻击袁绍在仓亭的守军，打败了他们。袁绍逃回冀州后，又收罗溃兵，平定了反叛的郡县。

到汉献帝建安七年（202年）时，袁绍因兵败忧郁而死，而袁绍的两个儿子袁谭、袁尚不和，发生火拼。袁谭不敌袁尚，向曹操乞降。

汉献帝建安十年（205年）正月，曹操又以负约为名，攻灭了袁谭，从此，冀、青二州平定。于是，曹操上表还兖州牧，改任冀州牧。袁尚兵败后，逃奔幽州刺史袁熙。不久，袁尚、袁熙又逃奔三郡乌桓。

08. 治理，为天下大计

可以说，自从被举孝廉的那天起，曹操就想施展抱负，做一个为国为民的好官。然而，他只能感叹生不逢时。首先是朝堂上下的贪腐，让他空有一腔热血，处处碰壁而得不到施展。其次是生于乱世，他不得不放下笔墨，转而拿起刀剑去战场上拼杀，才能获得话语权。因此每平息一地的混乱局面，必定为天下大计，出台相应的治理措施，以促进当地的长治久安。

汉献帝建安七年（202年）正月，曹操率军驻扎在老家谯县。

回到老家，曹操有感而发，说："我起义兴兵，本来是为了铲除天下暴乱，然而我家乡的百姓都差不多死光了。我在县境内走一整天了，竟然看不到一个认识的人，这使我感到十分悲痛。自我起义兴兵以来，凡是将士绝了后的，就找他们的亲戚当他们的后嗣，分给田地，由官府配给耕牛，设立学堂让他们识文认字。建立宗庙，使活着的后代能够祭祀自己的先祖。如果死者还有魂魄的话，那么我死后就没有什么遗憾了。"

接着曹操到了浚仪县，治理了睢阳渠。又派人用太牢祭祀桥玄。

汉献帝建安八年（203年）四月，曹操进攻邺城。五月，留下贾信驻守黎阳，曹操率军回到了许都。

五月二十五日，曹操下了一道命令："据兵书《司马法》记载，将军临阵退却要处以死刑，所以赵括的母亲，会去请求不要因为赵括打败仗而被连坐治罪。这就说明，在古代，将领在外面打了败仗，在家的亲属都要被连带治罪。然而，自从我派遣将领出征以来，只赏有功的而不处罚有罪的，这是不合乎国家制度的。因此，我现在发布一条命令，那就是诸将领命出征时，打败仗的要依法治罪，失利者要免除官职和爵位。"

由此命令可以看出，曹操开始注重建立国家制度的问题了。

是年秋七月，曹操又下了一道命令："战乱以来，已经有15年了，年轻一代的人，甚至都没见过仁义礼让的风尚是什么样子的，这让我感到很难过也很忧伤。现在我命令各郡县都要提倡和重视文献典籍的研究和学堂的建设，满500户的郡县要设置学官，挑选本地的优秀子弟给予教育，这样，或许能使先王之道不至于废绝而得以传承，从而有利于天下。"

曹操重视对年轻一代仁义礼让风尚的培养，其对文化教育的重视态度，如此可见一斑。曹操的这一举措，实施在东汉末年的乱世，显得难能可贵。

汉献帝建安九年（204年）正月，曹操渡过黄河，令将士与当地百姓一起堵截淇水引入白沟，使得漕运初步畅通。

这是曹操对兴修水利的早期诠释。尽管处于乱世，大部分的引水变道，并不是为了治理水患，而是为了夺取城池，然而，非常时期行非常之事，似乎也情有可原，无可厚非。比如，是年二月，曹军攻打邺城，修土山、挖地道。五月，曹军毁掉土山、地道，挖围城壕沟，掘开漳水灌城。

当初，袁绍与曹操共同起兵时，袁绍曾经问曹操："如果大事不能成功，那么，什么地方可以安身呢？"曹操反问道："依您的意见呢？"袁绍当然早已经有答案，便说："我南面据守黄河，北面凭仗燕、代，兼有戎狄士众，向南争夺天下，这样大概就可以成功了。"而曹操说："我依靠天下人士的才智和力量，用王道加以治理，这就能无往而不胜。"

如此可以看出，袁绍想要凭险要的地形来取胜，而曹操想的是依靠人的才智和王道治理赢得天下。袁绍会败给曹操，其实也就不奇怪了。

汉献帝建安九年（204年）九月，曹操下了一道命令："黄河以北遭受了袁氏家族造成的灾难，特令今年的田租和赋税不用交了。"另外，曹操还加重了关于豪强兼并土地的惩治措施。这简直是让当地的老百姓欣喜若狂了。

汉献帝建安十年（205年）正月，曹操彻底打败了袁绍的长子袁谭，冀州从此安定下来。请旨改任冀州牧的曹操，为了冀州的长治久安，还特别下了一道命令："与袁氏共同作恶的人，允许他们改过自新。"同时，命令百姓不得报私仇，禁止铺张的丧葬，违反者一律依法制裁。

当初讨伐袁谭时，不愿意服役的人都逃跑了。曹操当时下令不接受这些人的投降。然而不久，其中一个逃亡的人前来军门自首认罪，曹操就对他说："任凭你逍遥法外，是违反了命令。如果杀掉你，又是杀了自首认罪的人。我不接受你的投降，但也不杀你，你走吧！走了以后躲藏起来，希望你不要被官吏们抓住，如果再被抓住，他们一定会治你的罪。"这个人流着泪走了。当然，后来这个人终于被官吏捕获了。

汉献帝建安十年九月，曹操又下了一道命令："袒护同党，结党营私，是古代的圣贤所痛恨的。我听说冀州有一个风俗，即便是父子也各结一帮，互相诽谤。诸如，直不疑没有哥哥，世人却说他与嫂子私通；第五伯鱼三次娶的都是孤女，人们却说他殴打老丈人；王凤独断朝政，谷永却把他捧为申伯；王商忠诚公正，张匡却攻击他搞歪门邪道。这些都是颠倒黑白、欺天骗君的例子。我将要整顿社会风气，上述四种弊端不革除，我认为这是耻辱。"

这种针砭时弊的举措，直击陋习，切中要害，对于社会风气的好转，起到了至关重要的作用。

汉献帝建安十一年（206年）八月，曹操东征海贼管承，到了淳于。曹操派出大将乐进和李典攻打管承，管承败逃入海岛。曹操划出原来东海郡的襄贲、郯县、戚县充实琅琊郡，撤销了昌虑郡。

汉献帝建安十二年（207年）二月，曹操由淳于回到邺城。二月初五，曹操下了一道命令："从我起兵讨伐叛乱，到如今已经19年了。大大小小打了无数次仗，每战必胜，难道是我一个人的功劳吗？当然不是，而是贤能的文武官员献策出力的结果啊！如今天下虽然还没有完全平定，但独自占有这份功劳，我怎么能心安呢？因此，我现在就给大家评定功劳，进行封赏。"

于是，曹操立即论功行赏，大封有功之人，有20多人受封，同时还免除了战死之人子女的赋税徭役，以轻重各有等差。

汉献帝建安十二年，曹操决定远征乌桓。

乌桓，又称"乌丸"。东汉末年时期，乌桓占据辽西、上谷、右北平三郡，因此又统称为三郡乌桓。三郡乌桓各自称王，常侵扰东汉的北方四州，掳掠杀害吏民。乘天下大乱之时，三郡乌桓攻破了幽州，掳掠汉民10多万户。从前袁绍把乌桓的部落首领都立为单于，并以本族姑娘作为自己的女儿，嫁给单于。其中，辽西单于蹋顿势力特别强大，被袁绍优待，因此袁尚、袁熙兄弟战败之后投奔了他。

此时，辽西单于蹋顿总摄三郡乌桓。出于战略的需要，曹操决定北征乌桓蹋顿，这样既可以彻底消灭袁氏势力，又可以统一三郡乌桓。为此，曹操开凿河渠，从呼沲河（今滹沱河）入泒水，起名平虏渠，又从沟河口挖到潞河，起名泉州渠，与大海相通。

曹操要北征三郡乌桓，将领们都说："袁尚只不过是一个逃敌罢了，夷狄贪婪不讲亲戚之情，哪能被袁尚利用呢？如果大军主力深入乌桓境内，刘备定会劝说刘表来偷袭许都。万一许都有失，就后悔莫及了。"

只有军师祭酒郭嘉料定刘表一定不会信任刘备出兵，因此，郭嘉劝说并支持曹操出兵征讨乌桓。

汉献帝建安十二年五月，曹操亲率大军到达无终县。七月，正值雨季，发了大水，道路积水，浅处不通车马，深处不载舟船。曹操采纳无终当地人田畴的建议，改从一条久已断绝的路线进军。在田畴的引导下，曹操大军登徐无山，出卢龙塞，披荆斩棘行进500余里，直指乌桓老巢柳城。八月，当曹军行进到离柳城不足200里时，才被乌桓发现。蹋顿与袁尚、袁熙等人率数万骑兵迎击。两军在白狼山中相遇，曹操登高瞭望，见乌桓军虽然多，但阵势还没有摆好，于是，曹操将自己的持麾授予请战积极性很高的张辽暂时使用。张辽指挥先锋部队，乘乌桓军还没稳住阵脚，突然向乌桓军发动猛攻。乌桓单于蹋顿被临阵斩杀，曹军大获全胜，胡、汉降者达20余万人。

袁尚、袁熙带领仅剩的几千名骑兵，逃奔辽东。当初，辽东太守公孙康，仗着居地甚远，不服从曹操。这时，曹操大破乌桓之后，有人劝曹操乘势进击公孙康，这样袁尚兄弟就可以抓到了。曹操却说："我将使公孙康斩袁尚、袁熙的首级送过来，不用劳烦兵力了。"

九月，曹操率军从柳城回来，公孙康果然斩杀了袁尚、袁熙，并将首级献给了曹操。有的将领问曹操："您一回师，公孙康就斩了袁尚等人的人头送来，这是为什么？"曹操说："公孙康平常就怕袁尚等人，我如果逼急了，他们就会合力抵抗，而我如果暂缓进攻，他们就会互相残杀，这是势所必然的事。"

十一月，曹操率军到达易水，代郡乌桓代理单于普富卢、上郡乌桓代理单于那楼，率领乌桓首领们前来朝贺。

至此，处于战乱多时的北方实现了统一。

09. 位高，奏事不称臣

汉献帝建安十三年（208年）正月，曹操回到邺城，开凿玄武池训练水军。汉朝廷废除了三公官职，设置了丞相、御史大夫。六月，汉朝廷任命曹操为汉朝丞相。

当北方基本平定后，曹操开始将兵锋转而向南。

是年七月，曹操南征荆州的刘表。八月，刘表病死，他的儿子刘琮代立，驻扎在襄阳。九月，曹操大军进至新野，刘琮举荆州之众投降。这时，原来投奔刘表的刘备正屯驻在樊城，听说刘琮投降，便率军向江陵方向撤退，到达了夏口。

江陵为荆州重镇，存有大量军用物资。曹操害怕江陵落入刘备之手，亲自率领5000骑兵从襄阳疾驰300里，在当阳长坂将刘备追上，并大破刘备所部，随后，曹操进占了江陵。

曹操进入江陵后，就下令让荆州的官吏和百姓除旧布新。依据降服的功劳为评定标准，封侯的有15人。原刘表的大将文聘被任命为江夏太守，统领原来的人马，同时起用了荆州名士韩嵩、邓义等人。

益州牧刘璋开始接受征调服役，派兵去补充曹操的军队。

在长坂击溃刘备后，曹操想乘势一举鲸吞江东，然而，孙权、刘备两家在鲁肃和诸葛亮等人的努力下，组成了孙刘联盟。孙权命都督周瑜率军3万，与刘备的2万人马，组成联军抵抗曹操。曹操自江陵东下，在赤壁与孙、刘联军接战不利，暂驻军在乌林，双方隔江对峙。周瑜用诈降计，命令大将黄盖率10艘小战船，船上装柴草，灌以膏油，假称投降，向北岸而进，到了离曹营2里之处时，各船一齐点火，然后借助风势，直向曹军冲去，曹军大败，舟船被烧。曹操率军从华容道陆路撤回江陵。这时，军中瘟疫流行，官兵死亡很多，曹操只得撤军北还。于是，刘备占领了荆州、江南的几个郡。

赤壁战败后，曹操采取了一些措施，用于稳定内部。

汉献帝建安十四年（209年）三月，曹操率军回到了谯县，赶造快船，训练水军。七月，曹军从涡水进入淮河再经过肥水，进入合肥。八月二十四日，曹操又下了一道命令："近年来，军队多次出征，有时候会遇到瘟疫，官兵死亡，不能回家，夫妻不能团聚，青年男女不能婚嫁，百姓流离失所。仁爱的人谁会愿意出现这种情况呢？实在是迫不得已啊！因此，现命令，战死者家中缺乏产业，家属不能养活自己的，官府不得停止口粮供应，地方官吏要对他们抚恤慰问，这样才符合我的心意。"与此同时，曹操还任命扬州各郡县的长官，安排他们负责开芍陂，实行屯田。

汉献帝建安十五年（210年）春，曹操颁发了一道求贤令："自古以来，开国和中兴的君主，哪个不是得到有才能的人和他共同治理天下的呢？而君主得到的有才能的人，他们往往不出里巷，难道是君主侥幸碰上的吗？就看愿意不愿意求访罢了。如今天下还没有完全平定，这正是求贤的时候。孟公绰能当赵、魏两家的家臣，却不能胜任滕、薛那样小国的大夫。如果一定要廉洁之士才能任用，那么齐桓公怎么能称霸天下呢？如今天下难道没有像吕尚那样身披布衣，怀抱高才，在渭水旁边垂钓的人吗？有没有像陈平那样蒙受恶名，却没有遇到魏无知推荐的人呢？大家要帮助我举荐任用那些地位卑贱的贤能之士，唯才是举，使我能够任用他们。"

在两汉时期选拔官吏，被选用的人，既要有仁义孝悌等方面道德品质，也要有高贵的家世出身。然而，曹操用人不重家世出身这些虚名和荣誉，他选用官员注重三点：一是要明达法理，能行法治；二是要清正之士，务以俭率人；三是强调唯才是举，打破世族门第观念。

曹操引经据典地下的这道求贤令，提出了不拘品行、唯才是举的用人方针，目的是尽量把人才收罗到自己身边。

其实，从汉献帝建安十五年（210年）到汉献帝建安二十二年（217年），曹操先后3次颁下求贤令，选拔和任用一些有才能的人。

由于东汉末年的混战局面，一将难求，因此，曹操在将才的选拔和使用上，是下足了功夫的。

在御将方面，曹操能够根据将领的特点，用其所长。比如，许褚、典韦壮武有力，忠诚奉法，曹操就让他们战则为前锋，息则统领亲兵；臧霸有恩信于东土，曹操将青、徐二州托付于他，从而得以专心对付袁绍，不必以东方为念；降将文聘本是刘表帐下大将，在江汉一带颇有威恩，曹操任其为江夏太守，委以边事，让他抵御孙权。

汉献帝建安十六年（211年）正月，汉献帝任命曹操的世子曹丕为五官中郎将，并设置官属，作为丞相的副手。

这时，张鲁占据关中。曹操开始对关中用兵。三月，曹操派钟繇去征讨，又派夏侯渊等人从河东郡出发和钟繇会合。关中诸将都怀疑钟繇要袭击他们，于是，马超、韩遂等人都反叛了。曹操就派大将曹仁去征讨。马超等人驻守潼关，曹操就告诫诸将说："关西兵精锐强悍，你们坚守壁垒不要和敌人交战。"

是年七月，曹操率大军亲征关中，大败关中联军。九月，曹操采纳贾诩的建议，再次大败韩遂、马超，关中自此平定。

将领中有人问曹操："敌人把守潼关，渭水北岸防守空虚，我军不从河东出击，反而守住潼关，拖延好些天才北渡黄河，这是为什么呢？"

曹操说："敌方把守潼关，如果我军进入河东，敌人一定引兵守住河上渡口，那就不可能渡过西河。我故意领大队人马进逼潼关，敌人必定尽全力来把守南边，而西河的守备也必定空虚，这样一来，徐晃、朱灵二将才能攻占西河。然后，我再率军北渡，敌人就没机会与我争夺了，因为那里已经有徐晃、朱灵的人马守卫着了。我军以兵车相连，竖立栅栏，筑通道向南推进，既做了不可战胜的实际准备，又麻痹了敌人。渡过渭水修筑了坚固的营垒，敌人来了不和他们交战，让敌人以为我们不敢战而产生骄傲的心理，所以敌人不筑营垒只请求割地讲和。我顺着答应他们，他们就安下心来放松了戒备，而我们趁此时机养精蓄锐，一旦发起进攻，就会形成迅雷不及掩耳之势。"

最后，曹操笑笑总结道："用兵之道，贵在变化多端，原本是没有一定途径的。"

看到曹操的笑容，将领们就联想到，在关中，敌人每有一支军队到来，他们的主公就会表现出高兴的样子，于是，又纷纷好奇地问缘由。

曹操回答说："关中地域辽阔，如果他们各自凭险而守，那么要征讨他们，没有一两年的时间是不能平定的。如今他们都集中到一起来了，虽然人数众多，却彼此不服，又没有人可以当统帅，一群乌合之众，一举便可以歼灭，成功比较容易，我因此感到高兴。"

就是凭着这样的智慧和胆识，在两年内，曹操逐马超，破韩遂，灭宋建，横扫羌、氐，虎步关右……到汉献帝建安十六年十月，凉州地区基本平定。

汉献帝建安十七年（212年）正月，曹操回到邺城，汉献帝特许曹操"参拜不名、剑履上殿"，就像当年萧何那样。由此，曹操就更有机会施展自己的拳脚了。

早在曹操开始走上仕途的时候，他就试图用比较严格的法律改变当时权豪横行的情况，然而，由于祸在朝廷，曹操无法施展自己的意图。等到他自己大权在握时，才得以全面推行抑制豪强的法治政策。

曹操在推行严格的法律时，能够做到以身作则，在民间，有一则流传很广的曹操"割发代首"的故事。

有一年，万物丰收，曹操率军经过麦田时下令："士卒不要弄坏了麦子，有违反的处死！"命令一下，军中所有骑马的人都赶紧翻身下马，用手相互扶着麦子走，使得麦子不被踏坏。曹操当然也一样下马而行。

不料，曹操所骑的马，突然地就尥蹶子蹿进了麦地里。这突如其来的变故让所有的人都愣住了。

曹操招呼主簿来定罪，主簿哪敢给曹操定罪啊！于是，主簿就用春秋时期的典故应对说："自古刑法是不对尊贵的人使用的。"

曹操见状说："自己制定的法律而自己违反，如何能统率属下呢？然而，我身为一军之帅，在完成任务前又不能够死，所以，我请求对自己施以刑法。"

于是，但见曹操拿起剑来，割断一截头发投掷在地上。

东汉末年，黄淮流域在军阀混战中，社会经济遭到空前的破坏，百姓遭屠，土地荒芜，幸存者被迫背井离乡，流落他方。"名都空而不居，百里绝而无民者，不可胜数。""白骨露于野，千里无鸡鸣。"面对此等悲惨景象，曹操实行了一系列政策来恢复经济，稳定局面。

针对当时人口流失、田地荒芜的情况，曹操先后采取招怀流民、迁徙人口、劝课农桑、兴修水利、检括户籍等办法，充实编户，恢复农业生产。

首先，曹操采取各种措施，推行屯田制度，同时，扶植自耕农经济。

在攻破邺城后，曹操鉴于东汉后期沉重的人头税，改为户调制，对土地所有者收田租每亩为4升，每户出绢2匹、棉2斤。这一政策大大减轻了农民的负担，得到了农民一致的拥护。此外，曹操还陆续颁布法令，恢复正常租调制度，防止豪强兼并小农。

其次，曹操还大力兴修水利设施并卓有成效，比如，曹操在周瑜的家乡舒城，建筑的七门三堰，一直到北宋仁宗时还能每天浇灌2万顷良田。同时，实行盐铁官营制度，对社会经济的恢复和经济的整顿起了积极作用。

总之，曹操前后实行的这一系列措施，使濒于崩溃的自耕农经济得到了恢复和发展，也成为曹操集团的雄厚经济基础。

到汉献帝建安十七年（212年）十月，经过一系列的改革措施，兵强马壮的曹操率领对外号称40万的大军，亲自南征孙权。

汉献帝建安十八年（213年）正月，曹军进至濡须口，攻破孙权设在江北的营寨，生擒孙权的大将公孙阳。此后，孙权亲率军7万，到濡须口抵御曹军。两军相持月余，曹操的水军作战失利。由于春雨瓢泼、江水上涨，曹操见难以取胜，于是，撤军北还。四月，曹操回到邺城。

汉献帝建安十八年五月，汉献帝下诏书合并十四个州，仍恢复为九州。

五月初十，汉献帝派御史大夫郗虑拿着皇帝的符节册封曹操为魏公。加九锡、建立魏国，定国都于邺城。此时，魏国拥有冀州等10郡之地，还设置了丞相、太尉、大将军等百官。

汉献帝在策文中，用很大的篇幅褒奖了曹操的功绩，策文的最后说："魏国可以设置自丞相以下各高级官职和一般官职，全部依照汉朝初年封王的制度。希望您回到魏国之后，恭敬地执行我的命令，选拔、鼓励您的部下，随时做好各种事情，用以完成您的伟大功德，来还报和颂扬我高祖的美好遗愿！"

是年七月，开始建立魏国的社稷宗庙。汉献帝聘娶了曹操的3个女儿为贵人，最小的因为年龄太小，暂时留在魏国等待长大。九月，修金虎台，开挖渠道引漳水经白沟流入黄河。十月，把魏郡划分为东西两部，设置都尉。十一月，开始设置尚书、侍中、六卿等官职。

汉献帝建安十九年（214年）正月，曹操第一次举行了耕籍田的仪式。三月，汉献帝把曹操的地位升到了诸侯王之上，改授给他金质印玺、红色绶带和称为远游冠的帽子。十二月，曹操到孟津。汉献帝特许曹操设置旄头的仪仗，宫殿中摆放钟虡。

十二月十九日，曹操下令说："有德行的人，不一定能够上进，能够上进的人，不一定有德行。陈平难道有淳厚的德行吗？苏秦哪里恪守信用呢？然而，陈平奠定了汉朝的帝业，苏秦扶助了弱小的燕国。由此说来，一个人总有缺点，不能因此而废置不用。有关衙门得好好考虑这个道理，那些有才能的人才不会被遗漏，官府也就没有旷废的事了。"

与此同时，曹操又下令说："刑法是关乎众人性命的大事，然而军队里主管刑狱的人有些不称职，把三军将士的生死命运交给他们，我非常担心。必须选用通法明理的人，让他们来掌管刑法。"于是，曹操专门设置了管理刑狱的理曹掾属。

汉献帝建安二十年（215年）正月，汉献帝策立曹操的第二个女儿做了皇后。撤销了云中、定襄、五原、朔方四郡，各改成一个县，管辖当地民户，并把这四个县合并为新兴郡。七月，曹操亲征打败张鲁，巴郡和汉中郡都投降了。曹操将汉宁郡改为汉中郡；又把汉中的安阳、西域划出来设立西城郡，设置郡太守；又分锡县、上庸两县为上庸郡，设置了都尉。九月，曹操将巴郡分为东西两郡。汉献帝授予曹操分封诸侯、任命太守和国相的权力。十月，曹操设置名号侯到五大夫的爵位，和旧封的列侯关内侯共有六等，用来奖赏有军功的人。

十一月，张鲁从巴中率残部来投降，曹操将张鲁和他的 5 个儿子都封为列侯。与此同时，刘备袭击刘璋，夺取了益州，并占据了巴中。

汉献帝建安二十一年（216 年）二月，曹操回到邺城。三月，曹操亲耕籍田。五月，汉献帝晋封曹操为魏王，食邑 3 万户，位列于诸侯王之上。同时，汉献帝又封魏王的女儿为公主，赐予汤沐邑。八月，曹操以魏王的身份任命大理钟繇做了相国。十月，魏王曹操加紧训练军队，准备征讨孙权。

汉献帝建安二十二年（217 年）四月，汉献帝命令魏王曹操使用天子用的旌旗，出入像皇帝那样警戒清道。十月，汉献帝又赐予魏王曹操戴王十二旒的冕，乘金根车，套六马拉车，并设五时副车。同时，立魏王曹操长子、五官中郎将曹丕为魏国的太子。

其实，此时的曹操虽然名义上还是汉臣，但实际上已经是皇帝了。

这是因为：一是汉献帝允许曹操奏事不用向皇帝称臣，接受诏令不用拜谢天恩；二是曹操可以享受原本只属于天子的旒冕、车服、旌旗、礼乐、郊祀天地等一切特权；三是曹操出入得称警跸；四是宗庙、祖制都和汉制一样；五是定国都在邺城，曹氏的诸位王子都为列侯。

在魏国建立以后，从汉献帝建安二十年三月至汉献帝建安二十四年（219 年）七月，魏王曹操仍然数次亲征，与刘备和孙权在汉中展开了争夺战。

汉献帝建安二十二年春，曹操再次南征，率军猛攻濡须口，击败孙权，孙权求降，并与曹操重新结为姻亲。

汉献帝建安二十三年（218年），刘备亲率大军进至阳平关，曹军多次击退刘备军猛烈攻势。七月，曹操亲率大军赶往关中，坐镇长安，指挥汉中战局。同时，边塞硝烟再起，曹操命曹彰、田豫北征，大破乌桓鲜卑联军。

汉献帝建安二十四年（219年）正月，刘备自阳平关南渡沔水，依山而进，驻军于定军山，双方激战，曹军大败。之后，曹操亲率大军来夺汉中，但是刘备坚壁不出。两军对峙数月之后，曹操放弃了汉中。

十月，在樊城，孙权联合曹操与刘备的大将关羽对战。经过激战，关羽败走。在撤往益州的路上，关羽被孙权军擒杀，孙权将关羽的首级送到洛阳，曹操以诸侯之礼安葬了关羽。至此，襄樊战役结束。

曹操在孙权擒杀关羽、取得荆州之后，上表拜孙权为骠骑将军、荆州牧。于是，孙权遣使入贡，向曹操称臣，并力劝曹操取代汉朝自称大魏皇帝。

曹操将孙权的来信遍示内外群臣，说："孙权这是想让我蹲踞在炉火上烤啊！"

曹操手下群臣乘机向曹操劝谏，然而，曹操自己还是不想废除汉献帝自立，他的理由是："若天命在吾，吾为周文王矣。"

汉献帝建安二十五年（220年）正月，曹操还军洛阳。正月二十三日，由于舟船车马奔波劳顿，曹操一病不起，最后竟然逝世在洛阳，终年65岁，谥曰武王。曹操临死前留下《遗令》："天下还没有安定，不能遵守古代丧葬的制度，安葬完毕，大家都脱掉丧服。带兵驻守的将领，都不要离开驻地。各级官吏，都要恪尽职守。入殓时穿平时所穿的衣服，不要在墓穴里埋葬金银珠宝。"

根据曹操的遗嘱，在汉献帝建安二十五年二月廿一丁卯日（220年4月11日），曹操被安葬于邺城西郊的高陵。

汉献帝建安二十五年（220年）十月，魏王曹丕取代汉朝，自立为皇帝，国号魏，追尊曹操为武皇帝，庙号太祖。

可以说，曹操是个非凡的人物，盖世的豪杰！因为，曹操处于汉朝末年天下大乱之时，他用武力征讨四方，一生不是在征战中，就是在往返征战的路上，一直到生命的最后一刻。他按照不同的才能授予不同的官职，发挥特长，讲求策略，不计私仇为后世完成建国大业奠定了基础。

曹操虽然权倾天下，却最终没有称帝。归根结底，他仍然是汉臣！

10. 暮年，文化与文学

曹操堪称是一位伟大的政治家、军事家，同时也是一位文学家。

曹操从小就喜爱典籍和六艺之学，掌握实权之后，更是重视国家的文化建设。

汉献帝建安五年（200年），在击败袁绍后，曹操下令尽收袁绍的辎重珍宝，同时，也把图书放入尽收之列。即便是在统一北方的混战中，曹操也注意对图书的保护和收藏。在担任魏公后，曹操还专门设置了掌管典籍的官吏，广收在战乱中散佚的东汉官府和民间藏书，然后藏在中外三阁和秘书省，逐步建立了魏国的国家藏书库。

在重视文化的同时，曹操还很注重对文化人的保护。

曹操对蔡邕十分敬重。汉献帝建安十一年（206年），感痛于蔡邕没有儿子留世，在平定北方后，曹操便派遣使者用金璧将蔡邕的女儿蔡文姬从北方匈奴之地赎回，重新嫁给了陈留人董祀。曹操还让蔡文姬将蔡邕所著的400余篇书稿整理出来。曹操的这一举措，也从侧面为中国文化的传播作出了贡献。

曹操在文化上的功绩，表现在他对建安文学所起的建设性作用上。

建安文学，能够在长期战乱、社会残破的背景下得以兴起，与曹操的重视和推动是分不开的。事实上，建安时期的主要作家，都与曹操有着密切的关系。从曹丕、曹植，到"建安七子"，都托庇于曹操的荫护。甚至可以说，"邺下文人集团"就是在曹操提供的物质条件基础上形成的，建安文学创作，也是在曹操的倡导和影响下进行的。

作为建安文学的领袖和代表人物，曹操本身在文学上的成就也是巨大的。

曹操的文学成就主要体现在诗歌创作上。曹操的诗歌，留存下来的有20多篇，全部是乐府诗体。曹操的诗歌风格朴实无华、不尚藻饰，却深刻反映了汉末战乱和人民的苦难，以及自己的伟大抱负和壮阔胸襟。

在赤壁之战前夕，曹操率大军饮马长江，与孙权、刘备联军决战。是夜明月皎洁，他在大江之上置酒设乐，欢宴诸将。酒酣，曹操操取槊立于船头，慷慨而歌。这就是有名的曹操横槊赋诗的故事。

还有一次，曹操在杨修的陪同下途经曹娥碑。看见石碑的背面题写着"黄绢、幼妇、外孙、齑臼"8个字。曹操就问杨修："你知道这是什么意思吗？"杨修如实回答道："知道。"

曹操闻听便摆手制止："你先别说，容我想一想。"然后，曹操就边走边思考，一直走出30里远的时候，曹操才说："我已经知道了。"

于是，曹操就令杨修和他同时写出答案。

两个人写完一对照，一模一样，答案都给出的是"绝妙好辞"。

于是曹操赞叹道："我的才能比不上你，因为，我是走了30里路才理解了碑文的意思的。"

曹操的诗歌，从内容上主要分为两类：一类是以涉及时事为主的；另一类是以表述理想为主的。

关于涉及时事的诗歌，代表作有《薤露行》《蒿里行》《苦寒行》《步出夏门行》等，这些诗作，不仅抒发了曹操自己的政治抱负，而且反映了汉末人民的苦难生活，读时，令人既感觉气魄雄伟，又感到慷慨而悲凉。

东汉中平六年（189年），汉灵帝死，17岁的太子刘辩即位，是为汉少帝。皇帝年少，何太后临朝，宦官张让、段珪等把持朝政。大将军何进召董卓入京协助。董卓入京后，放火烧毁了洛阳，废汉少帝，改立陈留王刘协为帝，是为汉献帝。董卓又挟持汉献帝与洛阳的官民西迁到长安，使得当时哀鸿遍野，民不聊生。《薤露行》这首诗正是曹操目睹了百姓流离失所的惨状后，于汉献帝建安初年挥笔所作。全诗如下：

> 惟汉廿二世，所任诚不良。
> 沐猴而冠带，知小而谋强。
> 犹豫不敢断，因狩执君王。
> 白虹为贯日，己亦先受殃。
> 贼臣持国柄，杀主灭宇京。
> 荡覆帝基业，宗庙以燔丧。

  播越西迁移，号泣而且行。
  瞻彼洛城郭，微子为哀伤。

  《薤露行》是一首五言古诗。全诗大致可分为两大部分，前四句为第一部分，侧重写外戚何进与宠宦张让等相互谋杀及其后果；后四句为第二部分，侧重写董卓弑逆，宗庙化为废墟。这首诗的风格质朴无华，沉重悲壮，深刻表达了曹操身为一个政治家和文学家的忧患意识和哀痛之情。

  在写了《薤露行》不久，曹操又完成一首姊妹篇《蒿里行》。

  《蒿里行》创作的背景是：董卓为乱，各州郡相约兴兵讨伐董卓。然而，大家各怀野心，又无人敢率先与董卓交锋。曹操对联军的驻兵不动十分不满，于是独自引领3000人马在荥阳迎战了董卓部将徐荣。虽然战败，但体现了曹操的胆识与魄力。曹操由此而作《蒿里行》，全诗如下：

  关东有义士，兴兵讨群凶。
  初期会盟津，乃心在咸阳。
  军合力不齐，踌躇而雁行。
  势利使人争，嗣还自相戕。
  淮南弟称号，刻玺于北方。
  铠甲生虮虱，万姓以死亡。
  白骨露于野，千里无鸡鸣。
  生民百遗一，念之断人肠。

曹操在《蒿里行》这首诗中，运用民歌的形式，记述了汉朝末年军阀混战的现实，同时，真实、深刻地揭示了人民的苦难，堪称"汉末实录"的"诗史"。在诗中，曹操对当时的社会现实进行了批判，对因战乱而陷入水深火热之中的苦难人民表示了极大的悲愤和同情，对造成人民疾苦的首恶元凶给予了无情的揭露和鞭挞。诗中集典故、事例、描述于一身，既形象具体又内蕴深厚，体现了曹操的独特文风。

汉献帝建安十一年（206年）春，曹操亲征高干途中，在鞍马间作了一首乐府诗《苦寒行》。

高干是袁绍的外甥，时任并州牧。早在汉献帝建安九年（204年）时，高干因慑于曹操的武力而归降了曹操，然而，第二年又趁曹操北征乌桓之机，举兵反叛，并盘踞壶关口。为了平定北方，彻底铲除袁绍势力，因此曹操又带着连年征战的疲劳，冒着北方冬春凛冽的寒风，翻越巍峨险峻的太行山，率师北上作战。《苦寒行》全诗如下：

> 北上太行山，艰哉何巍巍！
> 羊肠坂诘屈，车轮为之摧。
> 树木何萧瑟！北风声正悲。
> 熊罴对我蹲，虎豹夹路啼。
> 溪谷少人民，雪落何霏霏！
> 延颈长叹息，远行多所怀。

> 我心何怫郁？思欲一东归。
>
> 水深桥梁绝，中路正徘徊。
>
> 迷惑失故路，薄暮无宿栖。
>
> 行行日已远，人马同时饥。
>
> 担囊行取薪，斧冰持作糜。
>
> 悲彼东山诗，悠悠使我哀。

汉献帝建安十二年（207年），曹操率领大军征伐北方的乌桓。这是曹操统一北方大业中的一次重要战争。在远征途中，曹操写下了一组四言乐府诗《步出夏门行》。包括序在内共五篇，其余四篇为《观沧海》《冬十月》《土不同》《龟虽寿》。从音乐曲调上说，五个部分是一个整体，从内容上看，四篇又都可以独立成篇。

汉献帝建安十二年（207年）八月，曹操率军与乌桓在白狼山展开激战，曹操打败乌桓，至此，曹操基本统一了中国北方。曹操率军凯旋，回程时，向东进发途经傍海道。曹操登上了当年秦始皇、汉武帝也曾登过的碣石山，观赏了大海的奇景，不由得激情满怀，创作了一首《观沧海》，将自己宏伟的抱负、阔大的胸襟融会到诗歌里，借着大海的形象表现出来。全诗如下：

> 东临碣石，以观沧海。
>
> 水何澹澹，山岛竦峙。
>
> 树木丛生，百草丰茂。
>
> 秋风萧瑟，洪波涌起。

> 日月之行，若出其中。
> 星汉灿烂，若出其里。
> 幸甚至哉，歌以咏志。

曹操的这首《观沧海》，全篇句句写景，又是句句抒情。既表现了大海，也表现了诗人自己。既意境开阔，又气势雄浑，这与一个雄心勃勃的政治家和军事家的气度是一致的，使人读其诗如见其人。海，本来是没有生命的，然而在诗人笔下却具有了性格。这样才更真实、更深刻地反映了大海的面貌。

在平定乌桓叛乱、消灭袁绍的残余势力之后，在南下征讨荆、吴之前，曹操又作了一首《龟虽寿》。全诗如下：

> 神龟虽寿，犹有竟时。
> 腾蛇乘雾，终为土灰。
> 老骥伏枥，志在千里。
> 烈士暮年，壮心不已。
> 盈缩之期，不但在天；
> 养怡之福，可得永年。
> 幸甚至哉，歌以咏志。

这首诗是曹操所作乐府组诗《步出夏门行》中的最后一篇。此时，曹操已经53岁。此时的曹操对人生的路程有了更深的感慨，因此在这首诗中，曹操自比一匹上了年纪的千里马，虽然形老体衰，屈居枥下，但胸中仍然激荡着老骥伏枥、驰骋千里的壮志豪情，充满了对生活的真切体验和浓烈感情。这首诗集哲理思考、慷慨激情和艺术形象于一体，展现了曹操的人格、学识、修养、抱负和理想，充分显示了曹操的诗品和人品，也使述理、明志、抒情在具体的艺术形象中实现了完美的结合。

此外，东汉献帝建安十三年（208年），曹操在赤壁之战大败后，作有一首《却东西门行》。此时的曹操已经到了暮年，虽然年事渐高，但是面对战乱连连，统一全国的事业仍旧未完成的社会现实，他忧愁幽思，苦闷煎熬，于是，曹操按旧题写的新词，作了一首《却东西门行》，全诗如下：

> 鸿雁出塞北，乃在无人乡。
> 举翅万余里，行止自成行。
> 冬节食南稻，春日复北翔。
> 田中有转蓬，随风远飘扬。
> 长与故根绝，万岁不相当。
> 奈何此征夫，安得去四方！
> 戎马不解鞍，铠甲不离傍。
> 冉冉老将至，何时返故乡？
> 神龙藏深泉，猛兽步高冈。
> 狐死归首丘，故乡安可忘！

关于以表述理想为主的诗歌，曹操的代表作有《度关山》《对酒》

《短歌行》等。

东汉末年，天下大乱，群雄割据，战乱连年。曹操是富有理想的人，他希望能通过正确的措施实现他太平盛世的理想。《度关山》一诗，从其内容上来看，曹操讲的是执政者要勤俭、爱民、守法。曹操用法严峻，有犯必纠，这是一种法家精神；他反对滥用刑罚，提出要依法而行；同时，曹操也提倡节俭。《度关山》全诗如下：

>天地间，人为贵。
>立君牧民，为之轨则。
>车辙马迹，经纬四极。
>黜陟幽明，黎庶繁息。
>於铄贤圣，总统邦域。
>封建五爵，井田刑狱，
>有燔丹书，无普赦赎。
>皋陶甫侯，何有失职？
>嗟哉后世，改制易律。
>劳民为君，役赋其力。
>舜漆食器，畔者十国，
>不及唐尧，采椽不斫。
>世叹伯夷，欲以厉俗。
>侈恶之大，俭为共德。
>许由推让，岂有讼曲？
>兼爱尚同，疏者为戚。

《对酒》一篇，曹操描写的也是自己的政治理想。他设想的太平盛世是儒法兼采、恩威并用的贤君良臣政治。这在汉末社会大破坏的现实背景下，无疑是具有进步意义的。《对酒》全诗如下：

对酒歌，太平时，吏不呼门。
王者贤且明，宰相股肱皆忠良。
咸礼让，民无所争讼。
三年耕有九年储，仓谷满盈。
班白不负戴。
雨泽如此，百谷用成。
却走马，以粪其土田。
爵公侯伯子男，咸爱其民，以黜陟幽明。
子养有若父与兄。
犯礼法，轻重随其刑。
路无拾遗之私。
囹圄空虚，冬节不断。
人耄耋，皆得以寿终。
恩德广及草木昆虫。

《短歌行》是曹操的代表作之一。

曹操曾大力强调"唯才是举"，为此而先后发布了求贤令、举士令、求逸才令等，而《短歌行》实际上就是一曲求贤歌。

《短歌行》这首诗的主题是求贤，抒发了曹操求贤若渴，广纳人才，以冀成其大业的心情。全诗如下：

> 对酒当歌，人生几何！譬如朝露，去日苦多。
> 慨当以慷，忧思难忘。何以解忧？唯有杜康。
> 青青子衿，悠悠我心。但为君故，沉吟至今。
> 呦呦鹿鸣，食野之苹。我有嘉宾，鼓瑟吹笙。
> 明明如月，何时可掇？忧从中来，不可断绝。
> 越陌度阡，枉用相存。契阔谈䜩，心念旧恩。
> 月明星稀，乌鹊南飞。绕树三匝，何枝可依？
> 山不厌高，水不厌深。周公吐哺，天下归心。

曹操正是因为运用了诗歌的形式，赋予了现实丰富的抒情成分，所以就能起到独特的感染作用，有力地宣传了他所坚持的主张，配合了他所颁发的政令。

曹操主张开源节流，并提倡廉洁勤俭。在曹操的大力纠正下，东汉以来的奢华之风为之扭转，使得天下人都廉洁勤俭自律。即使是高官显贵也不敢过度铺张，甚至出现了有人故意穿破旧衣服取悦曹操的咄咄怪事。以至于当汉献帝建安十四年时，曹操不得不下令来纠正这一奇怪的不正之风。

曹操的遗嘱，也体现了他一贯俭朴的风格。

曹操在临终前，留下《遗令》，节选如下：

> 吾婢妾与伎人皆勤苦，使着铜雀台，善待之。于台堂上安六尺床施繐帐，朝晡上脯糒之属，月旦、十五日，自朝至午，辄向帐中作伎乐。汝等时时登铜雀台，望吾西陵墓田。余香可分与诸夫人，不命祭。诸舍中无所为，可学作组履卖也。

可以说，《遗令》是政治家、军事家曹操，留下的最后一篇文学作品。

一代枭雄曹操去世了，而他对于中国文化的贡献，也应该到了盖棺定论的时候了。

曹操对文学、书法、音乐等都有着深湛的修养。他不仅收藏书籍，也著有《孙子略解》《兵书接要》《孟德新书》等书，为后世留下许多宝贵的史料。

另外，在文学成就上，除了诗歌，曹操的散文也很有特点，也有不少文章传世，例如：《请追增郭嘉封邑表》《让县自明本志令》《与王修书》《祀故太尉桥玄文》等，文字质朴，感情流露，流畅率真。

明代的张溥将曹操散见的诗、文等145篇合成《魏武帝集》，并收入《汉魏六朝百三家集》中。

近代丁福保的《汉魏六朝名家集》中，也收有《魏武帝集》，并且所收录的曹操作品略多于张溥编辑本。

1959年，中华书局据丁福保的版本，稍加整理补充，增入《孙子注》一篇，又附入《魏志·武帝纪》《曹操年表》等，重新排印为《曹操集》。

第二章

曹丕，
贵为皇帝却不输文采

曹丕，字子桓，汉灵帝中平四年（187年）冬出生于豫州沛国谯县，曹操次子，是曹操与卞夫人的嫡长子。黄初七年（226年6月29日），病逝于洛阳，时年40岁，谥号文帝，庙号高祖，葬于首阳陵。

汉献帝建安二十二年（217年），击败了弟弟曹植，被魏王曹操立为魏王世子。汉献帝建安二十五年（220年），魏王曹操逝世，继任丞相、魏王。同年，受禅登基，以魏代汉，结束了汉朝400多年的统治，建立了魏国。

在位期间，他采纳吏部尚书陈群的意见，并于黄初元年（220年）制定九品中正制，该制度成为魏晋南北朝时期主要的选官制度。他还平定了青州、徐州一带的割据势力，最终完成了北方的统一。对外平定边患，击退鲜卑，和匈奴、氐、羌等修好，并恢复在西域的建置。

主要成就：在诗、赋、文学上都有成就，特别是擅长五言诗，与其父曹操和弟曹植，并称"建安三曹"。繁荣建安文学，开启了文学批评的风气。

主要作品：现今存有《魏文帝集》2卷。著有《典论·论文》《燕歌行》《寡妇诗》《答临淄侯植诏》,《典论·论文》是中国文学史上第一部有系统的文学批评专论作品。

后世评价：三国时期著名的政治家、文学家。

01. 出生，广学而博览

汉灵帝熹平五年（176年），谯县的上空，在飞沙走石间，出现了一条黄龙，见此，光禄大夫桥玄就问太史令单飏道："这是什么吉兆？"单飏回答道："以后一定会有称王的人在这里诞生，而且在50年内，还会有黄龙出现，天象经常和人事相呼应，这就叫天人感应。"

恰巧有一个叫殷登的人，听到了上面这段对话，并把它默默地记了下来。

一晃45年过去了，当时光穿梭到了延康元年（220年）三月，黄龙又在谯县再现。此时，当年对话的桥玄和单飏已经作古，但殷登还健在。当殷登听到黄龙再现的这个消息时说："单飏的话，果然应验了。"当然，这是后话了。

事实上，传说中出现两次"黄龙"的谯县，是东汉时期的行政区域的名称。

东汉时期，州成为一级行政区，由刺史总管全州事务。其中，豫州的治所设在了谯县，下辖颍川郡、汝南郡2个郡，梁国、沛国、陈国、鲁国4个国，97个县。同时，因为豫州的治所在谯县，因此提到谯县常常代表的就是豫州。而谯县原本又是在沛国地界，所以，在此时就出现了谯县管辖沛国的局面。另外，在东汉时期，因为谯县乃是曹操的故乡，所以当曹操掌权时，便将谯县改为谯郡，周围都纳入了谯县的管辖范围，而沛郡不复存在了。当然，这也是后话了。

汉灵帝中平四年（187年）冬季的一天，在谯县，万里碧蓝的天空中，只漂浮着一片青色的云彩，而且一眼望去，这片青色云形状宛如车盖。

更让人们惊奇的是，那日一整天，终日只有这一片青云环绕天上，不走也不散。于是，人们就以为这是一片祥云。正当人们望着祥云顶礼膜拜时，在祥云正下方的一户人家中，传来了一声响亮的婴儿啼哭声：哇——哇——哇——

于是，仰望祥云的人们都一致认为：这个啼哭的孩子是驾着祥云来的，将来一定不是人臣之命。有好信儿的人，就前去查看出生的到底是谁家的孩子，原来是乡宦曹操之妾卞氏为曹氏家族诞下了一子。

这位卞氏，祖籍琅琊开阳，汉桓帝延熹二年（159年）出生在齐郡白亭。卞家世代是以声色谋生的歌者舞伎。据说，卞氏出生的时候，产房中整天都充满着金黄色的光芒，父亲卞敬侯非常奇怪，便去向卜者王旦问卜。王旦回答："这是大吉之兆，你这个小女儿前途不可限量啊！"

然而，长大后的卞氏，仍然还是成为了一名以卖艺为生的歌舞伎，若干年后，卞氏跟着家人四处飘零，然后来到了谯县。

此时，正是东汉权臣当朝之时，曾为东郡太守的曹操，为避贵戚之祸而称病辞官返回家乡谯地。在家乡城外，曹操建起了别墅，读书放猎，自娱自乐。

然后，就在此时此地，20岁的卞氏与25岁的曹操相遇了。而两人初一见面，才色过人的卞氏，一下子就敲开了青年才俊曹操的心扉。由于此时的曹操，已经有正室丁氏，并育有一子，名为曹昂，于是，卞氏便顺理成章的成了乡宦曹操之妾。

此时，卞氏生下了一个儿子，曹操正为此而高兴时，外面来了许多人，一边仰望天空，一边往他家屋里指指点点。曹操迎出来一听一看，也觉得很奇怪。

此时，人群中有一位"望气"的术士满面肃然地对曹操说："你家小儿是乘坐带伞盖的车驾而来的，将来一定会非比寻常、不同凡响的。"

曹操一听，马上将术士请进来，然后问术士："我这孩子前途如何？可否赶得上他的祖上，也做一个皇帝的亲信大臣？"术士连连摇头，回道："这不是人臣所配有的云气，而是至贵至尊的人主征兆。"

曹操听后心情很复杂，他当即赏了术士银两，并对术士说，此话千万不可再讲，术士当然心领神会。

曹操送走术士，再望着襁褓中的儿子，对卞氏说："就给儿子取名为曹丕，字子桓，如何？"卞氏当然没有任何意见。

曹丕出生后不久，由于局势动荡，闲居乡里的曹操也被征召，并被任命为典军校尉，成为大将军何进的部属，因此，曹操再次来到了祖辈父辈成就功名的洛阳。而襁褓中的曹丕，在母亲卞氏的怀抱中，也一起来到了洛阳。

曹丕自幼天资聪颖，再加上父母给他创造了良好的教育和成长环境。在少年阶段，曹丕就广学博览。

在父亲曹操的严厉督导之下，从童年时代开始，曹丕就通读了经史子集。待稍微长大一些之后，曹丕又开始学习"四书""五经"、诸子百家之言，这为他日后的文学成就打下了坚实的基础。

汉献帝初平三年（192年），曹操认为在兵荒马乱的年月，仅仅看书学习是远远不够的，因此就开始教儿子曹丕学习行军打仗的本领。

于是，6岁时，曹丕学会了射箭。8岁时，曹丕又学会了骑马。从10岁起，曹丕就随父亲曹操东征西讨、南征北战，开启了军旅生活。长期的军旅生活，不仅锻炼了曹丕强健的体魄，而且丰富了他的见闻与阅历，这为他诗篇的创作积淀了大量的素材。同时，随着年龄与阅历的不断增长及艰苦生活环境不断带来的精神冲击，曹丕逐渐形成了一种特有的沉郁性格与气质。当然，动荡岁月的军旅生涯常常以付出血和生命为代价，这一点，对于随军的小孩子也不例外。

汉献帝建安二年（197年），年仅10岁的曹丕随父亲曹操南征张绣。因为张绣先投降曹操，后来又反叛，这让曹操因为措手不及而大败。因为这次的失败，曹操丧失了长子曹昂和侄子曹安民，所幸10岁的次子曹丕得以乘马逃脱。

曹丕这次能够大难不死，与他从幼年时起就开始学习骑马射箭是分不开的。曹丕也对自己善击剑骑射，好博弈弹琴等技艺很满意。在《典论·论文》的自叙中，曹丕就自述能"左右射"的非凡箭艺。可以说，曹丕是文武兼备的人才。

汉献帝建安十三年（208年），司徒赵温向曹操举荐曹丕之能，曹操认为，赵温举荐他的儿子，并不是因为儿子的真实才能，而是为了讨好他或别有所图，因此曹操便派侍中、守光禄勋郗虑持节策免了赵温的官职。

汉献帝建安十六年（211年），曹操上表奏请汉献帝封曹丕担任五官中郎将、副丞相。

汉献帝建安十七年（212年），曹操又南征孙权，曹丕跟随军队驻扎在曲蠡，其间，尚书令荀彧去劳军，与曹丕对射箭技术进行了探讨。

有一次，曹丕和平虏将军刘勋、奋威将军邓展共同饮宴时，因为曹丕听说邓展精研武术，善于运用各种兵器，而且能空手入白刃，所以，曹丕就和邓展边吃边论剑。

席间，曹丕言语直率地对邓展说："我过去对剑术有过研究，而且得到过高手的指点，对你刚才所说的剑术，有些地方我不敢苟同。"邓展一听，当然对曹丕的话很不服气，就要求和曹丕进行实战较量一下。

此时，正是酒酣耳热之时，正在吃着甘蔗醒酒，于是，两人就以甘蔗为剑，下殿比试起来。

3个回合下来，曹丕连续3次击中了邓展的手臂，围观的人都一边笑一边为曹丕鼓掌叫好。邓展脸红红的，但是仍不服，并要求再来比试一次。

比试之前，曹丕似有意又似无意地说："我的剑快而集中，很难击中你的面部，因此只是打中了你的手臂。"

邓展闻听后，默默地记住了曹丕说的话，却也装作不想听的样子：

"别说了,再来一次吧!"

曹丕微微一笑,也不再说话,摆开了对阵的架势,但他心里知道,这次邓展一定会向他的中路猛攻的。果然,不出曹丕所料,较量一开始,邓展就猛地向曹丕的中路冲杀过来,见此,早就有所防备的曹丕迅速退步闪过,然后,曹丕出手如风,从上方截击,一下子就打中了邓展的额角。

到这时,邓展不得不服了。曹丕哈哈一笑,口中说着承让,搂着邓展的肩膀,重新回座继续畅饮。邓展一边给曹丕敬酒,一边向曹丕请教剑术。而曹丕也不推脱,笑着给邓展讲了一个故事:"话说从前有一个叫杨庆的名医,他曾叫淳于意将旧方子全部放弃,重新学习杨庆的秘方和医术。"

见邓展懵懂的样子,曹丕进一步说:"我的意思是,邓将军还是把旧技抛掉,接受新的重要的击剑方法吧!"曹丕的话音刚落,在座的所有人,包括邓展在内,都不禁欢笑起来。

02. 开国,受禅台称帝

> 煮豆持作羹,漉菽以为汁。
> 萁在釜下燃,豆在釜中泣。
> 本自同根生,相煎何太急?

这首《七步诗》和七步成诗的故事,可以说是家喻户晓、妇孺皆知。

据说,曹丕曾命弟弟曹植在七步之内作出一首诗,否则就要把他处死,而曹植果然在七步之内便吟出了上述这首诗。曹丕听了诗的内容,便感到非常惭愧。

然而,对于此事件的真伪,一直争论不休。

有人说,此诗在正史《三国志》中没有记载,在《曹植集》中也没有收录,因此,此诗是否为曹植所作是没有依据的。

也有人说,可能的确有曹丕、曹植两兄弟的阋墙之事,但现存的《七步诗》应该为后人假借了两兄弟之名所作的。

事实上，同父同母的曹丕与曹植两兄弟，确实都是父亲曹操储嗣的候选人，然而，一开始时，他们兄弟两个都不是第一，也不是最佳人选。

曹操共有 25 个儿子，在这 25 个儿子之中，先后出现在曹操视野里的储嗣候选人有 4 位：曹昂、曹冲、曹丕和曹植。

曹昂是长子，是正室丁夫人所生，可惜在汉献帝建安二年（197 年），南征张绣时遇难。

曹昂死后，曹丕作为曹操的次子，并没有立即进入曹操的储嗣候选人的范畴，他还曾打算传位给庶出的儿子曹冲。

曹冲是环夫人所生，从小就是个神童，五六岁时的智力就已经"有若成人"，最主要的是，曹冲天性仁厚爱人，常常为不慎犯的过失而无法原谅自己。为此，曹冲深得曹操的宠爱。可惜的是，曹冲在 13 岁时就患病夭折了。

在曹冲死后，曹操曾经对曹丕说："曹冲之死是我的不幸，却是你的大幸。"

后来，成为魏国太子的曹丕也曾感慨地对人说："如果曹冲没死，太子之位就肯定不是我的了。"

另外，曹丕一开始没有被纳入曹操储嗣的范畴之内，和他的母亲卞氏与世无争的性格也许是有些关系的。

汉献帝建安二十一年（216 年）五月，汉献帝传诏，封曹操为魏王。接着，在汉献帝建安二十二年（217 年）十一月，曹操在众儿子中终于最后选定了时任五官中郎将的曹丕作为自己的继承人。当曹丕成为王太子之后，曹操和曹丕身边的一些人纷纷跑到卞夫人那里表示祝贺,卞夫人却很淡然地对大家说:"曹丕是长子,为嗣是顺理成章的,我作为母亲,能够在教导儿子方面没有过失就心满意足了。"

这样,在曹昂、曹冲死后,曹操的儿子虽然多,但实际上,竞争储嗣候选人的就只有卞夫人所生的曹丕、曹植兄弟两人了。

当曹昂、曹冲是曹丕的竞争对手时,曹植还是一个不谙世事的小孩,而当曹冲去世后不久,曹丕的同母弟曹植,就以风流文采而崭露头角,因而深受曹操的喜爱。这样,就不可避免地发生了曹丕、曹植兄弟间的立嗣之争。

由于曹操在立嗣上长期犹豫不决,这就难免会影响到下属们的决断。久而久之,下属间就渐渐形成了拥护曹丕和拥护曹植的两个集团。

拥护曹丕的有贾诩、崔琰、司马懿等人,拥护曹植的有丁仪、杨修等人。他们各自结成党羽,设计谋、造舆论,尔虞我诈,互相倾轧。

曹植在杨修等人的拥护下,一开始是渐占优势的,甚至有几次机会差一点就让曹植当上了太子。然而,由于曹植行为随意而任性,平时不注意节制自己,最主要的也许是曹植其实并没有太大的野心,所以,终于因为醉酒擅闯司马门一事,引起了父王曹操的不悦。

汉献帝建安二十二年(217年),曹丕抓住机会,运用各种计谋,在司马懿、吴质等人的帮助下,终于在继承权的争夺中战胜了曹植,被立为魏王太子。

此后,曹丕作为魏王太子驻守邺城。

汉献帝建安二十四年（219年），曹操南征，魏讽趁机密谋想攻打邺城。由于与魏讽同谋的陈祎向曹丕自首，并揭发了魏讽的阴谋，因此，早有准备的曹丕，率众将平定了叛乱，保全了邺城。

这也算是曹丕第一次独立指挥的军事上的胜利。

汉献帝建安二十五年（220年），即延康元年正月，曹操在南征回归的途中，逝世于洛阳。于是，曹丕从邺城到洛阳继位丞相、魏王，将自己的母亲、魏王后卞氏尊称为王太后。同时，改建安二十五年为延康元年。

此时，曹丕33岁。

面对突而其来的权力交接，曹丕在心理上不免有些激动和志得意满，同时，面对从父王手中接管过来的国家，曹丕又深感完成父王复兴国力和实现统一的遗志，将是他今后任重而道远的责任。

从小在东汉末年的诸侯混战中长大的曹丕，深知只有加强自己的权力，才能巩固权力宝座，于是，曹丕深刻吸取了纲纪紊乱的历史教训，迅速将权力集中在自己手中，并迅速稳定住政权局势。

一开始，曹丕从内部权力制衡中着手，一方面，笼络和扶植自己的政治势力，重新分配在权力上的占有份额；另一方面，打击排除异己势力。

延康元年二月十六日，曹丕任命大中大夫贾诩为太尉，御史大夫华歆为相国，大理王朗为御史大夫。设置散骑常侍、散骑侍郎各4人。规定后宫宦官担任官职，不得超过诸署的署令，并把这道命令用黄金做成的简策记录下来，收藏在石室中。

三月初九，曹丕又任命前将军夏侯惇为大将军。濊貊单于、扶余单于、焉耆王、于阗王等都各自派遣使者前来进奉贡品。

四月十二日，饶安县上书报告说有白雉出现。二十五日，大将军夏侯惇逝世。

五月初三，汉献帝令魏王曹丕为祖父太尉曹嵩追加尊号，称太王，称曹嵩夫人丁氏为太王后。封曹丕的儿子曹叡为武德侯。与此同时，曹丕将投降的山贼郑甘、王照册封为列侯，又命令苏则为督军，平定了武威、酒泉、张掖的叛乱。

其实，汉家天下的政治局面，早在董卓之乱后就已开始紊乱。当曹操迁汉献帝到许县后，"挟天子以令诸侯"，政令都出于曹氏。因此，从皇权的拥有上来说，汉献帝其实早已经成为一个傀儡皇帝。曹操虽然戎马征战四方，却始终是以臣子的身份征战周旋在各个割据势力之中的。当曹丕成为魏王之后，汉献帝刘协就明白，自己这个傀儡皇帝大概也当不长了。他只能是倾尽所有地讨好曹丕，以期继续当傀儡。

六月初七，曹丕在邺城东郊操练军队。二十六日，曹丕率大军出发，向南征伐吴国。

七月二十日，曹丕下了一道命令："黄帝在明台听取贤人的议论，尧在道路旁修建房屋，以便听到百姓的谈话，都是去广泛征求下面的意见。朝廷各衙门的官员，都要尽到进行规谏的职责，将帅们可以谈论军务、军纪，朝士们议论制度，地方长官报告政务，士大夫们考察六艺，我都要详细审看。"

此时，孙权派遣使者前来进贡。武都郡的氐族首领杨仆率领部落归附魏国，内迁到汉阳郡居住。蜀国大将孟达率领部众归降魏国，曹丕便命令夏侯尚、徐晃与蜀国大将孟达里应外合，收复了上庸三郡。

七月二十日，曹丕率领大军驻扎在家乡谯郡，在邑东郊以酒食慰劳随行军队和谯郡的父老乡亲。八月，石邑县上书报告，说有凤凰聚集。

十月初一，魏王曹丕下令收殓、祭奠阵亡的将士，说："诸位将领在进行征伐时，战死的士兵有的还没有被埋葬，我对此很怜惜。我现在下令，各郡国预备棺材，把战死的士兵装入棺内，送回他的家中，并由官府为他安排祭礼。"

十月初四，魏王曹丕率军抵达曲蠡。

此时，汉献帝已经明白群臣都已经依附魏王曹丕，于是便召集朝中大小官员，一起去祭拜汉高祖刘邦的祭庙，并且禀告汉室祖先他这个不肖子孙接下来的无奈举措。然后，汉献帝命令兼任御史大夫的张音持符节把皇帝的玉玺、绶带进献给曹丕，表示把皇帝的位置让给曹丕。

同时，汉献帝颁布了他作为皇帝的最后一道诏书："告诉魏王，从前帝尧让位给虞舜，舜又让位给大禹，这说明上天的意旨并不是固定不变的，关键是要由有德望的人来进行统治。汉朝的统治衰败已久，天下早已经失去正常的秩序，等到我这一代，战乱加重，许多凶暴之人横行肆虐，汉朝的统治已经被颠覆。幸亏武王曹操英明神武，把天下从这场灾难中拯救出来，重新获得安定，保护了汉朝的宗庙、社稷。这不仅仅是我一个人享受了太平，实在是天下人都受到了武王的恩德。如今，魏王曹丕继承父亲的事业，加以发扬光大，发展父亲的宏图大计。上天降下祥瑞，人神都提出过预兆，并且建立了显赫的业绩,大家献言,让我下达命令,都指出魏王曹丕的品德才干与虞舜相同,因此,我遵循尧的做法,把皇帝的位置恭敬地让出来。呜呼!上天使命交付给魏王,运用得当,就能永葆天禄。请魏王恭顺大礼,治理天下万国,以上承天命。"

为了表明自己没有称帝之心,曹丕3次上书辞让。而汉献帝刘协也为了表明自己的真心和诚意,直接就在繁阳为魏王曹丕修筑举行即位仪式的高坛。

十月二十九日,魏王曹丕登上高坛,正式接受皇帝称号,代汉称帝。朝廷大臣都参加即位仪式,见证了这一载入历史的时刻。仪式完毕,曹丕下坛,燃火祭祀天地山川,然后返回宫殿。

曹丕定国号魏,定都洛阳,改延康元年为黄初元年,并大赦天下。

黄初元年(220年)十一月初一,曹丕奉汉献帝刘协为山阳公,把河内郡山阳县1万户百姓所居住的地方作为刘协的封地。在封地内,仍实行汉朝年号,刘协可以用天子的规格祭祀天地,向皇帝上书时可以不称臣。当皇帝在京城祭祀太庙时,要赐予刘协祭肉。同时,封刘协的4个儿子为列侯。

可以说,因为刘协的识时务,曹丕也投桃报李,给予刘协应有的尊重和地位,同时,也让这一次的改朝换代,多了平稳过渡,少了血腥拼杀。

曹丕追尊祖父太王曹嵩为太皇帝,父亲武王曹操为武皇帝,尊称母亲武王太后卞氏为皇太后。

与此同时,曹丕下诏:赐予天下的男人每人晋爵一级;继承父亲成为家长的、孝顺父母、尊敬兄长以及努力耕田的人晋爵二级;把汉朝的诸侯王降封为崇德侯,列侯降封为关中侯;朝廷大臣分别受到增加爵位和晋升官职的赏赐;对官职名称进行改动。

03. 执政，帝王仅七载

黄初元年，曹丕以帝王的身份登上了政治舞台，并开始了他的执政生涯。曹丕在执政期间，很想成就一番丰功伟业，特别是想成为一名有儒家风范的仁政君主。事实上，曹丕在政治、军事、文化上，诏令了一系列行之有效的举措，也着实将曹操未竟的事业向前推进了一大步。

曹丕新皇登基第一怒，发给了一个叫戴陵的人。

曹丕最大的抱负就是继承父亲曹操统一山河的遗志。为此，成为皇帝后，曹丕一刻也不敢耽于娱乐，不敢放松对外征战的步伐，他要时刻准备着能够御驾亲征，折冲疆场，而让他能够保持旺盛斗志的行为就是打猎。

黄初元年，长水校尉看到新皇登基后经常出去打猎，以为皇帝不务正业，就极力劝阻，甚至达到了以死相逼的地步。曹丕大怒："好，好啊！你戴陵不是想死吗？那就成全你的忠心。然而，不判你死，而判处你比死罪轻一等的处分，让你看看打猎是为了什么！"

黄初二年（221年）正月，曹丕到郊外祭祀天地、明堂。初三，曹丕到原陵打猎，并派遣使者用太牢的规格祭祀东汉光武帝刘秀。初四，在东郊举行朝日仪式。十日，从三公的封地中划分出一块，各封他们的子弟一人为列侯，并以那块划出来的土地为封地。十一日，免除颍川郡一年的田租。改许县为许昌县。把魏郡的东部改为阳平郡，西部改为广平郡。

这一系列的改革措施下来，戴陵看在眼里，心想：皇帝打猎还真不是单纯为了享乐呢！

其实，这只是曹丕为政之道的牛刀小试而已。

曹丕重视民生，并下诏复兴儒学，以达到教化民众、恢复社会生活秩序、促进社会经济与文化发展的目的。

黄初元年，曹丕就下令恢复太学，建立儒家思想教育机构，传播儒家经典。后来，又对经学典籍进行了收集和整理，并鼓励学子士人学经、注经，以发展文化事业。

黄初二年春，曹丕下诏：从前，孔子有大圣人的才干，怀有帝王的气度，然而他生于衰败的周朝末年，没有受天命的机运。他在鲁国、卫国，在洙水和泗水流域，为了保护自己的政治主张和思想，不惜委屈和贬低自己去拯救世人。然而终究得不到各国王、公的任用，于是，他就隐退去考证五代的礼仪制度，代替帝王立法。他在鲁国史书的基础上编撰《春秋》，到乐官那里去改正《雅》《颂》，使得千百年以后，全部都按照他的文章进行写作，依据他的圣明制定谋略，真的可以称之为绝世的大圣人，可以作为万代的师表了。然而，如今由于经历了天下大乱，各种祭祀活动都遭到了破坏，他的旧居祭庙也毁坏严重而又无人修理。他的后裔在汉朝曾被封为褒成侯，但这个爵位如今也没有人继承。在他故乡阙里听不到讲解和诵读经书的声音，每年也没有人进行祭祀，这怎么能称为尊崇礼敬，怎么报答他对世人的恩德，怎么符合百代以后也要祭祀对天下有大恩德的人这一制度呢？因此，现任命孔羡为宗圣侯，享有100户的封地，作为孔子的后裔，负责按时祭祀。

在下诏的同时，曹丕还命令鲁郡把孔子的旧祭庙重新修好，设置100户官吏和士兵专门守卫祭庙，又在祭庙的外面修建房屋，供学者在那里居住、学习。

在文化复兴与人才使用上，曹丕采取了一系列切实可行的举措，除了复兴儒学之外，同时还注重对优秀人才的推荐选拔和培养任用，因而在短期内，使封建正统文化得以复兴。

黄初二年（221年），曹丕下令户口在10万以上的郡、国，每年察举孝廉1人，但如果有特别优秀的人才，可以不受名额限制。

黄初三年（222年）春，正月初一，出现日食。初五，曹丕到达许昌宫，立即颁下一道《取士勿限年诏》："如今的计吏、孝廉，就是古代的贡士。十户人家的村镇，必定会有忠信之人，如果限制年龄然后选取人才，那么姜子牙、周太子晋就不会在前代有显赫的业绩了。因此，现命令各郡、国在选取人才时，不要限制老幼，只要儒士精通经术，吏士通晓文法，就可以试用。对于谎称有才学能力的人，有关衙门要彻查除名。"

曹丕颁布的这道诏书，打破了年龄界线，提出了无论老幼只要"儒通经术，吏达文法"都可试用的用人之法。

黄初四年（223年），曹丕下令在原来汉室乐舞的基础上，制礼作乐，并在朝堂之上，宗庙之中，演奏起正世乐、迎灵乐、武颂乐、昭业乐，以及凤翔舞、灵应舞、武颂舞、大昭舞、大武舞。

黄初四年五月，有鹈鹕鸟聚集在灵芝池。曹丕颁下诏书："这就是诗人所称的污泽。《诗经·曹风》讲这是讽刺曹恭公疏远君子而亲近小人。如今，是否有贤能才智之士还被困留在下位？否则，这鸟为什么会来呢？如今，要广泛推荐天下品德出众、才能过人、操行高尚的人，以答复曹人的讽刺。"

在治理国家的理念上，曹丕一直追求的是效法上古的仁君和贤臣。对内施政恩威并重，集权在手，制法削藩，打击异己，特别是诏令禁止外戚宦官干政。

具体做法如下：

其一，整肃官风。

黄初二年六月二十九日，出现日食。有关部门提出应该罢免太尉，曹丕颁布《日食勿劾太尉诏》：上天降下灾异，是对元首进行谴责，而把过错都推给辅政的大臣，怎么符合大禹、商汤归罪于自己的本意呢？现命令文武百官恪尽职守，以后天地出现灾异，不要再弹劾三公。曹丕在建立魏国之后立即就下诏书，目的是革除无辜归咎股肱大臣的弊端。

黄初四年正月，曹丕颁发《百官不得干预郡县诏》，下令：自从丧乱以来，战事不断，天下的人都互相残杀。现在，四海之内已经初步安定，以后，有敢于私自报仇，杀害别人的，要处死他的全族。

黄初五年（224年）正月，曹丕又颁发《禁诽谤诏》，下令：只有犯下谋反和大逆不道的罪过，才允许互相揭发，其余的罪名不再受理。如果有人诬告别人，就以他揭发的罪名来判处他。

《百官不得干预郡县诏》和《禁诽谤诏》，是用以改变相互诬告与朝臣颐指的世风。

其二，改革官制。

曹丕在即位魏王之初，就出台了两项新政：一项是废除中常侍和小黄门，而改设散骑常侍和散骑侍郎两种官职，定员各4人，同时，又宣布严禁宦人干政、宦人为官，最高只能充任"诸署令"，这就从制度上铲除了宦官干政的根源。同时，曹丕还依照古训，命人把上述政令镌刻在金属的简策上，珍藏于石室之中。另一项是确立九品中正制，这项新政的确立，成功地缓和了曹氏与士族的关系，为称帝奠定了基础。推行九品中正制后，虽然用人权从地方收归到了中央，但也导致了魏国的统治实权逐步被士族所垄断。

其三，集中皇权。

曹丕称帝之后，坚持大权独揽，设立中书省，中书省的官员改由士人充任，原来由尚书郎担任的诏令文书起草之责，转由中书省官员担任，这样，机要之权渐渐转移到了中书省。

黄初三年三月初一，曹丕封儿子齐公曹为平原王，同时，将自己的弟弟鄢陵公曹彰等11人都封为王。开始制定封王的庶子为乡公，嗣王的庶子为乡侯，嗣公的庶子为乡伯的制度。十日，曹丕封儿子曹霖为河东王。夏季，四月十四日，封鄄城侯曹植为鄄城王。

同时，削夺藩王权力，曹魏藩王的封地时常变更，不仅没有治权和兵权，而且举动受到严格监视，形同监禁。俗话说，有一利必有一弊。这个政策虽然吸取了汉朝诸侯国作乱的教训，但也留下了隐患。因为藩王没有治权和兵权，导致宗亲势单力薄，日后也就无力阻止外臣夺权了。

黄初三年九月初三，曹丕下诏曰：妇人干预政治，是祸乱的原因。从此以后，大臣们不得向太后奏报政事，外戚不能担任辅政的职务，也不能无故接受封爵。把这个诏书传到后世，如果有人违背，天下共诛之。初九，立郭氏为皇后。赐天下男子每人晋爵二级，对鳏夫、寡妇、病重、有残疾以及贫困无法生活的人赐给粮食。

其四，恢复五铢钱，并发展屯田制。

黄初二年三月，曹魏开始恢复五铢钱，规定五铢钱可以作为货币在市上流通。冬季，十月，因为粮食价格过高，废止五铢钱的使用。

曹丕继承和发展曹操的屯田制，施行谷帛易市，以此来稳定社会秩序。这样，到黄初末年，魏国的国库充实，累积巨万，基本上解决了战争造成的通货膨胀问题。另外，消除禁令，减轻关税，禁止私仇，广议轻刑，与民休养生息，这样，就使北方地区重现了安定繁荣的局面。

其五，提倡节俭、薄葬，下诏禁止厚葬、淫祀。

黄初二年六月，曹丕开始祭祀"五岳""四渎"，并规定了各种祭祀的规格。

黄初三年十月初三，曹丕预作《终制》。将首阳山东划定为自己的陵墓，事先安排自己的丧葬事宜："依按礼制，国君在即位后就安排制作棺椁，表示存不忘亡……我的陵墓依仗山势作为主体，不要再堆土做成高丘及四面种植树木，不要建立寝殿、园林，不要修筑神道。安葬的目的就是把人体埋葬起来，不再被别人看到。尸骨已没有痛痒的知觉，坟墓也不是神灵存身的地方。依照礼制，不在坟墓处设祭，为了不轻慢死者，制作的棺椁能够装殓尸骨，衣服被褥能够遮尸体就行了。所以我选择在这丘陵不生长庄稼的地方修建陵墓，希望改朝换代之后，后人不再知道陵墓的位置。在墓内不要改置苇草木炭，不要收藏金、银、铜、铁器物，全部使用陶器，以符合古代用泥作的涂车，茅草扎成的人、马来送葬的制度。棺椁只要在应该油漆的时候漆三遍，死后不要把珠玉含在我的嘴里，不要给我穿上珠子做成的衣服，盛放在玉匣中，不要搞这些庸俗愚昧之人所做的事情……如果违背我这个诏书，妄加改动，修筑陵墓或厚葬，我死后在地下还将被戮尸，戮后还会再戮，真是死了一遍还要再死一遍。身为臣子的要是那样做，就是轻蔑死去的君父，不忠不孝，假如死者有知，将不会给你降福。把这个诏书收藏在宗庙，副本存在尚书、秘书和三府。"

黄初五年十二月，曹丕颁布诏书："从前，先王制定礼仪制度，是为了侍奉祖先，显示孝道。最重要的是在郊外祭祀天地，其次是在宗庙祭祀祖先，然后是祭祀日、月、星这三辰，金、木、水、火、土这五行，以及各地的名山大川，在这范围以外的，都不是经典所记载应该祭祀的。到了末代，有的人信仰巫史，甚至在宫殿以内，门窗之间，到处都要把酒洒在地上祭祀鬼神，这事太让人困惑了。从此以后，有敢于进行这种经典所不记载的祭祀，都以信奉旁门邪道论处，要把这点写入法律条文中。"

黄初六年（225年）十二月，曹丕从老家谯县经过梁国，也如先父曹操一样，派遣使者以太牢（古代帝王祭祀社稷时，牛、羊、豕三牲全备为太牢。——笔者注）的规格祭祀已故汉朝太尉桥玄。

其七，在军事上，曹丕采取的是西征北伐的策略。

曹丕担任魏王时，令苏则平定武威、酒泉和张掖的叛乱。

曹丕称帝之后，又命曹真督军大破羌胡联军，平定了河西。当平定河西10天后，战报传回洛阳，曹丕非常高兴，大笑说："我在帷幕之内运筹帷幄，诸将在万里之外奋勇作战，内外配合默契，使获得俘虏的数量，达到了前所未有的地步。"

黄初三年二月，鄯善、龟兹、于阗等国的国王各自派遣使者前来进献贡品。曹丕下诏说："西戎归附大禹，氐人、羌人服从周朝的统治，《诗经》《尚书》中都大为赞美。最近，西域各国的少数族统治者纷纷来到边塞，请求归附。派遣使者去安抚、慰劳他们。"于是，曹丕遣使复通西域，恢复了中原王朝在西域的统治，设置了西域长史府，并设置戊己校尉。至此，与西域的联系再度恢复。

因为北狄强盛，侵扰边塞，曹丕便任命田豫为持节、护乌丸校尉，牵招、解俊同为护鲜卑校尉，而众将领在北疆表现得十分出彩，多次击败了鲜卑。

实际上，在军事上，对曹魏国最大的威胁，还是来自孙权的吴国和刘备的蜀国。

早在延康元年（220年），时任魏王的曹丕，就命令夏侯尚、徐晃招降蜀汉宜都太守孟达，并大破刘备义子刘封，收复上庸三郡。

黄初二年（221年），此前，吴国的孙权袭杀了蜀国大将关羽，并收复了荆襄之地。孙权害怕刘备对他实施报复行动时，会受到蜀、魏两国的夹击，而让自己首尾难顾，因此就假装与魏国的曹丕遣使修好。

黄初二年八月，孙权派遣使者奉章归附，并且放回了魏国的大将于禁等人。十九日，曹丕命令太常邢贞持符节到江东拜孙权为大将军，封吴王，并赐予九锡，即使用九种帝王御用器物的特权。由此，孙权向曹魏称臣。

与此同时，刘备对孙权袭杀了关羽和联合曹魏非常气愤，亲自率军伐吴。孙权派人送书请和，盛怒之下的刘备当然不会答应。是年，刘备攻破了吴军的巫口和秭归两处。

到了黄初三年正月，孙权给曹丕上书说将出兵迎敌，而曹丕也亲笔写了一封回信——《报吴王孙权书》，鼓励孙权英勇杀敌。

五月，由于孙权兼任荆州牧的原因，曹丕便将荆州、扬州在江南的8个郡称为荆州，而将荆州在长江以北的各郡改设为郢州。

闰六月，孙权在夷陵大败刘备统率的蜀军。起初，曹丕听说刘备统军东下，与孙权交战，建立营寨，绵延不断，有700余里，就告诉大臣们说："刘备不懂得军事，哪里有700里连营可以进攻敌人的。在大片低洼和险要地区驻扎军队，容易被敌人擒获，这是兵法中的大忌。孙权报告战况的奏书就要到了。"过了7天，孙权击败刘备的奏书果然送到。

八月，蜀军大将黄权率领部下投降魏国。此时，魏国和吴国逐渐出现了貌合神离的状况。终于，在黄初三年十月，孙权又反叛魏国了。经过多次斡旋，魏吴最终走向敌对。孙权再次背叛，曹丕便恢复郢州为荆州。

对于孙权的欺骗与背叛，曹丕当然十分恼怒，于是，下了一道《伐吴诏》，鼓励将士们说："南征进军，以围江陵，多获舟船。斩首执俘，降者盈路。牛酒日至。"

于是，曹丕从许昌出军南征孙权，各路兵马齐头并进，孙权沿长江部署军队，抵抗魏军。曹真、曹休等诸路大捷，击败孙盛，大破吕范，火烧诸葛瑾，几乎攻下江陵。孙权临江拒守，几条战线或溃或败，仅仅朱桓在濡须口的一路军马击破了曹仁。因此，曹丕胜利在望，却不料，恰巧遇到疫疾暴发，加上朱然固守江陵，孙权乘机重新遣使纳贡，于是，魏吴双方再次握手言和，曹丕便退兵了。

另外，黄初三年（222年）曹丕的第一次南征伐吴，虽然由于各种原因，没有彻底打败孙吴，却借机剥夺了臧霸的兵权。

汉末以来，青州、徐州一带就存在着以臧霸、孙观等为首的割据势力，他们虽然归顺了曹操，但拥有独立的地盘和兵力，因此曹操不得不对他们采取羁縻政策。然而，曹操刚死，在洛阳的青州、徐州兵就发生了骚动，曹丕采取抚而不讨的策略，才稳住了他们，并控制了局面。

黄初五年、六年（224年、225年），曹丕又先后两次亲自督师伐吴，都止步于广陵，未与吴军交锋，却平息了利城兵变，彻底解决了青州、徐州的隐患。

因此，后世推测：曹丕亲征的真实目的不是伐吴，而是以此为幌子不声不响地平定青州、徐州割据势力，充分表现出他作为政治家的小心谨慎，又不失坚决果断的素质。

黄初二年三月，曹丕晋升辽东太守公孙恭为车骑将军。四月，任命车骑将军曹仁为大将军。五月，郑甘再次反叛，曹丕派遣曹仁进行讨伐，杀死郑甘。十月，曹丕任命杨彪为光禄大夫。十月十二日，曹丕任命大将军曹仁为大司马。十二月，曹丕向东方出巡。

这一年，修筑陵云台。

黄初三年（222年）七月，冀州蝗灾严重，百姓饥饿，曹丕派尚书杜畿持符节打开官府粮库赈济饥民。十一月十一，曹丕到达宛城。庚申晦，出现日食。

这一年，修凿灵芝池。

黄初四年（223年），曹丕在宛城修筑南巡台。三月初八，曹丕从宛城返回洛阳宫，十五日，月亮运行到心宿中间那一颗大星附近。十九日，大司马曹仁逝世，这一个月，瘟疫流行。太白星在白天出现。这个月大雨不停，伊水、洛水泛滥成灾，淹死百姓，冲坏房屋。八月十一日，曹丕任命廷尉钟繇为太尉。十五日，曹丕在荥阳打猎，并乘势巡视东方。评定征伐孙权的战功，各军将领以下分别受到晋升爵位、增加封地的赏赐。九月十九日，曹丕到达许昌宫。

黄初五年（224年）三月，曹丕从许昌宫返回洛阳宫。五月，有关部门制定在每月初一、十五大臣朝见皇帝时，上奏有疑问的事情，听取决断大的施政方针，议论朝政的得失。七月，曹丕巡视东方，到达许昌宫。八月，曹丕调集水军，亲自乘坐龙舟，顺蔡水、颍水进入淮河，直达寿春（今安徽寿县）。扬州界内的将领、官吏、士人和一般百姓，凡犯有判处五年刑期以下轻罪的人，都得到赦免。九月，曹丕到达广陵，下令在青州、徐州境内实行大赦，改换这一地区的统兵将领和官吏。十月初六，太白星在白天出现。曹丕返回许昌宫。十一月十一日，因为冀州百姓缺粮，派遣使者打开官仓赈济饥民。十一月二十九日，出现日食。

这一年，修凿天渊池。

黄初六年（225年）二月，曹丕派遣使者在许昌以东巡视，直到沛郡，慰问百姓的疾苦，对贫困者发放赈济。三月，曹丕出行到达召陵，派人打通讨虏渠。二十八日，曹丕返回许昌宫。并州刺史梁习率军讨伐鲜卑人首领轲比能，大破鲜卑军。

五月初二，曹丕到达谯县。十六日，火星运行到天空中被称作"太微"的区域中。六月，利城郡士兵蔡方等造反，占领郡城，杀死太守徐质。曹丕派遣屯骑校尉任福、步兵校尉段昭与青州刺史讨伐蔡方，平定了这次叛乱。凡是被裹胁叛乱的以及逃亡在外的，都赦免了他们的罪过。七月，曹丕封儿子曹鉴为东武阳王。八月，曹丕率水军从谯县顺涡水进入淮河，从陆路到达徐州。

九月，修筑东巡台。

十月，曹丕到达广陵旧城，在长江边进行阅兵仪式，显示军威。魏军十余万人，旌旗招展，绵延数百里。这一年天气严寒，河流全部结冰，船不能进入长江，于是曹丕率军退回北方。

黄初七年（226年）正月，曹丕将要到达许昌，许昌城的南门无缘无故自己崩坏，曹丕心中对此很不愉快，就没有进入许昌。初十，曹丕返回洛阳宫。三月，修筑九华台。

五月十六日，曹丕病势垂危，召见中军大将军曹真、镇军大将军陈群、征东大将军曹休、抚军大将军司马懿，他们一齐领受曹丕遗诏，辅佐将要继承皇位的幼主曹叡。曹丕让后宫自淑媛、昭仪以下的妃嫔都出宫回到各自家中。

五月十七日，曹丕在嘉福殿驾崩，终年 40 岁。谥号文皇帝，庙号高祖。六月初九，曹丕被安葬在首阳陵，从殡殓到下葬，都是按照他生前的安排进行的。

从称帝到驾崩，历时七载。综合称帝七载的大事年表来看，魏文帝曹丕是一位励精图治的君主，他在位的 7 年时间里，曹魏的实力进一步增强了。

04. 文学，文人的领袖

曹丕做魏太子时期，积极组织文学团体并参与鼓励文学创作，使得同类唱合诗赋作品由此而兴，成为建安文学发展独有的气象。同时，曹丕自己的文学成就也是显著的。

曹丕的诗歌形式多样，以五言诗和七言诗为擅长，语言通俗，具有民歌精神；手法委婉细致，回环往复，是描写男女爱情和游子思妇题材的能手。

曹丕现存的诗大约有 40 首。

其中，《燕歌行》是中国现存最早最完整的七言诗，也代表了曹丕诗歌的最高成就。

据考，《燕歌行》写于汉献帝建安十二年（207 年），即曹操北征三郡乌桓期间，此诗曹丕采用的是乐府体裁，开创性地以句句用韵的七言诗形式进行写作。

《燕歌行》从"思妇"的角度，反映了东汉末年战乱流离的现状，表达出被迫分离的男女内心的怨愤和惆怅。全诗用词不加雕琢，音节婉约，情致流转，为后世人所盛赞。《燕歌行》全诗如下：

> 秋风萧瑟天气凉，
> 草木摇落露为霜，
> 群燕辞归鹄南翔。
> 念君客游思断肠，
> 慊慊思归恋故乡，
> 君何淹留寄他方？
> 贱妾茕茕守空房，
> 忧来思君不敢忘，
> 不觉泪下沾衣裳。
> 援琴鸣弦发清商，
> 短歌微吟不能长。
> 明月皎皎照我床，
> 星汉西流夜未央。
> 牵牛织女遥相望，
> 尔独何辜限河梁？

曹丕的一些为后人称道的作品都在担任五官中郎将至魏太子期间所作，他的诗歌细腻清越，缠绵悱恻。

曹丕还是一位理性诗人，他的诗有节制有反省，擅长以感与韵取胜。曹丕最出名的应该是他的《短歌行》，全诗如下：

仰瞻帷幕，俯察几筵。其物如故，其人不存。
神灵倏忽，弃我遐迁。靡瞻靡恃，泣涕连连。
呦呦游鹿，衔草鸣麑。翩翩飞鸟，挟子巢栖。
我独孤茕，怀此百离。忧心孔疚，莫我能知。
人亦有言，忧令人老。嗟我白发，生一何早。
长吟永叹，怀我圣考。曰仁者寿，胡不是保。

此外，还有《善哉行》二首：

其一
上山采薇，薄暮苦饥。溪谷多风，霜露沾衣。
野雉群雊，猴猿相追。还望故乡，郁何垒垒。
高山有崖，林木有枝。忧来无方，人莫之知。
人生如寄，多忧何为。今我不乐，岁月如驰。
汤汤川流，中有行舟。随波转薄，有似客游。
策我良马，被我轻裘。载驰载驱，聊以忘忧。

其二
有美一人，婉如清扬。妍姿巧笑，和媚心肠。
知音识曲，善为乐方。哀弦微妙，清气含芳。
流郑激楚，度宫中商。感心动耳，绮丽难忘。
离鸟夕宿，在彼中洲。延颈鼓翼，悲鸣相求。
眷然顾之，使我心愁。嗟尔昔人，何以忘忧。

曹丕所作的各类体制的散文总数共有176篇，且不乏佳作。

其中：散文有75篇（包括残文）、书有37篇（包括残文）、令有26篇（包括残文）、论有6篇、策有4篇、序有4篇、表文有3篇、铭有3篇、连珠有3篇、策文有2篇、议有1篇、教有1篇、诔有1篇、祝有1篇、制有1篇、其他类散文有8篇。

可以说，曹丕在散文方面的成就是体制全面、涉及面广、内容上有所拓展。

在散文的创作上，曹丕将心绪与情愁，叙写于字里行间，同时，他还能突破体制的束缚，泄情怀于笔端，并在散文中融入自己细腻而敏感的心灵感悟，处处流露出语切情真、徘徊动情的语句，因此，常常能触动人心。

从题材和内容上，曹丕对传统题材进行了拓展尝试，将书信体涉及的内容扩大，同时也反映出当时文人间互相赠答的风习，对了解当时文人们的人际交往具有一定的意义。

曹丕的散文中，还有很强的文学批评意味。曹丕把对文学的看法积极地带入书信体中详加议论，这在以前是不多见的。同样，曹丕对于政治主张与理想的表达，也深刻地反映在他的散文作品之中。

曹丕的书、论体散文，不仅涉及的题材丰富、所含事物面广，而且是情感充沛的。曹丕在诗中所有的细腻与深情特点，同样用在了散文上。曹丕的书、论体散文，除具有文情并茂的特点之外，辞文巧妙也体现得很突出。其中，代表作是《又报吴主孙权》，从某种意义上来说，这篇散文就是一篇优秀的外交文书。此书措辞严厉，软硬兼施，政治要求与主张表达清晰、说理分明，做到了有理、有利、有节。

《又报吴主孙权》摘录如下：

> 君生于扰攘之际，本有纵横之志，降身奉国，以享兹祚。自君策名已来，贡献盈路。讨备之功，国朝仰成。埋而掘之，古人之所耻。朕之与君，大义已定，岂乐劳师远临江汉？廊庙之议，王者所不得专。三公上君过失，皆有本末。朕以不明，虽有曾母投杼之疑，犹冀言者不信，以为国福。故先遣使者犒劳，又遣尚书、侍中践修前言，以定任子。君遂设辞，不欲使进，议者怪之。
>
> ……
>
> 今省上事，款诚深至，心用慨然，凄怆动容。即日下诏，敕军但深沟高垒，不得妄进。若君必效忠节，以解疑议，登身朝到，夕召兵还。此言之诚，有如大江！

此外，曹丕所创作的赋作有 28 篇，其中，有序的共有 16 篇。

从总体内容上来看，曹丕的赋作以抒情和咏物为主，而体制方面一改汉大赋之鸿篇巨幅，而变为短小精悍的行情小赋。同时，曹丕以真情的笔触，描写了社会现实的方方面面，并将个体的喜怒哀乐带入行情小赋之中。

曹丕为情而造文，他的赋作情贯全篇。

其中，《寡妇赋》《出妇赋》，曹丕用细腻婉转的笔触，将寡妇孤独生活的现实写照，同一年四季景物变化结合起来，景随情至衬托出寡妇无限的惆怅与哀情，同时，表现了寡妇满腹伤感而无法释怀的无奈叹息，对寡妇的同情与怜情都跃然纸上。《寡妇赋》全篇如下：

　　陈留阮元瑜与余有旧，薄命早亡。每感存其遗孤，未尝不怆然伤心，故作斯赋。以叙其妻子悲苦之情，命王粲并作之。

　　惟生民兮艰危，在孤寡兮常悲。人皆处兮欢乐，我独怨兮无依。抚遗孤兮太息，俯哀伤兮告谁。三辰周兮递照，寒暑运兮代臻。历夏日兮苦长，涉秋夜兮漫漫。微霜陨兮集庭，燕雀飞兮我前。去秋兮就冬，改节兮时寒。水凝兮成冰，雪落兮翻翻。伤薄命兮寡独，内惆怅兮自怜。

另外，曹丕的《悼夭赋》《感离赋》两篇赋作，字里行间都充满了曹丕对所述之事的感情。全文附下：

　　悼夭赋

　　族弟文仲亡时年十一，母氏伤其夭逝，追悼无已，余以宗族之爱，乃作斯赋：

　　气纤结以填胸，不知涕之纵横。时徘徊于旧处，睹灵衣之在床。感遗物之如故，痛尔身之独亡。愁端坐而无聊，心戚戚而不宁。步广厦而踟蹰，览萱草于中庭，悲风萧其夜起，秋气憯以厉情。仰瞻天而太息，闻别鸟之哀鸣。

感离赋

建安十六年,上西征,余居守,老母诸弟皆从,不胜思慕,乃作赋曰:

秋风动兮天气凉,居常不快兮中心伤。出北园兮彷徨,望众墓兮成行。柯条憯兮无色,绿草变兮萎黄。感微霜兮零落,随风雨兮飞扬。日薄暮兮无惊,思不衰兮愈多。招延伫兮良久,忽踟蹰兮忘家。

汉献帝建安十七年(212年)春,曹氏父子与文士们一起游西园,登上了铜雀台,曹操命大家一起作同题赋,而曹丕所作的《登台赋》词曰:

登高台以骋望,好灵雀之丽娴。飞阁崛其特起,层楼俨以承天。步逍遥以容与,聊游目于西山。溪谷纡以交错,草木郁其相连。风飘飘而吹衣,鸟飞鸣而过前。申踟蹰以周览,临城隅之通川。

在此篇赋作中,曹丕用色彩鲜亮语言欢快的节奏,将阳春三月的美丽景色描摹出来,并将喜悦的心情与大自然生机勃勃的景致融为一体,从而流露出曹丕内心向往平静安宁生活的愿望,以及奋发向上的情感。

汉献帝建安十八年(213年),曹操带着曹丕等人,回到老家谯县上坟拜墓祭祖。同时,曹操命令将谯县,升格为谯郡。待诸事完毕之后，曹操等乘马游览观赏美景，经过东园，沿着涡河行进，再穿过高高的树林，最后，曹操驻马书鞭，命两个儿子每人写下一篇《临涡赋》，曹丕当然欣然从命。曹丕的《临涡赋》全文如下：

  荫高树兮临曲涡，
  微风起兮水增波，
  鱼颉颃兮鸟逶迤，
  雌雄鸣兮声相和，
  萍藻生兮散茎柯，
  春水繁兮发丹华。

由此可见，曹丕的诗歌笔法影响着其赋的风貌，诗作的特点也是赋作的特点，具有明显的标志性意义。

曹丕在为魏太子时，完成了一部《典论·论文》。该书开创了文学批评的风气，堪称中国最早的文学理论与批评著作，为中国文学批评之祖。文中的要点如下：

一是评价了孔融、陈琳、王粲、徐干、阮瑀、应玚、刘桢7人的文风和得失，而"建安七子"的说法，便来源于此。二是提出了"文以气为主，气之清浊有体，不可力强而致"的为文品格。三是肯定了文学的历史价值，"盖文章，经国之大业，不朽之盛事"。

曹丕喜好文学，以撰写诗、赋、文、论为见长，自己写成的有将近100篇。另外，又令刘劭、王象、缪袭等儒士们编撰前人所著的经书以及注释等，按类编排在一起，有1000余篇，称作《皇览》。曹丕令人编撰的《皇览》是中国第一部类书，开创了官方组织编撰类书的先河。

事实上，曹丕是邺下文人集团的实际领袖。虽然关于邺下文人集团的领袖，涉及曹操、曹丕和曹植父子3人，历来说法不一，但是纵观曹氏父子3人的情况，曹丕为邺下文人集团当之无愧的领袖。

因为，曹丕在绝大多数时间里生活在邺城，他不仅组织了大部分文事活动，而且善于总结经验，成功推动了文人集团的发展。曹操常年外出征战，少有和文人们的共同创作，而曹植当时年少单纯，缺乏号召组织活动的实力，作品丰富但多为单独创作，所以说，曹操与曹植都不符合成为邺下文人集团领袖的条件。

因此，可以说，曹丕对建安文学的精神架构起到了关键性的作用，由此而形成的"建安风骨"，也对后世文学产生了深远的影响。

《三国志·文帝纪》卷二，对曹丕给出这样的评价：拥有上天赐给他的文采，下笔成章，博闻多识，记性过人，兼通才艺。如果他的气度能更大一些，以诚心待人，处事公平，勤勉地维护道义，增加对下属的恩德，那么，与古代贤能的君王，也就相距不远了。

第三章

曹植，
天下一石却独占八斗

曹植，字子建，沛国谯县人，初平三年（192年）出生在东武阳，是曹操与卞夫人所生的第三子，魏明帝太和六年十一月（232年12月27日）去世，时年41岁。生前爵位为鄄城王、东阿王、陈王，去世后获谥号"思"，因此又称陈思王。

主要成就：汉魏之际文学家，建安文学的代表人物之一与集大成者，诗歌史第一位大力写作五言诗的人；完成了从乐府民歌到文人诗的转变；推动了文人五言诗的发展。到两晋南北朝时期，被推尊到文章典范的地位。

主要作品：其诗以笔力雄健和词采华美见长，留有集30卷，已佚，今存《曹子建集》为宋人所编。代表作有《七步诗》《白马篇》《洛神赋》《七哀诗》《飞龙篇》等篇。

后世评价：因其文学上的造诣而将他与曹操、曹丕合称为"三曹"。南朝宋文学家谢灵运有"天下才有一石，曹子建独占八斗"的评价。文学批评家钟嵘也称赞曹植"骨气奇高，词彩华茂，情兼雅怨，体被文质，粲溢今古，卓尔不群"。

01. 才情，脱口能成章

汉献帝初平三年（192年），对于东汉来说，是不平凡的一年，而对于曹操而言，也是在喜忧参半中度过的。

因为，在这一年，董卓被王允、吕布所杀，历时3年之久的董卓之乱终于结束了。然而，短短3年的董卓之乱，却使东汉的政局发生了巨大的变化，董卓专权暴政引起的诸侯讨伐，为群雄割据局势打下了基础。与此同时，青州的黄巾军获得了大发展，连破兖州郡县，兖州刺史刘岱在阵前被斩杀。于是，济北相鲍信等人迎接曹操出任了兖州牧。

成为兖州牧的曹操和济北相鲍信兵合一处，进攻青州的黄巾军。战役进行得残酷而激烈，鲍信战死。这时，曹操自幼读的兵书战法派上了用场。他因地制宜地独创了"设奇伏，昼夜会战"的战法，终于将青州的黄巾军击败。曹操如此声威渐盛。

在这一年的冬天，曹操军获得青州投降的兵卒30余万人，归附的百姓100余万人。于是，曹操整编投降兵卒中的精锐部分，组成一支新军，号青州兵。随后，曹操率领这支青州兵，又助力袁绍打败了刘备、单经及陶谦诸支军队。

当曹操出任兖州牧之后，家眷也随行来到了兖州，并定居在了东武阳。

东汉末年，设有13个州，州设刺史部，下辖郡，郡下领县。其中，兖州刺史部下辖的东郡，治所设在濮阳，共领包括濮阳在内的15个县，东武阳便是其中之一。

当曹操声威日隆的时候，在东武阳，卞夫人又为曹操生下了两人的第三子。曹操很高兴。因为在潜意识里，曹操认为是这个儿子给他带来的好运气，因此，当卞夫人让他为这个儿子取名字时，他便脱口而出："就叫曹植，字子健吧！"

卞夫人共为曹操生了4个儿子，即曹丕、曹彰、曹植和曹熊。

早在曹植出生的3年前，东汉王朝发生了翻天覆地的大变，大将军何进死于非命，凉州军阀董卓进入洛阳，废少帝刘辩改立献帝刘协为帝。董卓觉得曹操是个人才，便封他为骁骑校尉，想要重用他。然而，曹操却拒绝赴任，带着几个亲信微服逃出了洛阳城。曹操出逃不久，袁术就捎来了关于曹操死在外面的消息。这消息一时间弄得曹府一片混乱。在全家上下惶恐不安没有了主心骨的时候，时年30岁的卞夫人挺身而出，料理内外事务。

当听说曹操的老部下们要离开时，卞夫人不顾内外之别，走出来进行劝说："曹君的生死不能光凭几句传言来确定。如果流言是别人编造出来的假话，今天你们走了，明天曹君平安返回，那么，请问诸位还有什么面目见主人？"

众人听从卞夫人的安排留下了。后来，曹操听说了此事，也对卞夫人另眼相看了。再后来，曹操将德行高尚的卞夫人扶为了正室，而卞氏所生的几个儿子，也比其他孩子受到父亲更多的关注和宠爱。

然而，出生在东武阳的曹植，与出生在谯县老家的曹丕，虽然是一母所生，一奶同胞，但两人的命运还是有所不同的。曹丕出生之时，正值曹操赋闲隐居之际，因此作为父亲的曹操还时而会有时间亲自去指教培养儿子。而当曹植出生之后，曹操在北方尚未站稳脚跟，缺乏固定的根据地，家属常随军行止，因此幼年的曹植同众多兄弟们一样，随同父亲度过戎马倥偬的生活。

曹操在动荡之中求生存，自顾不暇，根本没有时间管儿子，因此曹植就在随军中不用扬鞭自奋蹄。好在曹植遗传了曹氏的聪明与智慧。

刚10岁出头，曹植就能诵读《诗经》《论语》及先秦两汉辞赋，诸子百家的文章他也曾广泛涉猎。

曹植少年时就思路敏捷，不仅健谈而且话语锋利尖锐。

在闲暇时，曹操也会招呼儿子们一起见个面，共享天伦之乐的同时，也检验一下儿子们的见识与能力。

每当这时，曹植的才能和天赋就显现出来了。因为曹操常常会突然发问，不给儿子们考虑的时间，所以，有的儿子就真的被问住了。然而，曹植却不然，每当他被父亲突然提问时，他都能应声而对，脱口成章。

当然，曹操也时常给儿子们留作业。

有一次，曹操看了曹植带来的文章，惊喜而又有些怀疑地问道：

"此文是你自己写的还是请人代写的？"

曹植挺挺胸，勇敢地迎视着父亲探寻的目光，朗声回答道："出口就是论，下笔成文章，是不是请人代作的，只要当面考试就知道了！"

看着儿子曹植稚嫩而红润的面容和严肃认真的神态，曹操没有再说什么，但是从这一刻起，在曹操的心里却打定了一个注意：现场考试是必须要有的，因为这是检验和培养儿子们随机应变能力和真功夫的最佳方法。然而，曹操全家一直处于漂泊动荡之中，只有等待时机成熟，才可以付诸实施。

曹植与众兄弟们随同父亲曹操奔走各地的戎伍生活，一直到汉献帝建安九年（204年）时，方才有所改变。

因为，在汉献帝建安九年（204年）二月，曹操乘袁尚出兵攻打袁谭之机，进军围攻邺城。袁尚率军回救，以滏水为营，曹操趁机进军将其营寨包围。这时，袁尚害怕了，请求投降，曹操不答应。袁尚就乘夜逃跑，一直逃奔到中山，而袁军也已经四下溃散。于是，曹操命人拿着缴获来的袁尚的印绶节钺，招降在邺城袁尚的守军，在邺城中的袁军斗志完全崩溃。因此，邺城被曹操攻破。

从此，曹操把自己的大本营北迁到了冀州的邺城，此后，曹操给军队下达的命令大多数是从邺城发出的，而汉献帝所在的都城许县，只是留了些许的官吏。也就是说，邺城逐渐就成为汉献帝建安时期的政治、经济和文化中心。

其实，汉献帝建安年间，实际执政者曹氏父子同时还是诗文领袖。成为魏王的曹操将都城选在邺城之后，更是有大量名流学士到邺城聚集，逐渐形成了一个以曹氏父子为中心的"邺下文人集团"。

接下来的几年里，少年曹植随父南征北战，切实体验到了金戈铁马的战争场面和各地的人文地理环境，也为后来曹植的创作积累了大量的素材。

汉献帝建安十一年（206年）八月，15岁的曹植，第一次随父东征海贼管承，到达了淳于（今山东安丘东北），借此领略到了宽广无边的大海的深邃与魅力。

管承，长广县人。

东汉建安年间，朝廷设置了长广郡，治所在长广县（今属山东莱西），隶属于青州刺史部。

借着黄巾军起义之势，管承也在长广郡一带聚众3000多人。

当何夔担任长广郡太守时，管承已经成为为害一方的贼寇。有人建议朝廷出兵攻打管承。太守何夔却说："管承等人不是生下来就喜欢作乱和习惯作乱的。因为没有受到仁德的教化，所以才不能自行悔改，也不知道回心从善。如今，如果出动军队把他们逼得太急，因为害怕被消灭，他们必定会合力死战。这样一来，出兵攻打他们就会很不容易攻下来，即使是能获胜，也一定会伤害到官吏百姓。莫不如慢慢地用恩德开导感化他们，允许他们自行悔改，那么就可以不用劳师动众地派军队来平定他们了。"于是，太守何夔派遣郡丞黄珍前去说服，给他们讲述成败得失的道理，管承等人答应不再伤害当地黎民百姓。

然而，得到感化的管承等人，虽然请求降服，口头答应不再为寇，但是势力不减，还因为朝廷对其解除了施压，反而有壮大的趋势，在青州沿海一带为患。

为此，建安十一年（206年）八月，曹操为亲自征讨海贼管承，到达淳于。随后，他坐镇淳于，派遣大将乐进、李典攻打管承。乐进和李典两人合力将管承的人马击破。于是，战败的管承逃入崂山东北五里的管彦岛。

后来，曹植在《求自试表》中，提到的"东临沧海"，即指此事。

汉献帝建安十二年（207年）一月，平定管承之后，曹植随同父亲曹操的大军回师邺城。是年，16岁的曹植，又随父北征三郡乌桓到了柳城（今辽宁朝阳十二台子乡）。

曹操与袁绍在官渡之战后，袁绍病亡，袁绍的儿子袁尚、袁熙投奔了乌桓族，以图再起。曹操为消灭袁氏残余势力，断绝袁氏复起的后患，从而巩固北方，便决定征伐乌桓。建安十一年，曹操下令开凿沟通滹沱河、鲍丘水的平虏、泉州二渠（今天津市南北），用以输送军需物资。

建安十一年（206年）夏，曹操统率大军出无终（今天津蓟县），进攻乌桓。当时正赶上雨季，因为水涝道路泥泞阻塞了道路，乌桓军扼守要道，曹军前进受阻。当地名士田畴建议走一条偏僻小道，攻其不备。曹操采纳了建议，于是假装回师，诈称待秋冬季再进军。乌桓军因此放松了戒备。曹操以田畴为向导，上徐无山（今河北遵化东），轻骑出卢龙塞（今河北喜峰口一带），在崇山峻岭中开辟道路疾行500多里。经白檀，过平冈，跋涉到鲜卑首领的驻地，向东直逼柳城。离柳城只有200里时，乌桓才得知消息。

建安十二年（207年）八月，两军相遇于白狼山（今辽宁朝阳市凌源市东南）。乌桓军队的数量很多。当时，曹操的主力重兵还在后方,尚未到达前线,而曹操身边只有少量的军队。曹军将士们希望等待后续部队,并对当前的危险局面感到恐惧。

在曹军"左右皆惧"的氛围中,张辽力排众议,反对等待后方的重兵,极力劝说曹操应当趁着乌桓的阵势不整之机,立刻进行交战,劝战气势壮气奋发。曹操十分欣赏张辽的斗志,又看见乌桓的军队尚未排好战斗阵形,采纳了张辽的建议。曹操将自己所持的麾,授予张辽负责临阵指挥。于是,张辽率军突击,大破乌桓军队,并临阵斩杀了以"骁武"著称的乌桓单于蹋顿。蹋顿及名王多人死于阵前,降者20余万人。

16岁的曹植跟随父亲曹操,全程见证了这场跌宕起伏又惊心动魄的出征,受到很大的震撼。后来,曹植在《求自试表》中说的"北出玄塞",即指此行。

此外,曹植还作有一篇《白马篇》,也是曹植对此期间随父征战的写照。

曹植的《白马篇》,以曲折动人的情节,描写了边塞游侠捐躯赴难、奋不顾身的英勇行为,同时,塑造了边疆地区一位武艺高超、渴望卫国立功甚至不惜牺牲生命的少年游侠形象,借此诗,曹植也表达了自己建功立业的强烈愿望。

《白马篇》全诗如下:

  白马饰金羁,连翩西北驰。借问谁家子,幽并游侠儿。
  少小去乡邑,扬声沙漠垂。宿昔秉良弓,楛矢何参差。
  控弦破左的,右发摧月支。仰手接飞猱,俯身散马蹄。

狡捷过猴猿，勇剽若豹螭。边城多警急，虏骑数迁移。
羽檄从北来，厉马登高堤。长驱蹈匈奴，左顾凌鲜卑。
弃身锋刃端，性命安可怀？父母且不顾，何言子与妻！
名编壮士籍，不得中顾私。捐躯赴国难，视死忽如归！

02. 父子，受宠与失宠

汉献帝建安十三年（208年），17岁的曹植随父南征刘表至新野，又随父亲曹操经历了赤壁之战。七月，曹操挥军南下。八月，荆州刘表病死，刘琮继任荆州牧。曹操接受了荀彧的意见，先抄捷径轻装前进，疾趋至宛城、叶县。刘琮投降后，九月，曹操挥师到达新野，然后进军江陵。

曹操再从江陵出发，率领号称80万，实际上是20余万人的大军顺长江东下，与孙刘联军相遇在赤壁。此时，曹军将士大部分是北方人，由于水土不服，众多士卒已染疾病，因此初次交战，曹军就败退，暂驻军于乌林地带，与孙刘联军隔江对峙。又因为士卒不习惯坐船，曹操便将舰船首尾连接起来，人马在船上如履平地。这样一来，就正中了孙刘联军的火攻之计。舟船被烧，曹军大败。曹操率军从华容道步行撤退，遇到泥泞，道路不通，天又刮起大风。曹操让所有老弱残兵背草铺在路上，骑兵才勉强通过。老弱残兵被人马所践踏，陷在泥中，死了很多。曹军因为饥饿和疾病而死者大半。

可以说，曹植见证了父亲曹操的胜利，也目睹了曹军的惨败，这一切，对于倾情于诗词歌赋的曹植来说，影响是巨大的。

汉献帝建安十四年（209年），18岁的曹植随父征战第一次来到祖籍地——谯县。

东汉时期，州成为一级行政区域。其中，东汉建武十八年（42年），在谯县（今安徽亳州）治豫州刺史部，管辖2郡（颍川郡、汝南郡），4国（梁国、沛国、陈国、鲁国），97县。因为豫州刺史部治所在谯县，从某种意义上来说，谯县代表的是豫州。

谯县，对于曹操和曹丕来说，是出生地，是根基所在。虽然对于曹植来说，只是祖居地而已，然而，在曹植的心里，对祖辈居住的老家也是心心念念的。

建安十四年（209年）回到谯县，对于曹操来说，可以称得上是荣归故里，而对于18岁才来到谯县的曹植来说，不仅是欣喜若狂，也有一种深深的归属感。

汉献帝建安十五年（210年），曹操在邺城所建的铜雀台落成，召集了一批文士"登台为赋"，曹植也在其中。

早在汉献帝建安十三年（208年）正月，曹操在三郡乌桓（对辽西、辽东、右北平三郡乌桓人的统称）消灭袁氏兄弟后，回军夜宿邺城。半夜时分，突然见到一道金光由地而升起。曹操引以为奇，觉得是梦非梦。于是，第二天为了验证这件事，曹操命人在金光升起之地挖掘，竟然挖出一只铜雀。见此，谋士荀攸说："昔日舜的母亲梦见一只玉雀进入怀中而生下了舜，如今主公在此地得到一只铜雀，也是吉祥之兆啊！"曹操闻言大喜，决意在漳水之上建铜雀台，以彰显平定四海之功。

于是，曹操在邺城大兴土木。

汉献帝建安十五年（210年），共建成铜雀、金凤、冰井三台，前为金凤台、中为铜雀台、后为冰井台。三台是以邺北城城墙为基础而建的大型台式建筑。前临河洛，背倚漳水，虎视中原，更是凝聚着一派王霸之气。

其中铜雀台最为壮观。台高10丈，台上又建5层楼，殿宇百余间，楼宇连阙，飞阁重檐，雕梁画栋，气势恢宏。铜雀台，不仅地基高，地基上的建筑更高。离地共27丈（按汉制一尺合市尺七寸算，高达63米）。在楼顶又设置一只铜雀，高一丈五，舒翼若飞，神态逼真。在台下引漳河水经暗道穿铜雀台流入玄武池，还可以用来操练水军。

铜雀台建成之日，曹操在台上大宴群臣，慷慨陈述自己匡复天下的决心和意志，又命武将比武，文官作文，以助酒兴。曹氏父子与文武百官觥筹交错，对酒高歌，大殿上鼓乐喧天，歌舞拂地，盛况空前。曹操还用重金从匈奴赎回著名才女蔡文姬，在铜雀台上接见并宴请她，蔡文姬便在此演唱了著名的《胡笳十八拍》。一时间，铜雀台及其东侧的铜雀园，成为了邺下文人创作活动的乐园。

可以说，让自己的儿子们与众文士同台为文作赋，是曹操很早就有的想法，如今终于得已实现了，为此，曹操很激动。

而当曹操将文题公布以后，在众人之中，但见曹植提笔略加思索，一蹴而就，第一个完成了赋作——《铜雀台赋》。从此，曹操对曹植寄予厚望，以为他是最能成就大事的人。

铜雀台赋（节选）

从明后而嬉游兮，登层台以娱情。
见太府之广开兮，观圣德之所营。
建高门之嵯峨兮，浮双阙乎太清。
立中天之华观兮，连飞阁乎西城。
临漳水之长流兮，望园果之滋荣。
仰春风之和穆兮，听百鸟之悲鸣。
天云垣其既立兮，家愿得而获逞。
扬仁化于宇内兮，尽肃恭于上京。
惟桓文之为盛兮，岂足方乎圣明！

汉献帝建安十六年（211年）七月，曹操准备率军西征马超，刚行冠礼的曹植，暂时告别了在邺城的宴饮游乐、吟诗作赋的悠闲生活，慨然请缨，随父西征。

于是，这一次，曹丕留守邺城，曹植与徐干、阮瑀等邺下文人随军出征。

一路上跋山涉水，晓行夜宿。当西征大军辗转到帝都洛阳时，曹植被眼前的一幕惊呆了：洛阳城往日的繁华，早已经在战火的洗劫中消逝得无影无踪，到处是残垣断壁，荆棘丛生。特别是，昔日气势雄浑的皇城也已成一片废墟，湮没在杂草间，片片黄叶满城乱舞。

曹植的心，只觉得空空的。

随后，满腔热血的曹植怀着一颗立功垂名的心，随西征军离开洛阳，继续向西进发。紧张艰苦并时刻会面临危险的军旅生活，没有削减随军而行的邺下文人的创作兴致和热情。特别是，面对军事上的节节胜利，他们更是由衷地抒发着个人的情怀，洋溢着无限的乐观主义精神。曹植写有《离思赋》《送应氏诗》，另外，王粲写有《吊夷齐文》《咏史诗二首》《征思赋》，徐干也作有《西征赋》，这些作品，无疑又是当时文坛上的一次百花争艳。

曹植的《离思赋》并序如下：

建安十六年，大军西讨马超，太子留监国，植时从焉。意有忆恋，遂作离思赋云。

在肇秋之嘉月，将耀师而西旗。
余抱疾以宾从，扶衡轸而不怡。
虑征期之方至，伤无阶以告辞。
念慈君之光惠，庶没命而不疑。
欲毕力于旌麾，将何心而远之！
愿我君之自爱，为皇朝而宝己。
水重深而鱼悦，林修茂而鸟喜。

经过一年多的兼并战争，西部最终结束了一盘散沙的混乱局面，迎来了稳定与安宁。西征之行，让曹操更加了解了儿子曹植的性情。曹植坦率自然，不讲究庄重的仪容，不追求华艳与富丽的车马服饰。这些优秀的品质，很符合曹操对儿子的期望与要求。于是，曹操开始渐渐地把爱心转移到三儿子曹植身上。

这次凯旋之后不久，即汉献帝建安十九年（214年），曹植就被曹操改封为临淄侯。也就是在曹植被封为临淄侯的这一年，曹操开始东征孙权，便对曹植委以重任，令他留守邺城大本营。

曹操临行前，特意嘱咐曹植："当年，我担任顿邱令的时候是23岁，回想起那时候的所作所为，至今仍不后悔。如今，你也是23岁了，一定要奋发图强，不负韶华，也不要令我失望啊！"

此消彼长。三子曹植因为有才而受宠，相对来说，作为长子的曹丕就会失宠，于是，在邺城时期，对曹植来说，就不得不卷入了至关重要，并且影响他一生的世子之争中。

由于曹植受宠，丁仪、丁廙、杨修等人便都来辅佐他。特别是杨修，他出身于东汉名门"弘农杨氏"，是一位智谋过人的奇士。

此时，杨修是曹操的主簿，消息特别灵通，对曹植世子之争十分有利。在杨修的出谋划策之下，曹植在世子争夺战中渐渐占据优势，甚至，有几次机会差点就当上了太子。

当然，曹植身边有一些能人，曹丕身边也不乏能人。

曹植改封临淄侯时，曹丕为五官中郎将。此时，曹植的才气、名望正在鼎盛时期，兄弟两人各有党羽，世人就有很多关于两人想要争夺宗子嫡嗣之位的议论。

曹丕派人请教贾诩巩固自身地位的办法，贾诩说："我愿将军能崇尚发扬仁德气度，亲身力行素常士人的行为学业，朝朝夕夕，孜孜不倦，不违背人子的正道常礼。我所能告诉您的，也就是这些而已。"曹丕听从了贾诩的教诲，注重磨炼自身的修为，不断砥砺前行。

俗话说，好事需要多磨。

由于两个儿子的谋士们针锋相对,使得曹操一直犹疑不决。

作为父亲的曹操也曾摒去左右侍从,私下就立嗣的问题询问贾诩,然而,贾诩沉默不答。曹操奇怪地问:"我与您说话您却不回答,这是为什么?"此时贾诩才回答说:"属下刚才正好有个问题在思索,所以没有顾得上立即对答。"曹操便问:"您在想什么?"贾诩回答:"我在想废长立幼因而导致败亡的袁本初和刘景升父子呢。"听罢,曹操会心大笑,于是在曹操的心中,太子的人选也就最后敲定了。

而恰恰就在这时,曹植的缺点也显现并被放大。因为曹植文人气、才子气太浓,常常任性而为,又不注意修饰约束自己,饮起酒来也毫无节制,因此,做出几件让曹操很是失望的事。

汉献帝建安二十二年,有一次,在曹操外出期间,曹植喝多了,就借着酒兴私自坐着王室的车马,擅自打开王宫大门的司马门,在只有帝王举行典礼才能行走的禁道上纵情驰骋,一直游乐到金门。

那一刻,曹植早就把曹操的法令忘到九霄云外去了。

这一切,当然早就有人通报曹操了。曹操听后,当然大怒,立即处死了掌管王室车马的公车令。

从此,曹操不仅加重了对诸侯的法规禁令,而且最严重的后果是曹植因为此事而日渐失去了曹操的信任和宠爱。

是年十月,曹操便召令曹丕为世子。从此,曹植告别了昂扬奋发的人生阶段,陷入了难以自拔的苦闷和浓浓的悲愁中。

汉献帝建安二十四年(219年),拥护曹植的杨修被曹操处死。曹操的夫人、曹植的母亲卞氏,立即给杨修之母袁氏写去一封书信——《与杨彪夫人袁氏书》进行安慰。卞夫人在信中先是夸赞了杨修之才,然后说夫君曹操是在性急愤怒之下才处死了杨修，自己当时并不知情。另外，卞夫人又述说了自己在听到杨修之死后的悲痛之情，并请求袁氏的宽恕。同时，卞夫人随信还送上了"衣服一笼，文绢百匹，房子官锦百斤，私所乘香车一乘，牛一头"等慰问品。

汉献帝建安二十四年（219年），曹植还犯了一个极大的错误。

当时，大将曹仁被蜀将关羽所围困，曹操就让曹植担任南中郎将、行征虏将军，带兵去解救曹仁。然而，命令发布后，曹植却喝得酩酊大醉不能受命，于是，曹操不仅改派了别人去救援，而且更后悔自己先前差点选错了接班人，因此，决定此后再不重用曹植了。

表面上看，似乎曹植这是浪费了一次东山再起的机会，其实，这是曹植最正确的选择。曹植借此是想告诉父亲曹操和兄长曹丕，自己认输了，不再参与世子之争了。

或许，曹操派曹植去当救兵的本意，就是给曹植一个表现认输的机会，庆幸的是，曹植抓住了。

几个月后，曹操病逝于洛阳，曹丕继王位，曹植时年29岁，作《上庆文帝受禅表》《魏德论》，曹丕依旧对曹植严加防范，七步成诗的故事流传至今。

03. 兄弟，相煎何太急

汉献帝建安二十五年（220 年）正月，曹操病逝于洛阳，曹丕继王位。

此时，曹植 29 岁。

曹植听说曹丕废汉自立，和苏则一起，穿上丧服为汉朝悲哀哭泣。曹丕愤怒地质问道："我顺应天命当了皇帝，你们应该高兴才对，为什么却在哭泣呢？"

于是，曹植赶紧作了《上庆文帝受禅表》和《魏德论》等文章，对曹丕的受禅表示了祝贺和赞美，以此来将功补过。

曹植所作《上庆文帝受禅表》全文如下：

陛下以盛德龙飞，顺天革命，允答神符，诞作民主。乃祖先后，积德累仁，世济其美，以暨于先王。王勤恤民隐，劬劳戮力，以除其害；经营四方，不遑启处。是用隆兹福庆，光启于魏。陛下承统，赞成前绪，克广德音，绥静内外。绍先周之旧迹,袭文武之懿德;保大定功,海内为一,岂不休哉?

然而,无论曹植如何修补,他的身份一直使曹丕感受到威胁,所以,从此以后,曹丕一直对曹植严加防范。

《世说新语》中记载的故事是这样的。

魏文帝曹丕因为妒忌曹植的才学,同时,也害怕曹植觊觎帝位,就想出苛刻的难题打压曹植。于是,曹丕命令曹植必须在七步之内作出一首诗,诗的主题必须是说兄弟之情,但是全诗又不可出现兄弟二字,否则,就将被处死。

曹植在不到七步之内便吟出:

煮豆持作羹,

漉菽以为汁。

萁在釜下燃,

豆在釜中泣。

本自同根生,

相煎何太急?

后来又演变成如下的七步诗:

煮豆燃豆萁,

豆在釜中泣。

本是同根生，

相煎何太急？

此诗是否为曹植所作，至今仍有争议，但无论如何曹植"七步成诗"的故事却一直广为流传。

后来，曹丕碍于母后卞氏的压力，只好将曹植数次徙封。

从此，曹植的生活发生了变化。也就是说，他从一个过着优游宴乐生活的贵族王子，变成处处受限制和打击的对象。

黄初二年（221年），30岁的曹植，被徙封安乡侯，邑800户；当年七月又改封鄄城侯。这次改封成为了曹植一生的重要转折点。

在这一年，曹植作了一篇《野田黄雀行》，借诗抒发了曹丕杀了他的至交丁仪、丁廙，而他却无力相救的悲愤情绪，同时，也寄寓了他的理想和反抗情绪。全诗意象高古，语言警策，急于有为的壮烈情怀跃然纸上。《野田黄雀行》全诗如下：

高树多悲风，海水扬其波。

利剑不在掌，结友何须多？

不见篱间雀，见鹞自投罗。

罗家得雀喜，少年见雀悲。

拔剑捎罗网，黄雀得飞飞。

飞飞摩苍天，来下谢少年。

黄初三年（222年）二月，鄯善、龟兹、于阗王各遣使奉献。是后西域复通,置戊己校尉。三月,封皇长子曹叡为平原王,弟弟曹彰等 11 人皆为王。四月,封曹植为鄄城王。31 岁的曹植被封为鄄城王,邑 2500 户。在这次被封王之后返回鄄城的途中,他写下了著名的《洛神赋》。

曹植在《洛神赋》中,描写了洛川女神的仙姿美态,堪称是文苑奇葩。对于曹植描写的洛川女神的原型,历来说法不一。近年来有学者考证出《洛神赋》的主旨是曹植悼念和怀恋其亡妻崔氏女,那么,洛神形象便是崔氏女的化身。

曹植的《洛神赋》全文附录如下:

黄初三年,余朝京师,还济洛川。古人有言:斯水之神,名曰宓妃。感宋玉对楚王神女之事,遂作斯赋。其词曰:

余从京域,言归东藩,背伊阙,越轘辕,经通谷,陵景山。日既西倾,车殆马烦。尔乃税驾乎蘅皋,秣驷乎芝田,容与乎阳林,流眄乎洛川。于是精移神骇,忽焉思散。俯则未察,仰以殊观。睹一丽人,于岩之畔。乃援御者而告之曰:"尔有觌于彼者乎?彼何人斯,若此之艳也!"御者对曰:"臣闻河洛之神,名曰宓妃。然则君王之所见,无乃是乎!其状若何?臣愿闻之。"

余告之曰:其形也,翩若惊鸿,婉若游龙。荣曜秋菊,华茂春松。仿佛兮若轻云之蔽月,飘飖兮若流风之回雪。远而望之,皎若太阳升朝霞;迫而察之,灼若芙蕖出渌波。秾纤得中，修短合度。肩若削成，腰如束素。延颈秀项，皓质呈露。芳泽无加，铅华不御。云髻峨峨，修眉联娟。丹唇外朗，皓齿内鲜。明眸善睐，靥辅承权。瑰姿艳逸，仪静体闲。柔情绰态，媚于语言。奇服旷世，骨像应图。披罗衣之璀粲兮，珥瑶碧之华琚。戴金翠之首饰，缀明珠以耀躯。践远游之文履，曳雾绡之轻裾。微幽兰之芳蔼兮，步踟蹰于山隅。于是忽焉纵体，以遨以嬉。左倚采旄，右荫桂旗。攘皓腕于神浒兮，采湍濑之玄芝。

余情悦其淑美兮，心振荡而不怡。无良媒以接欢兮，托微波而通辞。愿诚素之先达兮，解玉佩以要之。嗟佳人之信修，羌习礼而明诗。抗琼珶以和予兮，指潜川而为期。执眷眷之款实兮，惧斯灵之我欺。感交甫之弃言兮，怅犹豫而狐疑。收和颜而静志兮，申礼防以自持。

于是洛灵感焉，徙倚彷徨。神光离合，乍阴乍阳。竦轻躯以鹤立，若将飞而未翔。践椒途之郁烈，步蘅薄而流芳。超长吟以永慕兮，声哀厉而弥长。尔乃众灵杂沓，命俦啸侣。或戏清流，或翔神渚，或采明珠，或拾翠羽。从南湘之二妃，携汉滨之游女。叹匏瓜之无匹兮，咏牵牛之独处。扬轻袿之猗靡兮，翳修袖以延伫。体迅飞凫，飘忽若神。凌波微步，罗袜生尘。动无常则，若危若安；进止难期，若往若还。转眄流精，光润玉颜。含辞未吐，气若幽兰。华容婀娜，令我忘餐。

于是屏翳收风，川后静波。冯夷鸣鼓，女娲清歌。腾文鱼以警乘，鸣玉鸾以偕逝。六龙俨其齐首，载云车之容裔。鲸鲵踊而夹毂，水禽翔而为卫。于是越北沚，过南冈，纡素领，回清扬。动朱唇以徐言，陈交接之大纲。恨人神之道殊兮，怨盛年之莫当。抗罗袂以掩涕兮，泪流襟之浪浪。悼良会之永绝兮，哀一逝而异乡。无微情以效爱兮，献江南之明珰。虽潜处于太阴，长寄心于君王。忽不悟其所舍，怅神宵而蔽光。

于是背下陵高，足往心留。遗情想像，顾望怀愁。冀灵体之复形，御轻舟而上溯。浮长川而忘反，思绵绵而增慕。夜耿耿而不寐，沾繁霜而至曙。命仆夫而就驾，吾将归乎东路。揽骓辔以抗策，怅盘桓而不能去。

黄初四年（223年），32岁的曹植又徙封为雍丘王。两年之后的黄初六年（225年），曹丕南征归来，路过雍丘，与曹植见了一面，给曹植增加了食邑500户。

黄初七年（226年），曹丕病逝，曹叡继位，即魏明帝，改元太和。

这时，壮心不已的曹植急切地渴望自己的才能得以施展，所以，他多次慷慨激昂地上书曹叡，要求给予他政治上的任用。太和二年（228年），曹植向魏明帝曹叡进呈了一首奏疏——《求自试表》，现摘录如下：

臣植言：臣闻士之生世，入则事父，出则事君；事父尚于荣亲，事君贵于兴国……

臣昔从先武皇帝南极赤岸，东临沧海，西望玉门，北出玄塞，伏见所以行军用兵之势，可谓神妙矣。……

可以说，曹植在《求自试表》中表达了自己的拳拳之心，也许，这可以使铁石心肠的人动容，然而，却没能打动冷静理智的曹叡。对于叔父曹植的种种表白和要求，曹叡只是口头上给予嘉许而已，并且在政治上依然对曹植采取严加防范、不予任用的态度。

曹植在魏文帝、魏明帝两世的12年中，曾被迁封过多次。

太和三年（229年），38岁的曹植，被徙封到东阿。在此期间，曹植潜心著作，研究儒典。

最后，在太和六年（232年）时，曹植又被改封到陈郡。

太和六年十一月，曹植在忧郁中病逝，时年41岁。遵照曹植的遗愿，将其葬于东阿鱼山，谥号"思"。

因此，曹植被后人称为"陈王"或"陈思王"。

04. 成就，一石占八斗

可以说，曹植的文艺成就是巨大的。

曹植的创作以汉献帝建安二十五年（220年）为界，分前后两期。

前期，曹植的诗歌主要表达了自己的理想和抱负，诗中洋溢着乐观、浪漫的情调和对前途的信心。

后期，曹植的诗歌主要表达由理想和现实的矛盾所激起的悲愤。

总体来说，曹植的诗歌，既体现了《诗经》哀而不伤的庄雅，又蕴含着《楚辞》窈窕深邃的奇谲；既继承了汉乐府反映现实的笔力，又保留了《古诗十九首》温丽悲远的情调。同时，曹植的诗又有自己鲜明独特的风格，完成了乐府民歌向文人诗的转变。

曹植的作品收录在《曹子建集》中，共10卷。包括了曹植的诗、文、辞、赋。其中，收录较完整的诗歌有80余首，有一半以上为乐府诗体。

代表作有：《七哀诗》《白马篇》《赠白马王彪》《门有万里客》《洛神赋》等。

《七哀诗》，是一种中国传统诗歌体裁，起自汉朝末年，以反映战乱、瘟疫、死亡、离别、失意、狂玩、包揽等为主要内容。《七哀诗》是民众生活的写照，与宫廷诗相对应，有鲜明的民间色彩。

曹植的《七哀诗》，借一个思妇对丈夫的思念和怨恨，曲折地吐露了诗人在政治上遭受打击之后的怨愤心情。全诗如下：

> 明月照高楼，流光正徘徊。
> 上有愁思妇，悲叹有余哀。
> 借问叹者谁？言是宕子妻。
> 君行逾十年，孤妾常独栖。
> 君若清路尘，妾若浊水泥。
> 浮沉各异势，会合何时谐？
> 愿为西南风，长逝入君怀。
> 君怀良不开，贱妾当何依？

曹植的《赠白马王彪》并序，全诗如下：

> 黄初四年五月，白马王、任城王与余俱朝京师，会节气。到洛阳，任城王薨。至七月，与白马王还国。后有司以二王归藩，道路宜异宿止。意毒恨之。盖以大别在数日，是用自剖，与王辞焉。愤而成篇。

其一

谒帝承明庐,逝将归旧疆。清晨发皇邑,日夕过首阳。
伊洛广且深,欲济川无梁。泛舟越洪涛,怨彼东路长。
顾瞻恋城阙,引领情内伤。

其二

太谷何寥廓,山树郁苍苍。霖雨泥我涂,流潦浩纵横。
中逵绝无轨,改辙登高岗。修坂造云日,我马玄以黄。

其三

玄黄犹能进,我思郁以纡。郁纡将何念?亲爱在离居。
本图相与偕,中更不克俱。鸱枭鸣衡轭,豺狼当路衢。
苍蝇间白黑,谗巧令亲疏。欲还绝无蹊,揽辔止踟蹰。

其四

踟蹰亦何留?相思无终极。秋风发微凉,寒蝉鸣我侧。
原野何萧条,白日忽西匿。归鸟赴乔林,翩翩厉羽翼。
孤兽走索群,衔草不遑食。感物伤我怀,抚心常太息。

其五

太息将何为?天命与我违。奈何念同生,一往形不归。
孤魂翔故域,灵柩寄京师。存者忽复过,亡殁身自衰。
人生处一世,去若朝露晞。年在桑榆间,影响不能追。
自顾非金石,咄唶令心悲。

其六

心悲动我神,弃置莫复陈。丈夫志四海,万里犹比邻。
恩爱苟不亏,在远分日亲。何必同衾帱,然后展殷勤。

忧思成疾疢，无乃儿女仁。仓卒骨肉情，能不怀苦辛？
其七
苦辛何虑思？天命信可疑。虚无求列仙，松子久吾欺。
变故在斯须，百年谁能持？离别永无会，执手将何时？
王其爱玉体，俱享黄发期。收泪即长路，援笔从此辞。

曹植的《门有万里客》这首诗，描写的是战乱中人们流亡四方的悲惨情状。全诗如下：

门有万里客，问君何乡人。
褰裳起从之，果得心所亲。
挽裳对我泣，太息前自陈。
本是朔方士，今为吴越民。
行行将复行，去去适西秦。

在禅林野史以及宗教史中，记载有曹植与佛教的渊源，称他为梵呗泰斗。

相传，曹魏陈思王曹植游鱼山时，听到天空中有天乐梵呗之声，那天籁之音美妙绝伦，意境深远，让曹植感悟很深，于是，他将音节记录下来，并结合《太子瑞应本起经》，撰文制音，完成了《太子颂》和《菩萨子颂》，因此，曹植此举，便成为将汉曲、梵音巧妙组合在一起而制作梵呗的开始。

据《书断》记载，曹植也工于书法。

曹植少年聪慧，记忆力惊人，万言不忘，他常常将胸中磊落之气抒发在笔墨之间。曹植以章草书写的《鹞雀赋》，堪称书法中的一个极品。

曹植还著有一篇《画赞序》，这是中国画论史上流传下来的第一篇专题论画的文章。

曹植在《画赞序》中论述了绘画在"教化"方面应具有的功用，虽然这似乎体现的是儒家思想，但是曹植在《画赞序》明确了绘画艺术的社会价值和意义，肯定了绘画艺术的地位，这是《画赞序》最重要的价值。这也是中国绘画史上第一次涉及这一问题。它与曹丕的《典论·论文》第一次讲文章要有作者的性情是一致的。

可以说，在理论上，曹植开启了文艺自觉时代的先声。

因为曹植在文学上的造诣和成就，后世人将他与曹操、曹丕合称为"三曹"。而南朝宋文学家谢灵运又有"天下才有一石，曹子建独占八斗"的评价。

第四章

孔融,
家学渊源却少年励志

孔融，字文举，鲁国（今山东曲阜）人，汉族，东汉桓帝永兴元年（153年）出生，是孔子的20世孙、太山都尉孔宙之子。建安十三年八月二十九日（208年9月26日），因惹怒曹操而被杀，享年56岁。

他曾任汉献帝时期的北军中侯、虎贲中郎将、北海相，因此，当时的人称他为孔北海。后又被朝廷征为将作大匠，迁少府，又任太中大夫，因此，又被称为孔少府。

主要成就：他能诗善文，曹丕称他的文可比"扬（杨雄）、班（班固）俦也。"他的散文锋利而简洁，特别是六言诗反映了汉朝末代动乱的现实。

主要作品：原版文集均已散佚，现存为明代张溥编辑的《孔北海集》。

后世评价：东汉末年的文学家，"建安七子"之一。

01. 聪明，四岁能让梨

在泰山的西南部，有一处区域，它北、东、南三面环山，而中西部为泗水河与沂河的冲积平原。在公元前21世纪前后，这片区域隶属于上古尧舜时代九州之一的徐州。公元前16世纪后的商代，一度成为商王朝的都城。公元前1066年，西周武王伐纣灭商之后，将其胞弟周公旦封于此地，立国为"鲁"。

从传说中的远古时代开始，这里就留下了人类活动的足迹，仅"三皇五帝"中，就有4人在此地留痕。公元前551年，又有一个伟大的人物在此诞生了，这就是被后世称为圣人的孔子。孔子，生而七漏，头上圩顶，又因他的母亲曾经在尼丘山上祈祷，所以，他名丘，字仲尼。

孔子的七世孙孔霸，是汉元帝的老师，官至侍中。而到了孔子的第19世孙孔宙时，更是继承了孔子遗风。

孔宙，字季将，少年时就好学，后举孝廉，授郎中，又迁任元城令。当时，泰山附近发生了动乱，孔宙被临危授命为泰山都尉。孔宙一出马，不出半个月，就平定了叛乱，保证了一方百姓的安居乐业。为此，他的门人手下们自筹经费，采名山之石，给他立了一块碑，以示后人，这块碑，即为孔宙碑。

此碑至今还保存完好，成为了珍贵的历史文物。

时光如梭，一晃来到了东汉桓帝永兴元年（153年），在这一年里，孔子的第20代孙、孔宙之子——孔融，诞生了。

由于孔氏一族，家学渊源，子孙众多，因此，可以说，孔融的出生并没有使父亲孔宙有太多的兴奋，孔宙只是依据宗谱，给这个儿子取名为融，取字为文举，大概就是希望儿子能承继家学，做到融会贯通吧！

然而，与生俱来地被赋予使命且成长在优越的环境中的孔融，并没有让自己因此而平庸，反而是从4岁开始，他的一举一动就被载入史册，并流传下来。

当然，最著名的当数孔融4岁能让梨的故事。

这个故事最早出现在《世说新语笺疏》注引的《续汉书》里。后来，在《三字经》中也有"融四岁，能让梨"之语。

东汉桓帝永寿三年（157年）秋末的一天，在鲁地孔氏家族的人们，都已经吃罢了正餐，在男人们开始忙着读书、女人们忙着做女红的时候，孩子们却围着餐桌没有动地方，这是因为孩子们知道，家里新买回来的一筐梨子还没吃呢！那可是个大、色黄、水多的新鲜梨子啊！甚至，有的孩子为了吃梨子，在吃饭时特意没吃饱，留着肚呢！

当然，4岁的孔融也在其中。

果然，过不多时，一盘冲洗得干干净净的梨子被端上来了。值得一提的是：盘中的梨子虽然色泽差不多，但大小却不等。孩子们都把目光聚集到梨子上，只有4岁的孔融注意到，今天的梨子是父亲亲自给他们端上来的。

父辈的孔宙把一盘梨子放在餐桌上，孩子们口中咽着唾液，眼睛死死盯着梨子，甚至都看准了要拿的那只梨子，只待大人一开口，就抢来吃了。

这时，只听孔宙低沉地说："且慢，今天我们按年龄，从小到大，一个一个拿，不许抢。"听到这话，孩子们才把目光移到孔宙身上，有些迷惑不解。

孔宙也不多作解释，只是目光慈爱地看着孩子们。孔家的孩子，受先祖的影响，尊重长辈是他们与生俱来的品质。因此，虽然不明白孔宙为什么这么做，但也都忍着馋，自动排序来选梨子。

比孔融小的两个弟弟先拿了，挑的是最大个的。孔宙拍拍他们的头，没有说话。下面就轮到孔融了。

孔融来到盘子边上，目光围绕着盘子上下左右地观察，一直没动手拿，急得比他大的哥哥们异口同声地喊："拿啊！快拿啊！你磨蹭什么呢？"

孔融不回话，仍然不急不慢地仔细挑选。终于，孔融动手了，但见他从盘子最里面拿出了一个梨子，然而，他拿的不是最大的，也不是中等的，而是最小的一个。孔融挑选完以后，就坐到一边默默地吃起来，从吃态上看，他对梨子的滋味是很享受的。

当然，父亲孔宙把这一切都看在了眼里，也记在了心中，但是他没有过多的言语，也只是拍了拍孔融的头。

孩子们陆续挑选完毕，挤坐在一起快乐而贪婪地吃起了美味的梨子。这时，孔宙说："孩子们，以后吃水果时，都按照这个方式进行，我们孔家的孩子从小就要养成尊老爱幼的好习惯。"

从此，每当吃餐后水果时，孔家的孩子们都能做到按照从小到大的顺序依次拿果子，不争不抢。然而，每次挑选时，年龄较小，可以有优先选择权的孔融，总是选择最小的。久而久之，父亲孔宙就探询地问："融儿，你为什么总是拿最小的一个呢？"孔融不假思索地回答道："我是小孩子，按理应该拿小的。"

为此，孔氏家族的人，都对孔融格外看重。

汉桓帝延熹五年（162年），9岁的孔融跟随父亲到达了京城洛阳。

当时，在洛阳任职的官员中，有一位著名的人士，名字叫李膺。李膺有才学有名气，人也有个性。许多人慕名而来，想求见他一面都见不到。久而久之，就连他们家的门卫都知道，如果不是名士或者是他家的亲戚，他是不接见的，所以，一般人来拜访求见，门卫也不给通报。

孔融早就听说了李膺的这种待客之道，因此，待到达了洛阳以后，孔融便想看一看李膺究竟是个什么样的人，于是，便登门拜访。

孔融来到李府门前，对门卫说："我是李大人家的亲戚。"

门卫一看来人是一位文质彬彬的美少年，就确信是李大人的亲戚了，就向内通报说有亲戚求见。此时，李膺家正是宾朋满座，不差多一个人，当即就答应了孔融的求见。

孔融被带到客厅，李膺一看，当然不认识了，但李膺也不能确定这个孩子到底是他的什么亲戚，于是就问孔融："请问你和我有什么亲戚关系呢？"

孔融挺了挺胸，小大人似的回答道："我家和你家是世交啊！"

李膺脑子飞快地搜索，最终也没想明白，他和这个自报叫孔融的小孩子是怎么个世交？没想明白也不能露怯，于是，李膺就反问道："那我倒要考考你，你和我是怎么个世交亲戚呢？"

孔融不慌不忙地答道："你家的先祖是老子，对吧？而我的先祖是孔子。我们的先祖之间因道德、仁义相同，成为师生朋友，那么你说，我们算不算是延续多代的世交亲戚吧！"

孔融的一席话，不仅让李膺哑口无言，也让当时在场的宾客十分惊讶，对孔融刮目相看，纷纷夸赞孔融聪明。

当然，也有人例外。这个人就是太中大夫陈炜。当时陈炜也在座。见此，陈炜却不以为然地说："一个人小时候聪明懂事，长大后不一定有惊人的才能。"

孔融立即一语双关地反问道："那么，听大人您的话，您小时候一定不够聪明吧！"孔融的回答，直接一竿子通到底，让陈炜一句话也接不上来了。

两人的对话，为李膺解了围，于是他哈哈大笑，对孔融夸奖说："你小子这么聪明，将来肯定能成就一番大事。"

那时，也许连孔融自己也不确定是否真能成大器，但他天性就好学，再加上在众人的一片赞扬声中，他就飘飘然地也想证明一下自己的真实能力。

于是，他就更加刻苦学习，立志要承继先祖的儒家思想，要博览群书，增长见识和才干。孔融禀性好学，既能博览群书，又能掌握其中的精意。

人是无法抗拒自然法则的。当孔融一天天长大时，他的父亲孔宙却在一天天变老。终于，在汉桓帝延熹六年（163年）时，孔宙倒下了，享年61岁。

此时，孔融10岁。

父亲孔宙的去世，让10岁的孔融非常悲痛。他在父亲的灵柩前长跪不起，悲痛欲绝，直哭得晕了过去。

人们搀扶起孔融，他已经不能自主站立。如此，所有人都称赞他的孝行。

应该说，家世的尊贵再加上自己的努力，使得年少时的孔融，是在一片赞扬声中长大的。也可以说，少小时的孔融，对一切都无所顾忌。

不是吗？如果说错了，或是做错了，那么，大人们会用这是小孩子的幼稚来原谅他。如果言行超出了大人们的想象，那么，就会得到大人们的惊奇、鼓励、赞扬的话语。特别是在10岁之前，因为父亲的庇护，孔融真可谓过得自由自在，无拘无束。然而，父亲去世了。孔融觉得他依靠的大树倒了。他的心，一下失去了安全感，仿佛坠入了无底的深渊之中。所以他痛哭不止。

对于孔融在父亲棂前的痛不欲生，有人称赞他的孝行，当然也有后人说他这是虚假的孝行，是做给人看的。其实，他的痛哭，很大原因是恐惧、失去了安全感以及对前路的不知所措而已。

总之，接下来的一切，都要自己来扛了。

02.性格，忠义而刚直

汉灵帝建宁元年（168年），由于即位的灵帝刘宏年仅12岁，因此，由窦太后临朝，又以其父大将军窦武辅政，前太尉陈蕃为太傅。同时，又起用了李膺、杜密等人入朝执政。窦武等人尽职尽责，想有所作为，不料，却遭到了中常侍曹节、王甫等人的干扰。于是，双方进行了激烈的明争暗斗，最终窦武落败自杀，而陈蕃也因为手执兵刃入皇宫为窦武诉冤而被杀。

从此，宦官把持着朝政，政治更加腐败。有些宦官，甚至借机公报私仇，滥杀无辜，搞得满朝上下一片乌烟瘴气。

有一位名士张俭就是其中的受害者之一。

张俭，字元节，山阳高平人，他是当时的名士，位列"江夏八俊"之一。

早在汉桓帝时期，时任山阳东部督邮的张俭，了解了中常侍侯览的家属仗势欺人，在山阳地区无恶不作的情况后，张俭就为民请愿，上书弹劾了侯览及其家属。因此触怒了侯览，侯览便寻机对张俭进行报复。

当党锢之祸开始时,侯览便借机编造控告书,匿名发至各州郡,诬陷张俭及同郡的 24 人都是部党,朝廷便下了通缉令,于是,张俭被迫流亡。由于官府缉拿得很紧,张俭只得见门就投靠,为此,许多人因为收留他而被搞得家破人亡。

孔融的哥哥孔褒也是张俭的好友,张俭在走投无路之中,也逃到了孔家避难,请求掩护。然而当张俭逃到孔家时,孔褒却不在家。当时在家的是年仅 16 岁的孔融。孔融接待了张俭。

张俭见孔融还是个孩子,当然就没有说明来意。而聪明的孔融早已经看出了张俭的紧张神情和欲言又止,因此,孔融知道这位不请自来的客人,一定是遇到什么为难之事了,于是,就主动对张俭说:"我的兄长虽然不在家,但是,既然你是我兄长的好友,就是我的好友,我来当东道主,你什么也不用想,就安心地住下来吧!"

听了孔融的话,张俭忐忑的心踏实了下来。于是,张俭就在孔家躲藏了好几天,最后终于找了个机会,安全地逃走了。

不料,有人将孔家藏匿张俭的事,向官府告发了。官府抓不到张俭,当然把气出在孔家人身上,就把孔融和孔褒抓了起来,但郡县官吏不知道两人谁犯了罪。

孔融和孔褒一起在县衙受审,县官说:"你们兄弟两人到底是谁藏匿并放走了张俭的?你们难道不知道,这张俭是朝廷的要犯,私藏并放走了他的后果很严重,这是犯了杀头之罪啊!"

闻听此言,哥俩异口同声地回答:"是我,是我。"

县官一听,"呦呵,两人挺齐啊!连这个也抢,这真是要杀头的啊！"

孔融和孔褒当然都知道问题的严重性。孔融回答道："收留窝藏张俭的人是我，我兄长当时不在家，如果要治罪的话，就请治我的罪吧！"孔融如此说，他心里想的是：兄长和张俭是好友，朝廷是不会轻易放过他的，只有自己主动承担罪责，才会保全兄长的性命。

听了兄弟把罪责往自己身上揽，孔褒赶紧说："张俭到孔家，是来投奔我来的，这不关我兄弟的事，要杀要剐，就冲我来吧！"

孔融、孔褒兄弟在县衙上争了起来，都说是自己放走了张俭。官吏见无法判断，就又去问他们的母亲。

不只是兄弟俩争罪，当有官吏向他们的母亲孔老夫人问及事情的真相时，母亲却说："家里的事是长辈做主，所以承担罪责的当然是我，不关我两个儿子的事，就请治我的罪吧！"

孔氏一门都争着赴死，搞得郡县都无法决断，只好如实一级级向上禀报。最后，在朝堂之上，由皇帝下诏书仅定了孔褒一个人的罪，并下令将孔褒杀头治罪。孔融虽然没能救得了兄长，却因此事而闻名。他友爱兄长、凛然争死的事迹，一直流传了下来。

这样，少年成名的孔融，在乱世中从青年走到了中年。当孔融到了三十而立之年时，已经与平原人陶丘洪、陈留人边让等人齐名了。州、郡都想对他加以表彰，而他都推辞不受。在孔融看来，他所做的都是做人之根本，无须宣扬。

孔融不仅不喜欢宣扬，在性格上也是刚直不阿。

由于孔融的人品已经名气在外，因此，当孔融人到中年时，受到司徒杨赐的征召，成为司徒掾属。这是一个出力不讨好的得罪人的官职。孔融却毫不含糊，他的想法是，既然接受了这个职务，就得尽职尽责。当时，他负责明察暗访官僚中的贪污腐败行为，然后予以贬谪罢免。

由于当时宦官当道，恣意妄为，因此，被孔融发现并检举出来的人，大多数是宦官的亲族。然而，案子呈报到了朝中尚书一级时，那些朝廷重臣们害怕得罪宦官，不仅不对罪犯采取打击措施，反而将孔融等司徒属官们召集到一起诘问训斥。对此，孔融站出来，毫不隐讳地逐一陈述宦官子弟的罪恶，据理力争。

汉灵帝光和七年（184年），听闻河南尹何进即将升任大将军，司徒杨赐就派孔融拿着名片去登门向何进祝贺。然而，当孔融将名片拿出来，让门卫前去通报时，门卫既不识孔融也不识名片，因此，并没有将孔融当贵客，当然也就没有及时通报。这一切，让高傲得有点自负的孔融感觉受到了极大的侮辱，愤怒地欲转身离开。

这边孔融甩手想走，那边门卫一看坏了，想必此人来头不小，赶紧去通报。

可是孔融进去之后，还没等门卫通报，就一把将名片夺回，然后留下弹劾呈状返身回府，并去向杨赐引罪自责。

于是，整个河南尹府邸都知道了此事。大家觉得竟然有人敢在河南尹府如此胆大妄为，简直是不给面子，便想要派出剑客去追杀孔融。

这时，府中的一位宾客对何进说："孔文举素有盛名，将军如果与他结下仇怨，怕是四方之士都会随他而离开了。倒不如将军以礼数对待他，这样，就使天下人都知道将军的胸怀宽广。"大将军何进闻听此言，觉得有道理，就同意了。于是，大将军不仅不怒，反而征召孔融为大将军掾属，同时，又极力向朝廷举荐了孔融，因此，孔融又改任为侍御史。

孔融在任侍御史期间，因为与上司御史中丞赵舍不和，于是，假托患病，辞官归家。

此后不久，孔融被征为司空掾属，并被授为北中军侯。然而，在职仅仅3天，孔融又被改任为虎贲中郎将。

孔融这次上任之时，正逢权臣董卓总揽朝政之际。董卓野心勃勃地想要废掉汉少帝刘辩，孔融每有对策的机会，就言辞激烈地与董卓争辩。当然，争辩中孔融经常引经据典地说出匡扶正义的言论。为此，董卓便对孔融怀恨在心，直接的后果，就是首先将孔融转任议郎，然后又暗示太尉、司徒、司空三府，举荐孔融到当时农民起义军——黄巾军最为活跃的北海郡任太守。

孔融到任后，立即召集士民百姓，并下发檄文，聚集兵士练习武艺，同时，他还亲自书写信札，派人送到各州郡，使得各地互相沟通，共同谋划对策。

此时，黄巾军正势如破竹，汉朝的军队已经是不堪一击，因此，纵然是孔融使出浑身解数，但是在讨伐黄巾军张饶部的时候也战败了。于是，孔融不得不转而退守到朱虚县，力保朱虚县不失。

在朱虚县，孔融又逐渐集结了官吏百姓达4万多人，不仅重新设置城邑，而且设立了学校，公开彰显儒家之道，举荐出郑玄、彭璆、邴原等贤良之人。

郡人甄子然、临孝存两人，都德高望重却很早就故去了。孔融恨自己没能和他们相识，便命令地方在县社祠庙中祭祀他们。

对待北海国的百姓，哪怕百姓只有一点微小的善行，孔融也都以礼对待。

北海国的人，如果没有后代，或者是四方游士，一旦这些人去世了，孔融都能好好地安葬他们，让他们入土为安。

当然，孔融对不孝的人处罚也是相当严厉的。

《秦子》中有下面这一段记载：

当孔融担任北海国国相时，有一次，当他在路上，看见了一个人在坟墓边嘤嘤地哭泣。孔融就走到近前察看。当得知坟墓中埋葬的就哭泣之人的父亲时，孔融就定定地去观察哭泣之人，但见那人虽然在哭泣，但心情一点也不悲伤，脸色也一点都不憔悴。见此，孔融突然就发怒了。于是，孔融大吼一声，命手下人将那人绑了，然后不由分说，就将那人杀了头。

实话说，孔融的此种做法，不仅武断，而且以现在的眼光来看，甚至还可以说他这是在草菅人命。然而，退回到东汉末年孔融在的那个动乱的年代，孔融依从先祖孔子所倡导的孝道孝行来处理此事，似乎也能说得过去了。

总之，无论如何，孔融在北海国为相期间，因为很有政绩，被当时的人称为"孔北海"。

就在这时，黄巾军又来侵扰劫掠，孔融出兵屯驻都昌，但又被黄巾军的将领管亥所围困，在情势紧急之下，孔融便派太史慈向时任平原国相的刘备求救。刘备接到求救信后很是惊奇地说道："孔北海竟然知道天下还有我刘备这个人呢！"

此时的刘备，还是一个无名之辈，鼎鼎大名的孔北海能向他求救，刘备感到这是十分荣幸的事了。于是，刘备立即发兵3000人前去营救，贼寇这才溃散而去，从而解了北海之围。

03. 举止，敢谏又侮慢

孔融喜欢结交朋友，他平生最大的愿望就是门前宾客不绝。为此他给自己定的座右铭是："座上客常满，樽中酒不空。"

孔融与当时的名士蔡邕交好，当蔡邕去世后，有个虎贲军中的士兵长得有点像蔡邕，于是，孔融每次喝酒时，就召唤这个士兵与自己同坐，然后自言自语地说："虽然没有了老朋友，但还是可以找到过去的感觉啊。"

孔融任北海国相时，袁绍和曹操逐渐成为了中原地区两股最强大的势力。

孔融清楚地分析道：这两股势力争斗的结果，无论谁赢，都是要篡夺汉室江山的，因此，受先祖儒家思想的影响，忠义刚直的孔融，便不愿意投靠他们中的任何一个人。

孔融的幕僚中，有一个叫左丞祖的人，自称具有远见谋略，他分析当前的形势，力劝孔融，也要和大部分人一样，或者是结纳袁绍，或者是结交曹操，总之，要将宝押在一个人的身上，找到一个靠山。

孔融闻听震怒，不由分说就把左丞祖杀了。从此，再没有人在孔融面前谈论此类政事了。

应该说，孔融是忠心耿耿地立志平定国家的危难，匡扶汉室江山的。虽然自负于有才气秉性，但是，由于他的才干粗略不细致，思想空乏无实际操作意义。说白了，归根结底，孔融只是一介书生，因此，他虽然有一腔热情，但收获甚微。

孔融任北海国相6年后，刘备上表推荐孔融兼领青州刺史一职。

汉献帝建安元年（196年），袁绍的长子袁谭进攻青州。

袁谭与孔融双方的战斗从春天一直打到夏天，孔融身边的士兵仅剩下数百人了。那一天，飞来的箭矢像雨一样射来，城池失守，两军已经在城内短兵相接了。

然而，此时的孔融仍然在桌前读书，并且不急不慌，谈笑自若。等到了夜晚，城池完全沦陷了，他才动身向太行山以东奔逃，而此时，他的妻子儿女已经无法逃脱，因此都被袁谭掳获了。

也就在这一年，曹操把汉献帝挟持到许县，表面上是一次汉室的迁都，而实际上是时任宰相的曹操，完成了"挟天子以令诸侯"的局面，取得了政治上的优势。而当汉献帝迁都许县后，将孔融征召为将作大匠，此后又升任为少府。

每逢朝会，当汉献帝向群臣征求应对之策时，孔融常常是旁征博引地出谋划策。

那一日，朝堂之上汉献帝向群臣提出了这样一个难题。

此前，朝廷派太傅马日䃅奉命出使山东的袁术。当马日䃅到了淮南以后，多次求见袁术。袁术不仅侮辱他，还夺走了他的符节，并且不准他离开，还要强迫他任军师。于是，马日䃅忧愤至极，呕血而死。

马日䃅遗体被送回京师，朝廷上下想对他加以礼葬，唯独孔融提出了异议。

孔融陈述的理由是："马日䃅凭借上公的尊贵身份，持着天子的符节，奉命去处理地方事务，本应该不屈不挠，平和袁术的僭越野心，然而他竟然向奸臣献媚，为奸人所驱使，让奸臣在所上的章表和签署的任命书中，把马日䃅的名字列在首位，而这也正是他依附奸臣，欺骗朝廷和皇帝，以奸邪之心对待君主的表现。难道朝廷大臣可以因为受到了威胁就以此为借口欺骗皇帝吗？"

孔融建议：皇帝怜惜大臣，不忍心追究并给他定罪，这已经很宽大了，不应该再给他更多的礼遇了。孔融提出了这样的建议，而其他人也不明确表示反对，于是，汉献帝就采纳了孔融的意见而处理了马日䃅一事。

此外，在对待刑罚上，孔融也直言敢谏，旗帜鲜明地表达了自己的看法。当时朝廷的主流舆论导向都想恢复古代的肉刑，而又唯独孔融谏言提出异议。

孔融的理由是：古时候的人浑厚朴实，善恶之间差别不大，并且官吏正直，刑法清明，在政策上没有不当之处。如果百姓犯罪了，那都是他自己的责任。而当今，国家正处于衰微之际，风气教化混乱了，政治也搅乱了好的风俗，国家的相关法律也危害了百姓的利益。这样一来，君王失去了为君之道，才造成了百姓的涣散与不服，而这时，如果想用古时候的刑法再去伤残他们的肢体，那么，这不是除恶扬善的办法。

在这里，孔融用纣王的昏庸来论证他的观点。他说："因为纣王砍断了早晨涉水者的脚，所以天下的人都说纣王暴虐无道。那时，周朝下面有1800个诸侯国，因此，天下百姓要养着1800个君主，如果每个君主都要砍掉一个人的脚，那么，就出现了1800个纣王。在这样的状况下，想要一个风俗纯洁美好的社会，是绝对做不到的。"同时，孔融还认为："受了刑罚的人，大部分都有不想活的意念和求死的决心，并且大多数都会铤而走险。如果恢复了肉刑，不仅不能禁止人做坏事，还从此断绝了于人为善的途径。即便是忠诚如鬻拳、坚持如卞和、多智如孙膑、蒙冤如巷伯、才华如司马迁、通达如子政等人，一旦遭遇到刀锯之刑，反正死了也是为人耻笑，就不顾一切了。所以，聪明的有德的君王，要深思远虑，弃短取长，表现在政治上的措施，是不随便进行改革的。"

朝廷上下一致认为孔融的建议很好，因此，最终没有恢复肉刑。

在同一时期，荆州牧刘表不仅不向朝廷进贡，而且做了许多逾越法度的不安本分之事。比如，刘表在郊外祭祀天地，礼仪上的规模之大可比肩君主。这可是大逆不道之罪，于是，朝廷就想下诏把刘表的行为诏示天下，然而，孔融上奏疏建议隐瞒郊祀这件事，以此来维护朝廷的脸面。

孔融上疏说："我听说荆州牧刘表不仅凶暴，而且倒行逆施，不服管束，行为又时常越界出轨，以致在祭祀天地时，竟然效仿国祭社稷的礼仪。我认为，尽管刘表利令智昏，僭越恶极，然而因为涉及国家的大体，最好暂且避讳不去宣扬这件事。这是为什么呢？因为帝王最重要，也最尊贵，陛下的身躯就是圣躯，陛下的国家就是神明的器物，而皇位高高在上，其禄位已经是达到极限，这就犹如天的高度不可攀登，日月的亮度不能逾越一样。每出现一逆臣，便说想谋篡皇位，对于这些如果都四处张扬披露，我想绝不是堵塞邪念萌生的办法。我认为尽管这些忤逆之臣有大罪，也应该隐忍不发。正如贾谊所说的'投鼠忌器'的道理。齐国将军队屯驻在楚国，并不是为了揭露楚国的罪行，仅仅是谴责其不向朝廷进贡而已；周王朝的军队打了败仗，《春秋》却并不写明是被晋人打败，这只是用以维护王者无敌的名誉而已。在此之前，朝廷已经揭露了袁术称帝的罪行，现在又下诏论列刘表的僭逆之事，这正是要让跛母羊存着窥视陡峭高岸的妄想，以为天险也能攀登了。考察刘表的行为，他专横跋扈，擅自诛杀列侯，隔绝朝廷的诏令，劫掠地方向朝廷缴纳的贡赋，招揽匪首，经营自己的势力，专门招降纳叛，这一系列的罪恶逆行，早已经如鲁桓公将宋国贿赂他的郜鼎，放在太庙里一样罪证昭然，而又有什么能比这些事实更能揭示他的野心的呢！如同屋瓦分崩解体一样，桑叶枯黄败落，逆贼的败势早已明显，所以我认为，朝廷应该隐讳刘表在郊祀中僭越的事，而以加强国家的防务为重。"

汉献帝建安五年（200 年），南阳王刘冯、东海王刘祗相继去世，汉献帝哀痛于他们的英年早逝，想下诏规定为他们举行四时祭祀。鉴于此前孔融的建议都极为中肯，因此在这件事上，汉献帝也首先征询孔融的意见。

孔融思考片刻回答道："陛下思情亲厚和睦，为了怀念二王而发布哀悼的诏书，并且还核查审度了从前的典章制度，来修订现行的礼仪制度，这是对的。过去梁怀王、临江愍王、齐哀王、临淮怀王，去世时都没有后代，他们的同母兄弟，也就是景帝、武帝、昭帝和明帝，前朝并没有为他们设立祭祀的事。如果是临时措施，就不列入史籍。诸王均在幼小时去世，陛下因慈爱而哀痛，对待他们采用同成年人一样的礼仪规格，又加封了谥号，这可以根据陛下的意愿来办理，但是，当祭祀结束以后，就不要再悲痛了。至于一年一期对他们的祭祀活动，这既不合乎礼仪，又违背了先帝制定的法规，这一点是不合适的。"

孔融的建议再次被汉献帝采纳。

孔融忠于汉室之心苍天可鉴，而曹操"挟天子以令诸侯"的做法也是人尽皆知，孔融不喜欢曹操的行为，尤其是他"挟天子以令诸侯"的做法。因此，孔融和曹操之间在政治上就产生了多次冲突。

在性格上，孔融是一个自恃清高的人，而他又向来喜欢直言，即使在众人面前，也丝毫不给曹操留面子，一直都在用语言讽刺挖苦曹操，跟他作对，并多次反对曹操的决定，使得曹操非常尴尬。

汉献帝建安九年（204年），曹操赢得了官渡之战的胜利，打败了袁绍。然而，曹操的长子曹丕干的第一件事就是收了袁绍的儿媳妇甄氏。

孔融知道后，就写信给曹操："当年周武王灭掉商纣，将妲己赐给了周公。"曹操没听说过这个典故，认为孔融很有学问，信以为真。然而，曹操翻遍了古书也没有查到，于是，就问孔融这个典故的出处。孔融回答说："以今度古，想其当然耳！"曹操这才明白，孔融原来是在讽刺挖苦他。

对于这件事,曹操当时虽然没有发怒,只是脸上一阵青一阵白的,但是心里为孔融记上了一笔账。

汉献帝建安十二年(207年),曹操北讨乌桓,孔融又讥笑曹操说:"大将军远征,使海内外萧条,这与从前肃慎人不进贡楛矢,丁零人偷盗苏武放牧的牛羊,使他陷入穷厄,是可以相提并论的啊!"

这件事,当然曹操又在心里给孔融记上了一笔账。

因为庄稼不收闹起了饥荒,再加上连年的战乱,曹操就上表请奏要求满朝禁止饮酒,孔融就不断地写信与曹操争辩,信中孔融不仅建议不要制定禁酒令,而且要对曹操多用傲慢无礼的言辞。

孔融看到曹操已渐渐显露出奸雄诡诈的篡位之心,出于维护汉室之心,孔融对曹操的所作所为越发不能忍受,孔融就更有意说一些偏激诡怪的言论,去冒犯曹操。孔融还曾经上奏文说:"朝廷应该按照古代王畿制度,在方圆千里以内,不分封建置诸侯。"曹操很担心孔融的这些言论会逐渐扩散出去而对自己不利,便私下里非常忌讳孔融的这些正义严词。然而因为孔融的名声太大了,曹操表面上只得容忍他。

其实,孔融的名声大并不是浪得虚名,而是他自己用实际行动获得的。

每当听到别人的优点,孔融都像是自己有了优点一样。别人如果提出了有价值的意见和观点,他也必定会帮助旁征博引,使这些观点更加趋于完善。当然,对于别人的缺点,孔融也往往当面给指出来,但在背后称赞别人的长处。

孔融喜欢举荐有才能的人,他认为,知道有才能的人而不举荐,是自己的过失,因此英雄才俊都很信服他。而他所举荐的贤能人士,有很多人后来都受到奖励和晋升。

04. 命运，覆巢无完卵

汉献帝建安十三年（208年），孔融再任太中大夫。这是孔融所担任的最后一个官职。

其实，孔融的性情很宽容，也很少有人记恨他。他喜好与士人交朋友，也乐于帮助和教导那些晚生后进的人。

有一句成语为："忘年之交"，意思是年辈不相当而结交为友。这句成语出自《后汉书·祢衡传》："衡始弱冠，而融年不惑，遂与为交友。"

如此可以看出孔融与祢衡关系是不一般的。

祢衡，字正平，是平原郡人。祢衡恃才傲物，可以说是个怪才。祢衡和孔融虽然年龄上有差距，但仍然成为了好朋友。孔融还写《荐祢衡表》一文，向曹操推荐了祢衡。然而，祢衡一再称病推托不肯去。当祢衡终于来了，曹操就封他当鼓手，当然曹操的目的是修理和羞辱他，但是没想到，这祢衡果然是一个难缠的主，只见祢衡脱掉衣服赤身裸体地使劲儿击鼓，因此，反而让曹操被羞辱得下不了台。后来，祢衡竟然还大骂曹操是奸臣。

祢衡如此作为，好在曹操一向有容人之量，爱惜人才，况且曹操也不想让世人觉得他不能容人，因此，曹操表面上并没有治祢衡的罪，但把他遣送给了刘表。祢衡对刘表也很轻慢，刘表又把他送到江夏太守黄祖帐下，最后因为和黄祖起言语冲突而被杀，时年26岁。当然，黄祖对杀害祢衡一事感到十分后悔，便将祢衡加以厚葬。

由于孔融和祢衡是好友，又是孔融把祢衡推荐给了曹操。因此，有人就猜测：推荐祢衡这件事，好像也是孔融有意在戏弄曹操。

然而，孔融虽然用这种小聪明惹得曹操不高兴，但这并不足以引起曹操对他产生杀心，更不能让曹操"弃恶从善"。真正让曹操不高兴的是孔融牵涉国家政事的言论。

孔融喜欢交朋友，主要是因为这样就可以在朋友面前谈笑风生、评论时事，而这一时期，孔融与之谈论的事大多涉及曹操。

孔融谈论的话题越广，曹操就越发害怕他。然而，由于孔融名重天下，曹操表面容忍，暗中却时刻关注着孔融的言论。

当时，有一位山阳人，名叫郗虑，他喜欢揣摩曹操的心事来巴结曹操。郗虑看出了曹操对孔融的不满与无可奈何，于是，就以蔑视国法罪为由，向汉献帝奏请罢免孔融。此举当然正合曹操之意。

曹操借机给孔融写信，故意挑拨孔融和郗虑两人之间的矛盾，孔融也给曹操回信针锋相对。

总之，孔融聪明一世，但是也有糊涂的地方。那就是对政治缺乏敏感性，处处表现的都是自己刚直的一面，忽略了在乱世之中必须学会明哲保身。

孔融自认为是名士，是贵族，其他诸侯没有资格指使他，只有皇帝才值得他效忠。孔融自认为他追随的一直都是汉室，但不幸的是皇帝被曹操所挟制。因此，虽然孔融讨厌曹操，却一直又不得不在曹操帐下听令。所以，其实皇帝的不幸也正是孔融的不幸。

孔融妖言惑众、扰乱了军心，久而久之就不再是小事了。终于，曹操对他忍无可忍，于是，就将积满了一肚子的猜疑忌惮，再加上郗虑给孔融捏造的罪名，全部用到了孔融身上。

曹操令丞相军师祭酒路粹，上奏文诬告孔融，奏文说："少府孔融，以往在北海郡时，见王室动荡多事，便召集徒众，妄想图谋非法的行为，声称：'我是大圣人商汤的后代，祖先是被宋国华督所杀害，拥有天下的人，为什么非得是姓刘的。'而待他与孙权的使者谈论时，他仍然肆意诽谤讥讽朝廷。另外，孔融虽身列九卿之位，却不遵守朝廷的仪规，不戴巾帻，隐藏自己身份改装出行，冲犯后宫。再有，孔融以前与贱民祢衡放纵无礼，狂言：'父亲对于子女，会有什么亲情，论其本意，不过是情欲发作的产物罢了。子女对于母亲，又算得了什么，就好比在缸里寄存的物品，拿出来也就分离了。'而在此不久，他还与祢衡相互吹捧。祢衡称他是'仲尼不死'，他则答称祢衡为'颜回复生'。孔融的这些言行都是大逆不道的言行，应当对他严惩重诛。"

路粹是曹操的军师祭酒，汉献帝当然明白路粹上奏说孔融有招合徒众、欲图不轨、谤讪朝廷、不遵超仪等罪名，汉献帝当然就准奏，然后孔融便被逮入监牢。

曹操给孔融的罪名里面有一条"不孝"之罪，即上述孔融对父母和子女关系的言论。

孔融是否说过此语，现已经无从考证，但有一点是有据可查的，那就是孔融在父亲孔宙去世时，悲伤得几乎站不起来。如果孔融真是不孝子，那他也不至于悲伤至此。因此，曹操杀孔融的罪名，肯定是有欲加之罪，何患无辞的因素了。

汉献帝建安十三年八月二十九日（208年9月26日），曹操数罪并罚将孔融处死，并株连全家。孔融时年55岁。

有一位名叫脂习的京兆人士，与孔融是好朋友。作为好友，脂习也曾经劝诫过孔融，性格上不要太刚直，言辞上不要太激烈。然而，这是孔融与生俱来的，也是他一生的行为准则，岂能是好朋友的一两句劝说就能改变得了的呢！

当孔融被曹操杀害时，整个许都的人都害怕受到牵连，没有一个人敢为孔融收尸，然而脂习不怕，他毅然前往并抚尸痛哭道："文举丢下我死了，我也不想再活了。"

有人便将此事报告给了曹操，曹操听后当然大怒，立即下令将脂习逮捕，并想将他杀了，后来恰逢天下大赦才被释放出来。

可以说，孔融并没有和曹操相抗衡的实力，却还不知收敛，导致被满门抄斩，让妻儿也受到他的连累。

当孔融被杀时，他的一双儿女，儿子9岁，女儿7岁，因年幼寄养在别人家中得以暂时幸免于难。

早在孔融被抓捕时，他的一双儿女正在下棋，根本没有任何行动。旁边的人问："你们的父亲被抓起来了，你们为什么不逃跑呢？"闻听此言，孔融年仅9岁的儿子，小大人似的坦然回答说："哪里有鸟巢被毁掉，鸟卵不破的道理呢！"这就是后来流传千古的话："覆巢之下安有完卵！"

主人给他们喝肉汤，孔融的儿子因为口渴，就接过来喝了。孔融的女儿却说："今天有这样的灾祸，又能活多久，还有什么心思去尝肉汤呢？"于是哥哥大哭起来，也不喝肉汤了。

当然，有人就把这个事又汇报给了曹操，曹操很震惊，孔融的儿子小小年纪就能说出这样的话来，如果留下来，将来肯定是养虎为患，于是，曹操便密令手下人，将孔融的儿女都杀掉。见到捉拿他们的人来了，孔融7岁的女儿表情平静地对她的哥哥说："如果死者有知，可以得见父母，难道不是我们最大的愿望嘛！"于是，孔融的儿女引颈就刑，颜色不变。当时的人，都为他们既感到悲伤，又感到惋惜。人们纷纷议论说：孔融不仅自己小时候是个神童，在他的影响之下，他的孩子也是如此地从容不迫、大义凛然。

孔融是东汉末年的一代名儒，在文章上也小有成就，尤其擅长诗歌。

魏文帝曹丕就十分欣赏孔融的文辞，在孔融死后还曾重金悬赏征募他的文章，并把他列为"建安七子"之一。

据《后汉书》载：孔融有诗、颂、碑文、论议、六言、策文、表、檄、教令、书记等文章共25篇。然而，遗憾的是，就是这些为数不多的遗文，后世又有所散佚，并且大多只是流传下来片断，其中，诗歌仅存8首。

孔融的文章，以议论为主。在内容上，大部分是伸张教化、宣扬仁政、荐贤举能、人物评论等；在表述方式上，大部分是针对时政、直抒己见，每篇文章都个性鲜明，颇露锋芒；在艺术表现力上，大部分文句整饬，辞采典雅，引古论今，比喻精妙，气势充沛。

由于议论文章多为时势而作，保存下来的很少。现存作品中只有散文和诗。

总体来说，孔融的散文，讲究辞藻的华美和字句的对称，具有浓重的骈俪气息，这是孔融有别于同时期其他作家的地方。他的文章体气高妙，奋笔直书，以气运词，这又体现了建安时期文学创作的共同风尚。

然而，与散文相比较，孔融的诗歌似乎显得逊色一些。

孔融曾作了一首《郡国姓名离合诗》，诗中分别扣在"鲁国孔融文举"6个字上，这在灯谜界，被尊为文人诗谜的开山之作。

孔融的品格与言论对当时和后世产生了影响，他反对肉刑等的言论，甚至到隋唐时期仍然被用作朝廷政策讨论的论据。

在《隋书·经籍志》中，载有《孔融集》9卷，今天已散佚。

现存的孔融文集，大部分是明朝和清朝人编辑的版本，其中，通行本有明代张溥编辑的《汉魏六朝百三家集·孔少府集》1卷。

严可均编著的《全上古三代秦汉三国六朝文·全后汉文》卷83中，记载有孔融的《春秋杂议难》5卷，集10卷，这里面包括文章及奏疏。

孔融的诗，可查丁福保的《全汉三国晋南北朝诗·全汉诗》以及逯钦立的《先秦汉魏晋南北朝诗·汉诗》。

在《古文苑》中也载有孔融的《杂诗》2首。

总而言之，家学渊源却少年励志的孔融已经成为历史，并永载史册，是是非非，自有后人评说。

第五章

陈琳，
三易其主却不改其志

陈琳，字孔璋，出生在广陵射阳，但具体出生时间不详，在"建安七子"中，大约与孔融年龄差不多。汉献帝建安二十二年（217年），与刘桢、应玚、徐干等一起染疫疾而去世。

汉灵帝末年，任大将军何进的主簿。董卓得势之时，陈琳避难到了冀州，成为袁绍的幕僚。袁绍兵败后又成为曹军的俘虏。先为司空军师祭酒，后为丞相门下督。

主要成就：擅长撰写章表书檄，文气贯注，笔力强劲。其诗，对魏晋六朝的诗歌创作产生了深远影响。

主要作品：明代的张溥编辑有《陈记室集》，收入《汉魏六朝百三家集》。其中的代表作是《为袁绍檄豫州文》《饮马长城窟行》《武军赋》等。

后世评价：东汉末年文学家，"建安七子"之一。

01. 首秀，力谏大将军

广陵，这是一个古老的地名，今称为扬州。当然，古老的广陵从历史深处走来，也是几易其名。

早在春秋时期，今扬州西北部一带为邗国。到了公元前486年，吴王夫差在蜀岗上修筑了一座城池为邗城，并开凿了中国历史上最早的人工运河之一的邗沟。这是扬州开发的开始，邗沟的修建，将江淮水系贯通了。

公元前319年，楚怀王在邗城的基础上，又修筑城池，取名为广陵城，从此，开始有了广陵这个名字。

秦始皇统一中国后，在广陵地区设置了广陵县。

从汉代开始，广陵一带被称为江都。汉代分封诸侯国，广陵成为吴王刘濞的封地，建立吴国。吴国在广陵借助近山临海之利，即山铸钱，煮海为盐，使盐铁两大"官营"业迅速发展。同时，兴修水利，开盐河，种稻栽桑，进一步奠定了广陵水路交通运输的基础。

汉朝末年，广陵郡的治所设在了射阳。

三国时期，由于魏吴之间的战争不断，广陵为江淮一带的军事重地。

俗话说，人杰地灵。

东汉末年，有一位出生于广陵的文弱书生，在乱世中飘摇着。无法知道这位文弱书生的具体出生时间，但他有着一个颇为秀气的名字——陈琳，字孔璋。

如果不是生逢乱世，也许，陈琳会沉醉在诗文中快乐地过一生，然而，在兵荒马乱的年代，世界之大，也许都容不下一张书案，如果不找个靠山，只会读圣贤之书，恐怕连吃饭都会成问题的。

于是，书生陈琳，便利用自己文人的特长，走进了政治。走进政治的文人，在文笔上难免时而成为问题的焦点。

因为陈琳的出生年份已不可考，家庭出身、早年的仕宦之途等情况也无法确定。据如今可查的、一致公认的信息，也就是他登上历史舞台的首秀身份，便已是大将军何进的核心幕僚，即主簿一职。

那么，何进又是何许人也？

何进，字遂高，南阳郡宛县人。何进是东汉时期的外戚大臣，他是汉灵帝的皇后——灵思皇后的兄长。

相传，何进本来是杀猪汉出身，由于书读得少，平素并没有谋略和见识，只因为他的妹妹幸运地成为了皇后，他才得以不断获得提拔。

最开始，何进因为妹妹的关系，拜为郎中，然后出任虎贲中郎将、颍川太守，又迁任侍中、将作大匠，一直做到了河南尹。

当黄巾军起义时，何进被拜为大将军，总镇京师。此时，何进发现并镇压了马元义密谋的叛乱，被汉灵帝封为慎侯。

大概就是在这一时期，陈琳经人推荐，担任了大将军何进的主簿一职。

为了扩大自己的威望，何进在京师讲武结营，并上奏建议汉灵帝在用来玩乐的西园，设置了8个校尉的兵力，都归他统领。应该说，此时何进的势力已经不容小觑了。

汉灵帝自从黄巾军起义以后，就开始关注军事动向，因此，对于大将军何进的建议，汉灵帝是有主见的。

汉灵帝中平五年（188年）八月，汉灵帝接受何进的提议，开始在拱卫京师的西园军中设置8个校尉，并分别任命8个人担任校尉：宦官蹇硕为上军校尉，虎贲中郎将袁绍为中军校尉，屯骑校尉鲍鸿为下军校尉，议郎曹操为典军校尉，赵融为助军左校尉，冯芳为助军右校尉，谏议大夫夏牟为左校尉，淳于琼为右校尉。其中，特别任命蹇硕为8个校尉的总指挥。

那么，蹇硕又是何许人也？蹇硕，是深受汉灵帝宠信的宦官。

因为蹇硕不仅身体壮健，而且有武功谋略，所以汉灵帝非常亲近信任他，并以他为元帅，典护诸将，督司隶校尉以下。此时，不仅袁绍、曹操是蹇硕的下属，而且大将军何进也归蹇硕统属。

汉灵帝此举，意图很明显是采取的制衡之术。

然而，蹇硕虽然在朝廷专掌兵权，但他也对大将军何进的兵强马壮很忌惮。因此，蹇硕打算将何进调到外地，然后离间何进与汉灵帝的关系。于是，蹇硕与诸常侍共同劝说汉灵帝派遣何进西征韩遂。汉灵帝同意了，赐给何进兵车百乘，虎贲斧钺。而何进暗中获悉了蹇硕的阴谋之后，上奏请求汉灵帝派袁绍到徐州和兖州去调集军队，并且要等到袁绍回来再进行西征，以便拖延行期。

可以说，这一个回合，蹇硕和何进两个人打了一个平手。

当初，汉灵帝连续死去了几个儿子，因此当何皇后生下皇子刘辩之后，就被送到道人史子眇家中去抚养，故被称为"史侯"。王美人生下皇子刘协，由董太后亲自抚养，又被称为"董侯"。

群臣请求汉灵帝立太子。可以立为太子的人选有两人：一个是汉灵帝与何皇后的嫡长子"史侯"刘辩；另一个是"董侯"陈留王刘协。汉灵帝认为刘辩为人轻佻，缺乏威仪，不可以作为人主，汉灵帝心目中的太子人选是刘协，但是当时何皇后正受宠，何进又手握重权，因此对于立太子一事，汉灵帝一直犹豫未决。

汉灵帝中平六年（189年），汉灵帝病重，在弥留之际，将心目中的继承人刘协托付给他特别信任的宦官、上军校尉蹇硕。蹇硕含泪接受了遗诏。

汉灵帝中平六年四月丙辰日（189年5月13日），汉灵帝于嘉德殿驾崩。当时在皇宫中的蹇硕，知道何进不会甘心接受遗诏，必定会作乱，于是，蹇硕就想先杀了何进，然后再根据先皇的遗诏立刘协为皇帝。

蹇硕封锁了汉灵帝已经驾崩的消息，只是派人去接何进，说是要与他商议事情。何进即刻乘车入宫。蹇硕的司马潘隐与何进早就有交情，在出来迎接何进时用眼神示警。何进一看大惊，知道事有变故，便没有进宫，而是急忙抄近道回到大营里，并且带兵进驻百郡府邸，对外声称自己身染病症，不能入宫。于是，蹇硕的计划失败了。

大将军何进粉碎了蹇硕拥立皇子刘协的图谋，诛杀了蹇硕。

汉灵帝驾崩两天后，何进等拥立刘辩即位为皇帝，史称汉少帝。汉少帝尊母亲何皇后为皇太后。由于汉少帝年少，何太后临朝称制。宣布大赦天下，改元为光熹。封9岁的皇弟刘协为渤海王。由母舅大将军何进监国。汉少帝刘辩是在汉室王朝已经摇摇欲坠的情况下即位的。少帝刘辩继位后，一切政事取决于临朝称制的母后和手握兵权的母舅大将军何进。而此时，以何进为首的外戚集团和宦官集团的矛盾已经愈演愈烈，似乎，一场宫变的发生已经不可避免了。

因此，何进又听从当时的部下袁绍之言，准备内借母舅的资本，外据辅政的权力，使自己成为独揽朝中大权的大将军。然而，要想达到这一步，就必须将宦官们全部诛杀。于是，被权势冲昏头脑的何进，便召时任并州牧的董卓带兵入京助他一臂之力，并要求妹妹何太后同意杀宦官，然而，何太后不准。

部将袁绍又进一步建议：要召集四方猛将及大批豪杰，让他们率军进入洛阳，然后凭借武力胁迫何太后同意诛杀宦官。何进本是个没主见的人，竟然采纳了袁绍的建议。

当时，不仅何太后不同意杀宦官，作为主簿的陈琳也力谏何进，不可以引董卓入京勤王。

陈琳赶忙阻拦，为何进分析利害关系。

陈琳的观点是：谚语说"掩目捕雀"，捕捉麻雀这样小的动物，尚且不能靠欺骗的手段，更何况以欺诈的手段来处理国家大事呢？身为国舅，手握重兵，如果想要诛杀宦官的话，不过是举手之劳而已。

可是如果舍此不为，却想要借助诸侯的力量，让他们进犯京师来达到目的，这就好像倒持太阿宝剑，将剑柄拿在他人手中。这样做的后果，不仅不能成功，反而会招来更大的动乱啊！

此时，可以说，陈琳已经是苦口婆心地提醒了，然而，顽固而愚蠢的何进根本听不进去陈琳之言。

汉少帝光熹元年八月二十五日（189年9月22日），何进再次进入何太后居住的长乐宫，要求何太后同意他诛杀全体宦官。这时，张让、段珪等宦官们早已经听到了风声，于是，宦官们先下手为强，在宫中的嘉德殿前，将没有任何防备的何进杀死。

因此可叹的是，大将军何进筹谋多时，但还没等到诸侯进京勤王，自己先被宦官设计诛杀了。

然而，这还不是最坏的结果。由于何进不听陈琳的劝谏，一意孤行，坚持从地方引兵入京胁逼，结果，他死了，董卓也率兵进京了。

奉何进之命入京勤王的并州牧董卓率军到来，远远望见宫中起火，知道发生了变故，便统兵急速前进。天还没亮，来到京城西郊，听说汉少帝一行在北边就要回宫了，便率军与大臣们一起到城北的北芒阪下迎接汉少帝。汉少帝望见董卓突然率大军前来，吓得哭泣流泪。董卓上前与汉少帝叙话，汉少帝说起话来语无伦次，而一旁的陈留王刘协则对答如流。

董卓十分高兴，觉得陈留王比少帝贤能，而且因为董卓与抚养陈留王的董太后是同族，于是，董卓心里便有了废黜少帝，改立陈留王为皇帝的念头。

董卓入京后，自封为司空，权倾朝野，但他知道并不是所有人都服他，于是，决定废少帝，另立陈留王为帝以提高自己的威望。由于董卓手握重兵，朝中除卢植和袁绍之外无人敢反对，于是，定下了废立大计。

昭宁元年九月初一（189年9月28日），董卓在崇德前殿召集百官，逼何太后下诏书立刘协为帝，废黜少帝刘辩改为弘农王，何太后还政于帝。

诏书颁布后，太傅袁隗把废帝弘农王身上佩带的玺绶解下来，进奉给陈留王。于是，陈留王刘协即位，改元永汉，是为汉献帝。

袁绍的叔父太傅袁隗扶弘农王刘辩下殿，向坐在北面的新皇帝刘协称臣。见废帝此状，何太后哽咽流涕，群臣心中悲痛，但都敢怒而不敢言。

董卓废少帝刘辩，立献帝刘协，并自封为太师，此举使得社会动乱四起，这也加快了东汉王朝的覆灭。

这样一来，汉少帝刘辩就成为了东汉王朝唯一被废黜的皇帝。然而，这还不算完。

董卓废少帝改立献帝的第二年正月，即汉献帝初平元年（190年），山东各地的刺史、州牧、太守等起兵讨伐董卓。董卓怕他们以迎废帝弘农王复位为名讨伐自己，干脆将弘农王杀死。

呜呼！曾经的汉少帝刘辩，死时年仅15岁。

更加可悲的是：汉少帝刘辩是光熹元年四月十三日至昭宁元年九月初一在位，即189年5月15日—189年9月28日，共计才四个半月的时间。甚至，后世的史学家，在帝王本纪中，都没有将汉少帝列入其中。

这不能不说，汉少帝刘辩的母舅何进是有着不可推卸的责任的。

而当时何进的主簿陈琳，也算是尽力了。陈琳只是预测了结果，却人微言轻，无力挽救罢了。

02. 避难，千古第一檄

大将军何进死后，作为曾经的主簿，陈琳只得寻求新的主子。于是，陈琳就避难投奔并依附了袁绍。

袁绍，字本初，汝南汝阳人。袁绍出身东汉后期一个权倾天下的官宦世家"汝南袁氏"，从袁绍的曾祖父起，袁氏四代有五人位居三公，因此，袁氏家族有"四世三公"之称。特别是，袁绍的父亲袁逢官拜司空，叔父袁隗官拜司徒。袁绍虽然是庶出，但他长得英俊威武，很是获得袁逢、袁隗的喜爱。不到20岁的袁绍就已出任了濮阳县令，并且获得了清正能干的好名声。后来，因为先服母丧后又补服父丧，前后共6年时间内，袁绍拒绝朝廷辟召，一直隐居在洛阳。

此时，正值东汉统治日趋黑暗的年代，宦官专政愈演愈烈，残酷迫害以官僚士大夫和太学生为代表的"党人"。虽然袁绍自称隐居，表面上不与宾客结交，但是他在暗中结交"党人"和侠义之士。

在袁绍的密友中，还有一个人就是曹操。他们结成了一个以反宦官专政为目的的政治集团。当然，袁绍的活动也引起了宦官的注意。

叔父袁隗听到消息后也斥责他，但袁绍不为所动。

汉灵帝中平元年（184年），黄巾起义爆发以后，袁绍答应了大将军何进的辟召。袁绍有意借何进之力除掉宦官，而何进也因袁氏门第显赫很信任袁绍。于是，两人一拍即合，关系非同一般。

汉灵帝中平五年（188年），东汉朝廷任命大将军何进另组西园新军，并设置了8个校尉。其中，上军校尉是蹇硕，袁绍被任命为中军校尉，而曹操为典军校尉。

汉少帝刘辩即位后，时任太傅的袁绍的叔父袁隗，与大将军何进一同辅政。这时，袁绍积极为何进出谋划策，于是，袁绍被任命为司隶校尉。

此时，陈琳为大将军何进的主簿。

袁绍多次给大将军何进献策。当宦官们走投无路，铤而走险，并杀了何进后，袁绍与叔父袁隗佯称奉诏，将宦官亲党2000多人都杀了，甚至，有些不长胡须的人也被当成宦官杀掉了。

正当袁绍在内宫大肆屠戮宦官的时候，董卓率领军队抵达洛阳西郊，无意中得到了一张王牌——少帝，因此，董卓带着军队浩浩荡荡地开进洛阳城。

骄横的董卓决意实行废立，以建立个人的权威。袁绍一听当然非常生气，两人话不投机，不欢而散。这样，袁绍就不敢久留洛阳了，于是，他把朝廷所颁符节挂在了东门上，逃往冀州。

俗话说，请神容易送神难。面对董卓的傲慢与强大兵力，袁绍开始后悔当初给何进提的建议了。

同时，袁绍也意识到，当时主簿陈琳的提醒是对的，这时袁绍才意识到陈琳是个人才，并开始重视陈琳了。

既然何进已死，而袁绍又很欣赏自己，那么，陈琳也就跟随袁绍到了冀州。

因为陈琳曾任大将军何进的主簿，所以当陈琳成为袁绍的幕僚之后，袁绍也知人善任，充分利用了陈琳的特长，让陈琳专职撰写文章。

于是，袁绍军中的文书，大多出自陈琳之手。

汉献帝建安元年（196年），曹操在雍邱派兵围攻臧洪的盟友张超。

臧洪，字子源，广陵射阳（今江苏宝应县东）人。

臧洪15岁时，因父亲臧旻的功德拜为童子郎，并在太学中获得一定的知名度。后来被举孝廉做了三署郎。当时朝廷选拔三署郎来增补县长，臧洪就做了即丘县长。汉灵帝中平末年，臧洪弃官还家，太守张超任命他当了功曹。后来董卓专权，臧洪劝说张超联合兖州刺史刘岱等起兵讨伐董卓，并在酸枣设坛。臧洪登坛盟誓。臧洪的言辞慷慨激昂，听到的人都涕泣横下，情绪激扬，人人都想尽力效命。虽然最后是无功而散，但是臧洪给袁绍留下了好印象。当袁绍见到臧洪时，非常器重他，两人结下情谊。正好原青州刺史焦和去世，袁绍便派臧洪兼任青州刺史以安抚那里的部众。臧洪在青州两年，许多强盗都逃窜了。于是袁绍对臧洪的才能十分赞叹，又改任臧洪做了东郡太守，郡治在东武阳。

当臧洪担任袁绍的东郡太守时，曹操在雍丘包围了张超。张超说："只有依靠臧洪了，他一定会来救我的。"

臧洪为了救盟友张超，便跪哭着向袁绍求救。然而，此时的袁绍正在与曹操结盟，当然不肯派兵救援了。张超得知后说："臧洪是天下的义士，是始终不会背叛根本的人，只怕被袁绍所限制，不能赴到这里罢了。"

臧洪听说后，果然光着脚痛哭，并且部署他的人马，又向袁绍请求兵马，请求援救张超，而袁绍到底没有答应。结果是雍丘被曹操攻破，张超在城墙上自刎身亡。这样，臧洪失去了盟友，痛哭之际，便把满腔的愤怒发泄到了袁绍的身上，开始与袁绍反目成仇，进行对抗。

袁绍派兵攻打臧洪，将臧洪围困在了东武阳，然而历时一年多的苦战，也一直未能攻下臧洪的城池。因为臧洪是抱着必死决心的，所以做到了以弱敌强，誓守穷城，战斗到底。

见此情景，此时在袁绍帐下效力的陈琳，感觉到了事态的严重性，连忙向袁绍建议：应该写信与臧洪沟通，看看是否能够和解。袁绍已经无计可施，只得同意陈琳的建议，并命陈琳主笔给臧洪写信。

其实，陈琳与臧洪之间还有一层关系，那就是同乡。两人均为广陵射阳人。

在写给臧洪的信中，陈琳按照袁绍的意思，以同乡的口吻极力劝说臧洪，洋洋洒洒写了6页纸的一篇千字文的书信。

其实，陈琳所撰写的书信内容，就是劝说臧洪向袁绍投降。当然，信中晓以利弊，责以恩义，并且将重点内容放在了"责以恩义，喻以祸福"几个字上。从陈琳的书信中，臧洪当然明白袁绍这是借陈琳之笔，提醒他不要"忘恩负义"。

这一下子，臧洪没退路了。如果说此前的反目是因为一时的气愤，那么现在则演变成了一世名节的问题了。

于是，臧洪特意给陈琳回信了。

当然，信是回给陈琳看的，但话是说给袁绍听的。

信的中心意思是：你讲了那么多大道理，我当然明白。我是一个小人物，赶巧得到了一点权势，如今登城远眺，大家都是昔日的好友，刀兵相向，不免伤感。因为主人对我，实在不错。只因张超之事，使我丧尽了忠孝之名，不配作为朋友。然而，主人如果能宽容，也不至于刀兵相见……我虽然傻，多少也能看出主人的心胸。因此，我决定死战到底，维护我的正义和名节。

臧洪给陈琳回信的最后说："陈孔璋，您在境外谋求利益，而我献身于君主；您为盟主效力，而我在长安挂名做官。您认为我身死名灭，我也笑您生活都将默默无闻，可悲啊！我们的根本相同，却走上了不同的道路，人各有志，希望您努力自勉，我还能再说什么呢！"

陈琳当然将臧洪的回信呈给袁绍看了。袁绍见信后便知臧洪的心意已决，然后，下面的事就可想而知了。

当然，以后的事，就不是陈琳能左右得了的了。

随着董卓的上台，诸侯纷争的乱世大幕正式开启。有董卓这个强敌在，彼时相对较弱的袁绍和曹操便结成了战略联盟。对于袁绍而言，为了兑现与曹操结盟的承诺，甚至不惜牺牲了臧洪这位好友。然而，当打到最后，就只剩下彼此两大势力时，友谊的小船，就不得不翻了。

就在袁绍与臧洪缠斗的时候，曹操把汉献帝挟持到许昌，形成了

"挟天子以令诸侯"的局面，取得了政治上的优势。

可以说，曹操的野心不小。那么，袁绍呢？随着势力的不断壮大，袁绍也是一心想夺取天下，自己当皇帝。为了号召天下的州郡一同起兵攻打曹操，袁绍就得造势。

于是，笔头功夫厉害的陈琳，就又被派上了用场。

陈琳根据袁绍的指示，倾尽平生所学，撰写了一篇脍炙人口的著名檄文——《为袁绍檄豫州文》。

当然，檄文原本是无名字的，因为名气和影响太大了，后世人就根据檄文的作用、特点等加上了一个一目了然的题目。

所谓檄文，就是宣战、讨伐的宣言。内容当然是列举对方的罪状，陈述己方不得不战的理由和正义性。

为此，陈琳在此篇檄文中便列举了曹操很多罪状，甚至连曹操祖宗三代的罪状都给揭示了出来。在战前的动员大会上，袁绍用陈琳写的这篇檄文，重重地将曹操埋汰了一番。

由于陈琳的润色与加工，这篇檄文极富煽动性，使得袁绍所部群情激愤，斗志昂扬。又因为陈琳这篇文章实在是太精彩了，任何注释都不能完整地表达原意，因此，现摘抄原文的片段如下：

……司空曹操祖父腾，故中常侍，与左悺、徐璜并作妖孽，饕餮放横，伤化虐人。父嵩，乞丐携养，因赃买位，舆金辇宝，输货权门，窃盗鼎司，倾覆重器。操赘阉遗丑，本无令德，僄狡锋侠，好乱乐祸……历观古今书籍所载，贪残虐烈无道之臣，于操为甚。莫府方诘外奸，未及整训，加意含覆，冀可弥缝。而操豺狼野心，潜包祸谋，乃欲桡折栋梁，孤弱汉室，除忠害善，专为枭雄……当今汉道凌迟，纲弛网绝，操以精兵七百，围守宫阙，外称陪卫，内以拘质，惧篡逆之祸，因斯而作。乃忠臣肝脑涂地之秋，烈士立功之会也。

可以说，全篇酣畅淋漓、字字珠玑，仅寥寥数语，陈琳就将曹门三代那些见不得光的丑事，公之于众，并成为民间的笑谈。

当然，这篇檄文的内容是一定会传到曹操耳中的。

当时，曹操患头风病，痛苦地躺在床上。曹操的部下得知檄文的内容消息，真是左右为难。报告吧，这样的内容，曹丞相肯定会大怒，搞不好病情会加重；不报告也不行，万一丞相以后知道怪罪下来，没人能承担得起这个责任。所以，部下硬着头皮，将檄文呈递了进去。

03. 归附，无法减一字

陈琳那篇煽动力极强的讨伐曹操的檄文，不仅骂曹操骂得绝，而且夸袁绍也夸得妙。比如，夸袁绍不仅拥有长戟百万，健骑千群，而且本人是能力强大的人，是光明的使者，是正义的化身……

檄文的最后还有悬赏：得曹操首级者，封五千户侯，赏钱五千万。

曹操读着檄文，越读心越惊惧，甚至是毛骨悚然。因为，有些往事，就连曹操自己都不知道。还有一些事，是曹操刻意隐藏在心灵的最深处，从来不想让外人知道的东西。现在却被陈琳的一篇文章公之于众，曹操觉得自己就像被人剥光了衣服一样，赤身裸体地站在了光天化日之下。曹操受到了严重的惊吓。这一惊吓，让曹操冒出一身冷汗。神奇的是，由于汗出透了，觉得头风顿时痊愈了，于是，曹操从床上一跃而起。曹操的部下看见此种情况，心想："这可是糟糕了，曹公要发怒了！"然而，接下来发生的一幕，直接让部下蒙圈了。但见曹操不仅没有发怒，反而爆发出一阵哈哈大笑……

毕竟自己也是文人，曹操自认为文采天下无双，除骂自己的话，仅仅是从文字表述上来讲，曹操鸡蛋里挑骨头，竟然也不能为此篇文章增减一字。

曹操心里暗呼：简直太完美了！陈琳，人才啊！因此，在震惊之余，曹操也不由得在心中渐起了爱才之意。

曹操又回想起当年自己与陈琳同在何进幕下为官时，两人都对袁绍那个召外兵入京的馊主意是持反对意见的，因此，曹操对陈琳的好感又增加了几分。

两军交战，战前的动员是必不可少的，然而，仅仅是一篇檄文是不能决定胜负的。因此，虽然在战前袁绍先赢了一局，但是曹操赢得了最后的胜利。

汉献帝建安五年（200年），曹操与袁绍在官渡展开激战，最后，曹操攻破冀州，袁绍大败。

最富有戏剧性的是：陈琳居然也被曹军俘获了。

可以想象，一场残酷的"文字狱"正在向陈琳悄然走来。不过，事态的发展却完全出乎人们的预想与想象。

当陈琳被五花大绑地带到曹操面前时，但见曹操不怒反笑："哈哈，快快松绑。"左右手下以为听错了，没敢动。

曹操见此，提高了声调，厉声又道："怎么？我的话没听到吗？快给孔璋先生松绑。"

曹操边说边走到了被士兵按跪着的陈琳面前，并伸出手将陈琳拉起，然后就一直握着陈琳的手，笑着戏谑道："孔璋先生辱骂我就足够了，为什么还要辱骂我的祖宗？"

曹操此时的言行，不仅让部下们一头雾水，而且把陈琳也推到了既震惊又尴尬的境地。

此时的陈琳还摸不准曹操的葫芦里到底卖的是什么药，反正也已经是阶下囚了，认杀认剐吧！于是，陈琳只能如实回答道："箭在弦上，不得不发。"

"好，好，好一个箭在弦上，不得不发啊！"哈哈……曹操闻听陈琳之言，更加大笑不止。

此时，空气仿佛都凝结不动了。在场的所有人，大气都不敢出，只等着曹操下一步的举动。就连陈琳自己都认为曹操的笑里藏着刀，这回自己死定了！

不料，曹操依然还是笑着说道："孔璋先生此文，文气贯注，笔力雄健，真是当今的俊才啊！我也是相当佩服的。"

此番夸赞，真是令陈琳尴尬得脸上红一阵，白一阵的了。

然而，这还不算完，曹操对他说道："以后，先生就继续发挥特长，为我效力如何？"

曹操说完，也不待愣在原地的陈琳回答，就回座朗声宣布："现拜陈孔璋为司空军师祭酒、管记室，以后，司空府来往公文都由他来主办。以前的事，任何人不得再提，否则，军法从事！"

这一回，所有人都相信陈琳不仅逃过死罪，而且升官了。

这样，陈琳没办法，只好投靠了曹操，并死心塌地地为曹操效力了。

后来，据说当袁绍死了之后，曹操专门为袁绍举行了一场祭祀仪式。更绝的是，曹操还让陈琳将当初给袁绍写的檄文，大声地念了出来。

刚开始陈琳当然不敢念啊！无奈曹操当着众人的面给他下了死命令：必须得念。

只不过，陈琳念得味同嚼蜡，而曹操听得如唱赞歌。

当然，众将士都是非常惊讶，全部跪下请求曹操下令让陈琳停止，然而，曹操执意让陈琳念完。

从此，曹操的宽宏大量声名远播，而陈琳的文笔也是四海皆知。

由于陈琳的文采斐然，所以，每次他撰写的文稿呈递到曹操手中时，曹操总是会赞叹不绝，而在赞叹之余，竟然仍不能给他增减一个字。

此外，对于陈琳的文字能力，曹丕、曹植也给出了相当高的评价。

后来成为魏文帝的曹丕，在一篇文章中这样评价：

今之文人，鲁国孔融文举，广陵陈琳孔璋，山阳王粲仲宣，北海徐干伟长，陈留阮瑀元瑜，汝南应玚德琏，东平刘桢公干，斯七子者，于学无所遗，于辞无所假，咸以自骋骥騄于千里，仰齐足而并驰。以此相服，亦良难矣。

曹植也在一篇文章中评价道：

昔仲宣独步于汉南，孔璋鹰扬于河朔，伟长擅名于青土，公干振藻于海隅，德琏发迹于大魏，足下高视于上京。

当此之时，人人自谓握灵蛇之珠，家家自谓包荆山之玉，吾王于是设天网以该之，顿八纮以掩之，今尽集兹国矣。然此数子犹复不能飞翰绝迹，一举千里。以孔璋之才，不闲于辞赋，而多自谓能与司马长卿同风，譬画虎不成反为狗也，前书嘲之，反作论盛道仆赞其文。夫钟期不失听，于今称之，吾亦不能妄叹者，畏后世之嗤余也。

当然，曹丕和曹植的评价里，并不是单独赞扬陈琳一个人，而是把他与另外 6 人组合在一起，这也正说明了陈琳之文已经达到了一定的高度。

04. 结局，不幸染瘟疫

汉献帝建安二十二年（217年），京都许昌一带暴发了大规模的瘟疫。

曹植曾经在《说疫气》一文中，描述了当时瘟疫带来的惨况："家家有僵尸之痛，室室有号泣之哀。或阖门而殪，或覆族而丧。"

就在这场大瘟疫中，"建安七子"中竟然有4位同年遇难，即徐干、应玚、刘桢和陈琳。

曹丕还没有称帝时，在给吴质的信中也提道："昔年疾疫，亲故多罹其灾，徐、陈、应、刘，一时俱逝，痛可言耶。"

俗话说，祸不单行。大疫又遇大兵，使中原地区陷入了极度恐慌的状态。

据《后汉书·五行志》记载：从公元119年至公元217年的百年时间内，共发生了10次大的瘟疫。其中，集中在汉灵帝在位的15年间，共发生了5次。

从户口增减的数字来看：汉桓帝永寿二年（156年），全国户数是 1607 万多户，人口是 5006 万多口。而到了三国末年，魏蜀吴加起来，户数只有 149 万多户，人口只剩下 560 万多口。也就是说，仅存不到十分之一。这是何等触目惊心的数字啊！在瘟疫面前，即使是像陈琳这样的上层官僚，都没能逃脱，更何况是生活在中下层的黎民百姓了。

因为史书没有记载，与无法知道陈琳的确切出生时间一样，对于陈琳去世时的细节也无法考证了，甚至，对于陈琳的墓葬地点，也有多种猜测。

第一种猜测是在下邳。

这种猜测的理由是：下邳是汉魏时的古战场之一。曹操曾联合刘备攻下邳，擒杀吕布。后来，曹刘反目时，刘备占领了下邳，曹操复得了下邳。陈琳受到曹操的礼遇，一直从军。陈琳既然不是自然老死，而是染瘟疫死于军中，那么，他就极有可能葬在了下邳。

第二种猜测是在邯郸。

这种猜测的理由是：邯郸临漳县城西有一座铜雀台，"建安文学"便在此形成。当曹操去世后葬于此，并且邺下文人死后也大部分葬于铜雀台西的曹操墓周围。另外，唐朝人温庭筠在拜谒陈琳的墓时，写有"铜雀荒凉对暮云"之句。因此，据此推断陈琳也应该葬在铜雀台下。

第三种猜测是在盐城。

这种猜测的理由是：当地人口口相传，这里有"建安七子"之一的陈琳之墓。并且，陈琳的祖籍就在古射阳堤畔的射阳村，甚至，有人说，在今流均沟西四里，发现过陈琳的墓穴。

第四种猜测是在宝应。

这种猜测的理由是：明清两代的《宝应县志》都记载：陈琳墓在县治东六十里射阳庄。

陈琳，虽然生不知来自何时，死不知归于何处，但是他的文学成就载入了史册，并被后人津津乐道。

陈琳擅长撰写章、表、书、檄等文，文章的风格比较雄放，文气贯注，笔力强劲，与当时的阮瑀齐名。

陈琳一生写出了不少公文名篇，除了那篇有名的《为袁绍檄豫州文》之外，还有《为曹洪与世子书》等。

对陈琳在章表书檄写作方面取得的突出成就，刘勰在《文心雕龙》中多次给出了充分的肯定。比如，在《文说心雕龙·才略》篇中评价陈琳的文章是"符檄擅声"；在《文心雕龙·檄移》篇中评价为"陈琳之檄豫州，壮有骨鲠"；在《文心雕龙·章表》篇中评价为"琳、瑀章表，有誉当时；孔璋称健，则其标也"。

陈琳也擅长写诗，他的诗现仅存4首。而其中的诗歌代表作是《饮马长城窟行》，此诗描写了繁重的劳役给广大人民带来的苦难，很有现实意义。同时，全篇以对话方式写成，乐府民歌的影响较浓厚，是最早的文人拟作乐府诗作品之一。诗风朴实、生动，富有民歌特色，不仅为后世诗评家所称道，而且对魏晋六朝的诗歌创作产生了深远影响。

《饮马长城窟行》全诗如下：

饮马长城窟，水寒伤马骨。

往谓长城吏，慎莫稽留太原卒！

官作自有程，举筑谐汝声！

男儿宁当格斗死，何能怫郁筑长城。

长城何连连，连连三千里。

边城多健少，内舍多寡妇。

作书与内舍，便嫁莫留住。

善待新姑嫜，时时念我故夫子！

报书往边地，君今出语一何鄙？

身在祸难中，何为稽留他家子？

生男慎莫举，生女哺用脯。

君独不见长城下，死人骸骨相撑拄。

结发行事君，慊慊心意关。

明知边地苦，贱妾何能久自全？

陈琳的辞赋代表作是《武军赋》，此赋颂扬了袁绍战胜公孙瓒的功业，文字描写得相当壮伟，也堪称当时的名篇。另外，还有《神武赋》，此赋是赞美曹操北征乌桓时的军容盛况的，写作风格与《武军赋》相类似。

陈琳，在汉魏间动乱时世中三易其主，一定程度上表现了他对功名的热衷。这种热衷也反映在他的作品中。与"建安七子"的其他人相比，他的诗、赋在表现"立德垂功名"一类内容上是较突出的。

总而言之，陈琳是个大才子，不仅文章写得好，更难能可贵的是，他虽然三易其主，但都是竭尽全力，忠心耿耿。同时，陈琳为官一任，造福一方，他常常写诗感叹民生疾苦，为百姓的流离失所而痛心疾首。

陈琳是一位人格高尚、品行端正又才华横溢的不可多得的人才，也是一位非常有责任感的人。陈琳的这一特点，在汉末三国时代的乱世里，尤其难得。

第六章

阮瑀，
文字朴素却扣人心弦

阮瑀，字元瑜，陈留尉氏，汉族，汉桓帝延熹八年（165年）出生于陈留郡尉氏县，汉献帝建安十七年（212年）病逝。

主要成就：擅长写章、表、书记等军国书檄文字。年轻时曾受学于蔡邕，蔡邕称他为"奇才"。后徙为丞相仓曹掾属。诗歌语言朴素，往往能反映出一般的社会问题。阮瑀的音乐修养也颇高，他不仅精通音律，而且善弹琵琶，在当时号称"妙达八音"，还有"神解"之美誉。

主要作品：明朝人编辑有《阮元瑜集》，其中代表作是《为曹公作书与孙权》《驾出北郭门行》《阮元瑜集》等。

后世评价：东汉末年文学家，"建安七子"之一。

01. 身世，像玉的石头

汉桓帝延熹八年（165年），一天，在陈留尉氏县的一个阮姓大户人家中，一位男婴诞生了。这位男婴被家中的长者取名为瑀。

阮，既是姓氏，又是一种乐器的名字，而瑀，则表示一种非常像玉的石头。

阮瑀，就这样被组合成了一个人的名字，如此给孩子取名字，大概是希望此子长大后，能像玉石一样，既朴实无华，又光可鉴人；既温暖如玉，又硬如磐石。再搭配上家族与乐器同名的姓氏，那么，此子日后必定能成大器。

而得名为阮瑀的这个孩子，慢慢长大后，既懂音律技艺，性格上又恰似一块玉石，最重要的是，他没有辜负家族长辈的期望，不仅成为东汉末年著名的文学家，而且被列为"建安七子"之一。

阮瑀，真可谓：名副其实，不辱其名。

阮姓是中华姓氏之一，源于偃姓，主要出自古帝王皋陶的后代。在商朝时期，皋陶的后裔子孙被封在阮国（今甘肃泾川）。到了商朝末年，西岐西伯侯姬昌率军灭了阮国，于是，原阮国王族相约以国名为姓氏，称为阮氏。商周之后，阮氏在西戎贵族的侵压下不断被分割，阮氏族人被迫逐渐东迁，到了战国初期又被秦国所灭，设置为义渠邑。在西汉时期，在阮国故地设置为安定县（后来在元朝时，又因泾水而得名泾川县）。阮氏族人为了躲避战乱和仇杀，四处分散到了全国各地。在汉末三国时期，其中一支在陈留郡形成了望族。

陈留郡，春秋时的留邑为郑国地，后来因被陈国所得，所以称为陈留。秦王嬴政二十六年（前221年），设置陈留县。汉武帝元狩元年（前122年），设置陈留郡，隶属于兖州。当时，兖州的治所在陈留，另外还下辖雍丘、酸枣、东昏、尉氏、浚仪等17个县。

陈留的阮姓，名人辈出，后世各地的阮姓，也主要源于陈留的阮姓。确切地说，后来成为"建安七子"之一的阮瑀，就出生在陈留郡尉氏县的阮氏这个大家族之中。

尉氏县历史悠久。

早在7000—8000年前，尉氏县就有人类居住、劳动及繁衍生息的痕迹。到了春秋时期，为郑国的别狱，因为是狱官郑大夫尉氏采食之邑，所以得名尉氏。从此，尉氏这个地名就一直沿袭下来。

然而，尉氏县的名称虽然一直沿袭下来，但隶属关系有多次变化。

在战国时期，尉氏属梁地；秦朝时设置有尉氏县；到了汉朝时承袭秦朝的制度，尉氏属陈留郡；三国时属魏地，为兖州陈留郡所辖；西晋时归兖州陈留国……

总而言之，在东汉末年至三国时期，无论隶属关系如何变化，阮氏家族不仅在这片热土上扎了根，而且成为当地的名门望族。

这就是阮瑀的家族背景了。

可以说，阮瑀是很幸运的。由于出生于名门望族，阮瑀不仅衣食无忧，而且从出生开始就受到了极高的重视。

具体体现在学业上，可以说阮瑀没有走弯路。因为，阮瑀除了受到来自家族的良好熏陶之外，还从一开始就能拜蔡邕为老师，成为了蔡邕的学生。

因为有了名师的指点，再加上天生的聪慧，阮瑀不仅赢在了起跑线上了，而且一直在领跑，所以，最后的成绩自然不会太低。

那么，蔡邕又是何许人也？

蔡邕，字伯喈，陈留郡圉县人。也就是说，蔡邕和阮瑀是陈留的同乡。

蔡邕是东汉时期的名臣，文学家、书法家，总之，是当时著名的学者之一。然而，对于后世人来说，之所以熟悉蔡邕是因为他是当时有名的才女蔡文姬的父亲。

"文姬归汉"的故事，在后世广为流传。

蔡文姬（生卒年不详），名琰，字文姬（一说字昭姬）。蔡邕因为膝下无子，就将自己的才学全部传授给了女儿。蔡文姬自幼天资聪慧，有过目不忘之能力，因此得到父亲的真传之后，既博学多才，又擅长文学、音乐、书法，不输任何男子。早期嫁给河东卫仲道。由于卫仲道早亡，两人又没有留下子嗣，于是蔡文姬就回到了自己家里。

汉献帝兴平二年（195年），中原先后有董卓、李傕等作乱，属国南匈奴趁机叛乱劫掠，蔡文姬被匈奴左贤王掳走，在北方生活了有12

年之久，并生下两个孩子。

　　汉献帝建安十一年（206年），向来喜爱文学与书法的曹操，常常与蔡文姬的父亲蔡邕有文学和书法上的交流。曹操见蔡邕没有子嗣，便用重金从南匈奴那里将蔡文姬赎回来，并将蔡文姬嫁给了董祀。后来董祀犯了死罪，蔡文姬去找曹操给董祀求情。当时曹操正在宴请公卿名士，对满堂宾客说："蔡邕的女儿在外面，今天让大家见一见。"蔡文姬披散着头发，光着脚，叩头请罪，说话条理清晰，情感酸楚哀痛，满堂宾客都为之动容。但曹操说："可是降罪的文书已经发出去了，怎么办？"蔡文姬说："你马厩里的好马成千上万，勇猛的士卒不可胜数，还吝惜一匹快马来拯救一条垂死的生命吗？"曹操终于被蔡文姬感动，赦免了董祀。蔡文姬为丈夫董祀求情时，天气非常寒冷，曹操见她没有穿鞋又披散着头发，于是赠给她头巾和鞋袜。曹操又问蔡文姬："听说你家原来有很多古籍，现在还能想起来吗？"蔡文姬说："当初父亲留给我的书籍有4000余卷，但因为战乱流离失所，保存下来的很少，现在我能记下的，只有400余篇。"曹操说："我派十个人陪夫人写下来，可以吗？"蔡文姬说："男女授受不亲，给我纸笔，我一个人写给你就是。"于是蔡文姬将自己所记下的古籍内容写下来送给曹操，没有一点错误。

　　蔡文姬著录有《蔡文姬集》一卷，但如今已经失传，只有伤感悲愤之余所作的《悲愤诗》二首和《胡笳十八拍》留传下来。

　　到了阮瑀父辈时，阮氏家族虽然已经大不如前，但是社会地位还是十分优越的，所以，阮瑀才能拜到东汉时期著名的文学家、音乐家蔡邕这样一位老师的门下。总之，可以说，阮瑀是幸福的也是幸运的。

虽然阮瑀不可能将老师蔡邕的本事全部学到手，但是因得到名师指点，阮瑀的文章就写得十分精练，在当时，已经可以用闻名来形容了。

蔡邕的从政之路也是十分坎坷的。早年，蔡邕拒绝朝廷的征召之命。后来，因为推辞不了，所以才同意被征辟为司徒掾属。此后，蔡邕又历任了河平长、郎中、议郎等职，还曾参与续写《东观汉记》及刻印嘉平石经等事宜。后来，又因罪被流放朔方，几经周折，在江南避难12年。

蔡邕精通音律，才华横溢，师承著名学者胡广。他除了通经史、善辞赋之外，还精于书法，擅长写篆书、隶书，特别是以隶书造诣最深。世间有"蔡邕书骨气洞达，爽爽有神力"的评价。

董卓掌权时，强行征召蔡邕为祭酒。最值得一提的是：在三天之内，蔡邕就历任了侍御史、治书侍御史、尚书、侍中、左中郎将等职，并被董卓封为高阳乡侯，因此，世称为"蔡中郎"。一天一升职，甚至在一天之内就被连升两职，蔡邕这也是前无古人后无来者了。

然而，当董卓被诛杀以后，蔡邕因为坐在王允的座位上感叹董卓的身死，让王允抓住了把柄，说他是董卓的余党，蔡邕因此被下狱。

虽然有好多人都力劝王允要珍惜人才，免去蔡邕的死罪，罚他去修汉史，但是王允不听。而当王允后悔时，已经来不及了，因为不久，蔡邕便死于狱中，享年60岁。

阮瑀除了在老师那里学到了学业上的技艺，同时，也感染到了蔡邕的处世之道，那就是，只想做一位逍遥的文人，不愿意入仕为官，受人管制。特别是老师蔡邕的仕途之路及冤死的结局,更让阮瑀对政治上的争斗心灰意懒。

阮瑀心想:老师本不想做官,却被逼迫着一天升一职,这也就罢了,仅仅是一句无心之语,就被定上谋反的罪名,这还让不让人说话了,还让不让人活了啊!

因此,阮瑀就打定主意:爱谁谁吧!老子谁都不伺候。

生逢乱世,阮瑀没有心思入朝做官,于是,他便找了一个幽静的地方开始隐居,过起了两耳不闻窗外事,一心只待在家里关门读书的生活。

当然,阮瑀不只是死读圣贤之书,他把自己隐居的生活安排得既轻松快乐又丰富多彩。

时而,他会在灯下冥思苦读,时而,他又会凭栏远眺;时而他会秉笔直书,时而他又会击节抚琴……

当然,阮瑀的隐居生活并不是完全地与世隔绝,时常,他也会约上三五好友围炉夜话,畅谈诗书,抒发生不逢时的感叹等。

就这样,看似闲散无为的阮瑀,其实早已经是声名远播了。尽管还未取得任何功名,但那只是时候还未到而已。

因为阮瑀的文章写得好,所以,下面就有了曹操烧山求贤请阮瑀的故事。

02. 不就，烧山逼做官

群雄逐鹿中原，不仅一将难求，而且具有文韬武略的贤才更是难求。

俗话说，人怕出名猪怕壮。

阮瑀名声响亮，虽然他没有心思做官，只是想整天待在家里关起门来读书，但是，不断有人找上门来请他出山。

最早找上门来的人是建安都护将军曹洪。

曹洪，字子廉，沛国谯县人，曹洪是曹操的从弟。

汉献帝初平元年（190年），曹操起兵讨伐董卓，到了荥阳，被董卓的部将徐荣击败。溃逃期间，曹操又失掉了坐骑，而董卓的人马追袭得很急，曹洪见状跳下马来，把坐骑让给曹操，曹操推辞不受，曹洪说："天下可以没有我曹洪，但不能没有您啊！"于是，曹洪步行跟随曹操来到了汴水边。由于水深流急，不能涉水过河，曹洪就沿着河道搜寻，终于找到了一只渡船，曹操才得以渡河，回到了谯县。

曹洪屡次追随曹操征伐四方，被拜都护将军。

曹洪派人来请阮瑀出山，想让他掌管一应文书记事之事，阮瑀当然不答应。于是，曹洪派来的人就采取软硬兼施的手段，而阮瑀终究坚持不屈。曹洪也就只好作罢了。

曹操是个爱才的人，并且随着逐渐掌握了朝廷的大权，曹操更是求贤若渴，因为他不能当光杆司令，需要有精兵强将为他出力。

特别是，当袁绍的手下陈琳一篇洋洋洒洒的檄文，差一点就瓦解了他费了九牛二虎之力才树立起来的军心，因此，让曹操越发感觉到文化人的不可小觑。

于是，曹操下令：搜罗天下名士，有举荐人才者，赏！

重赏之下必有勇夫。

就有人向曹操推荐了阮瑀。

推荐词是：阮瑀有大才，文章写得十分精练。

曹操听后觉得这不是埋没人才和浪费资源嘛！迅速召他入朝做官效力。

初时，曹操以为这是给阮瑀机会，是天大的恩惠，以为这个阮瑀一定会对他感激涕零，乐颠颠来赴任呢，所以，曹操只是随随便便地派了个人，通知那个叫阮瑀的人来入朝当官。

可是，没想到，派出去给阮瑀下通知的使者，连阮瑀的面都没见着，只是得到了两个字的回答——不去。

派出去的使者当然得如实向曹操复命了，曹操一听，心想："好，有个性，就喜欢这样的人。"

于是，曹操又下令：再去，去请阮瑀先生出山高就。

派去的使者再次来到阮瑀家求见，请求阮瑀出山。

得到的回答还是两个字——不去。

派出去的使者又如实向曹操复命，曹操听了心说："这么有个性，看来还真是个隐居的高人啊！"

于是，曹操一边下令再去请，一边亲自手书了一篇邀请函，言辞恳切地表达了他爱才求才的心情。

这回派出去的使者心里有底了，曹丞相亲笔写信邀请，这可是天大的荣幸啊！世间能有几个人获得如此殊荣啊！这回你阮瑀不能不出山了吧？

曹操派来的使者来到阮瑀家的门前，拍门大喊："曹丞相有亲笔信函在此，请阮先生出门迎接。"

这一回，阮瑀确实不能闭门不见了。毕竟曹操的亲笔书信是不能不接的。然而，阮瑀也仅仅是出来见了使者，并阅读了曹操的信而已，还是不答应出山。

阮瑀对使者说："请向曹丞相转达我的谢意，谢谢对我的赏识，无奈我才疏学浅，恐怕会辜负了丞相大人的信任。"

总之，阮瑀还是没有答应。

这时，正巧那位第一个想请阮瑀出山的曹洪前来向曹操请示工作。

曹洪不仅是曹操的从弟兼部下，而且曹洪对于曹操还有救命之恩，因此，很受曹操器重。

曹洪见曹操也想请阮瑀出山，当然把此前自己没请动的事说了。曹操闻听更加勾起了对阮瑀的兴趣。同时，曹操也是在斗气，他想得到的人，还没有不能得到的说法。

于是，又派了一队人马前去请，并且放下狠话："再去请，不应，就用强制手段。"

阮瑀似乎也已经意识到曹操此番一定会不甘心的，如果再来，他无论如何推辞不掉了。因此，当闻听曹操的人马又来召见时，他便三十六计，走为上，匆忙逃进深山了。

曹操认定的事儿，跑和躲也不好使。

于是，曹操下令：放火烧山，看他往哪儿躲。

森林大火，冲天而起，即使一只兔子也藏不住了。因此，阮瑀这才不得不走出深山，勉强应召，出来为曹操效力。

这就是曹操烧山求贤请阮瑀这一典故的由来了。

03. 代笔，骑马能挥毫

其实，由于阮瑀多次推辞不答应邀请，曹操表面上没说什么，可心里是给阮瑀记着一笔账的。

阮瑀刚到曹军营中，曹操并没有立即封他官职。曹操想打击一下他的气焰。聪明的阮瑀当然早已经想到了这一层。他知道别说是像曹操这样的一代枭雄，换位思考一下，即使是换作他去请别人，被推三阻四地多次拒绝，也会动气的。

因此，其实阮瑀早就想好了应对之策。

正好此时，曹操要出征去攻打长安。

按惯例，曹军出征前也要大宴宾客，犒赏三军，作战前动员，并且还要鼓乐齐鸣。

曹操愠怒阮瑀此前的不答应，就把阮瑀安排在乐队之中，想杀一下他的傲气。

曹操想法是：音律不像作文章，如果不懂，肯定会笑话百出的。然而，曹操千算万算，还是算差了一步，因为他没想到阮瑀是个全才。

阮瑀师从蔡邕，学习的不仅有诗书文章，而且有鼓琴、抚弦。况且，阮瑀事先做的应对之策就包含了为曹操写赞歌。

因此，闻听曹操让他加入乐队的行列，阮瑀就爽快地答应了，并立即加入乐队之中。这反而让曹操有一丝丝的错愕，暗想："这次答应挺快！我便要看看你的真本事。"

这边曹操想试一试阮瑀的真功夫，那边阮瑀正想利用这一次机会展示本领，因此，双方都摆开了架势。

但见阮瑀淡定地在古琴前坐下来，然后抬腕置双手于琴上，随后，抚弦、鼓琴，立即，一曲曼妙的天籁之音，从阮瑀的指尖划过，再传入人们的耳中，又似金戈铁马，直击人们的心灵，听得人们是如痴如醉。

然而，这还不算，正当人们听得入迷时，突然，鼓琴的阮瑀又放开嗓子唱了起来。只听阮瑀声音响亮、吐字清楚地唱道：

奕奕天门开，大魏应期运。
青盖巡九州，在东西人怨。
士为知己死，女为悦者玩。
恩义苟敷畅，他人焉能乱？

这曲子，既音律敏捷，又音声殊妙，听得曹操心情舒畅。

这歌词，"奕奕天门开，大魏应期运。"这摆明了是在歌颂曹操的伟大事业如日中天，同时，在歌词中，曹操当然听出了阮瑀在向他示好以及愿意向他效忠的意思。

这就是阮瑀一首著名的诗歌《琴歌》。

当曹操听完阮瑀的《琴歌》，很是高兴，立即就封阮瑀做了司空军谋祭酒的官职，管记室。

这样一来，阮瑀正式归附了曹操，从此，曹操军中的檄文，大多数出自阮瑀之手。

当曹操第一次进攻荆州之前，就让阮瑀写了一封书信给刘备。

而在赤壁之战后的第三年，即汉献帝建安十六年，曹操又令阮瑀作《为曹公作书与孙权》，目的是挑拨孙权与刘备以及孙权与张昭的关系。

然而此时，孙刘两家正是关系非常融洽之时：刘备把打下的荆州南四郡交给了孙权掌管，同时，刘备还娶了孙权的妹妹为妻。因此说，阮瑀写的这封书信不是写得不够好，而是送得不合时宜。可以想见，这封书信转到孙权手中，只会被孙权一收到就当成垃圾扔掉。

《为曹公作书与孙权》摘录如下：

离绝以来，于今三年，无一日而忘前好，亦犹姻媾之义，恩情已深，违异之恨，中间尚浅也。孤怀此心，君岂同哉？每览古今所由改趣，因缘侵辱，或起瑕衅，心忿意危，用成大变。……昔苏秦说韩，羞以牛后，韩王按剑，作色而怒，虽兵折地割，犹不为悔，人之情也。……孤之薄德，位高任重，幸蒙国朝将泰之运，荡平天下，怀集异类，喜得全功，长享其福。……昔赤壁之役，遭离疫气，烧船自还，以避恶地，非周瑜水军所能抑挫也。……古者兵交，使在其中，愿仁君及孤，虚心回意，以应诗人补衮之叹，而慎《周易》牵复之义。濯鳞清流飞翼天衢，良时在兹，勖之而已。

与此同时，也是在汉献帝建安十六年（211年），曹操又迎来了他晚年的一大战事——关西讨伐战。于是，阮瑀又随军西征关中。

行军途中，曹操突然想起要给驻守长安的韩遂先发一封檄文，造造声势，于是，立即命阮瑀起草文稿。

韩遂，字文约，凉州金城郡人。汉灵帝时，投靠北宫伯玉、李文侯起义军。后来他杀害了伯玉、文侯，自己拥兵10余万，与马腾推举汉阳人王国为主。后来又废掉了王国，与马腾割据凉州。汉献帝时，又联合马超等人率兵反对曹操。

对韩遂的为人，阮瑀早就知晓。凭韩遂的所作所为，写一篇讨伐韩遂的檄文不是难事。难就难在，这是曹操在行军途中突然产生的想法，阮瑀乃是一介文弱书生，专心致志地骑马，能够跟紧队伍已经很不错了，再让他一边骑马一边书写檄文，是有些难度的。

当然，曹操的意思，也是让阮瑀下马驻足书写的。

不料，阮瑀微微一笑，骑在马上沉吟片刻，然后，人不下马，臀未离鞍，提笔书写，顷刻拟就，于是，呈给曹操。

曹操接过来审阅，本来想要挑挑毛病，修改一下，然而，看了半天，竟然无法增减一字。

于是，曹操当然就很满意地说："好，好，将此篇檄文立即发出去。"

阮瑀的水平是真的不一般啊！

这样一来，曹操的大军还未到，曹操给韩遂的檄文就先到长安了。闻听曹操亲征，韩遂的军心就先大乱了，待曹操率领大军一到，没战几个回合，韩遂就败逃了。

阮瑀再一次展示了他的才能，也再一次证明了，文字不仅可以鼓舞士气，也可以诛心，更可以杀人。

然而，阮瑀毕竟是一位文人，由于身体虚弱，不胜劳累辛苦，随军行进到半路，就染病不起，于是，阮瑀没有跟随曹操继续投入对韩遂、马超等人的战事当中，而是折返回到邺城养病，并陪着曹丕去了。

为此，可以说，阮瑀在此战中，间接地做出了一定的贡献，于是，就在曹操任命陈琳为门下督的同时，也将阮瑀提拔为仓曹掾属。

阮瑀真是又恨又气又感叹啊！他恨自己的文弱病体太不争气了。

病体孱弱的阮瑀躺在病榻上，感叹自己曾因生逢乱世而退隐山林，幸而得遇明主而出山，使他用平生所学，成就了一番事业。特别是那些在铜雀台上舞文弄墨的日子，真是恣情纵意又令人激情满怀啊！

阮瑀对曹操佩服得五体投地，甚至是崇拜到无以言表。

阮瑀心想："天下怎么会有如此明主呢？他不仅能征战沙场，还能武文弄墨；他求贤若渴，又能知人善任。他不成功，谁能成功呢？不追随在他的身边鞍前马后，还去跟谁呢？"

汉献帝建安十七年（212 年），也就是在曹操建成铜雀台之后的第三年。阮瑀终因病不治而亡。

04. 才艺，诗赋扣心弦

建安，是汉献帝最后一个年号。

汉献帝建安年间，曹氏父子周围存在着一个文人的圈子，这个圈子的中心人物当然是曹操、曹丕、曹植父子3人。另外，还有包括阮瑀在内的7人，这7人被统称为"建安七子"。

曹氏父子3人，再加上"建安七子"，这10位建安年间的文人，形成了一个文学倾向相同的集团。他们既各自展示着自己鲜明的个性，又在诗词文章方面，展现了东汉末年动荡的社会现实。因为他们的诗文风骨遒劲，独具慷慨悲凉的阳刚之气，从而形成了俊爽刚健的风格。在后世的文学史上，将这一风格统称为"建安风骨"。

阮瑀能够跻身于"建安七子"之一，绝非浪得虚名，而是有留传下来的诗赋文章为证。

阮瑀的诗现存的共有12首。虽然不算多，但也足可见他的文字功底了。

其中，诗歌《驾出北郭门行》是阮瑀在邺城生活时期，学习乐府民歌自制新辞有感而作：

> 驾出北郭门，马樊不肯驰。
> 下车步踟蹰，仰折枯杨枝。
> 顾闻丘林中，噭噭有悲啼。
> 借问啼者谁，何为乃如斯。
> 亲母舍我殁，后母憎孤儿。
> 饥寒无衣食，举动鞭捶施。
> 骨消肌肉尽，体若枯树皮。
> 藏我空室中，父还不能知。
> 上冢察故处，存亡永别离。
> 亲母何可见，泪下声正嘶。
> 弃我于此间，穷厄岂有赀。
> 传告后代人，以此为明规。

阮瑀的这篇作品，以第一人称自述的形式，通过一个孤儿，受到后母虐待和遗弃的悲惨命运，深刻地揭露了封建社会家庭关系的冷酷无情，从而也反映作者对当时社会上较为普遍的社会问题的关切，以及对受害者不幸命运的无限同情。

阮瑀也作有《七哀诗》。

所谓《七哀诗》，是一种中国传统诗歌体裁，起自汉朝末年，以反映战乱、瘟疫、死亡、离别、失意、狂玩、包揽等为主要内容。《七哀诗》是民众生活的写照，与宫廷诗相对应，有鲜明的民间色彩。

阮瑀的《七哀诗》全诗如下:

丁年难再遇,富贵不重来。
良时忽一过,身体为土灰。
冥冥九泉室,漫漫长夜台。
身尽气力索,精魂靡所能。
嘉肴设不御,旨酒盈觞杯。
出圹望故乡,但见蒿与莱。

阮瑀也作赋,所作的《止欲赋》全篇如下:

夫何淑之佳丽,颜焖焖以流光,
历千代其无匹,超古今而特章。
执妙年之方盛,性聪慧以和良,
禀纯洁之明节,后申礼以自防。
重行义以轻身,志高尚乎贞姜,
予情悦其美丽,无须臾而有忘。
思桃夭之所宜,原无衣之同裳,
怀纡结而不畅兮,魂一夕而九翔。
出房户以踟蹰,睹天汉之无津,
伤匏瓜之无偶,悲织女之独勤。
还伏枕以求寐,庶通梦而交神,
神惚恍而难遇,思交错以缤纷。

遂终夜而靡见，东方旭以既晨，

知所思之不得，乃抑情以自信。

阮瑀也时常有感而发，但感慨之余又似乎不知所谓何事，因此，作有《无题》：

民生受天命，漂若河中尘。虽称百龄寿，孰能应此身。
尤获婴凶祸，流落恒苦辛。我行自凛秋，季冬乃来归。
置酒高堂上，友朋集光辉。念当复离别，涉路险且夷。
思虑益惆怅，泪下沾裳衣。四皓隐南岳，老莱窜河滨。
颜回乐陋巷，许由安贱贫。伯夷饿首阳，天下归其仁。
何患处贫苦，但当守明真。白发随栉堕，未寒思厚衣。
四支易懈倦，行步益疏迟。常恐时岁尽，魂魄忽高飞。
自知百年后，堂上生旅葵。苦雨滋玄冬，引日弥且长。
丹墀自歼殰，深树尤沾裳。客行易感悴，我心摧已伤。
登台望江沔，阳侯沛洋洋。临川多悲风，秋日苦清凉。
客子易为戚，感此用哀伤。揽衣起踯躅，上观心与房。
三星守故次，明月未收光。鸡鸣当何时，朝晨尚未央。
还坐长叹息，忧忧安可忘。

阮瑀还有一首《公宴诗》：

阳春和气动，贤主以崇仁。

布惠绥人物，降爱常所亲。

上堂相娱乐，中外奉时珍。

五味风雨集，杯酌若浮云。

阮瑀也作有《咏史诗》：

误哉秦穆公，身没从三良。

忠臣不违命，随躯就死亡。

低头窥圹户，仰视日月光。

谁谓此可处，恩义不可忘。

路人为流涕，黄鸟鸣高桑。

燕丹善勇士，荆轲为上宾。

图尽擢匕首，长驱西入秦。

素车驾白马，相送易水津。

渐离击筑歌，悲声感路人。

举座同咨嗟，叹气若青云。

阮瑀还有两首诗：

拟魏太子邺中（其一）

管书记之任，有优渥之言。

河洲多沙尘，风悲黄云起。

金羁相驰逐，联翩何穷已。
庆云惠优渥，微薄攀多士。

拟魏太子邺中（其二）
念昔渤海时，南皮戏清沚。
今复河曲游，鸣葭泛兰汜。
躩步陵丹梯，并坐侍君子。
妍谈既愉心，哀弄信睦耳。
倾酤系芳醴，酌言岂终始。
自从食蓱来，唯见今日美。

第七章

徐干，
生逢乱世却专志于学

徐干，字伟长，汉族，汉灵帝建宁三年（170年）出生于北海郡剧县，汉献帝建安二十二年（217年），在京城许昌一带暴发的大规模瘟疫中去世，终年48岁。

因为擅长诗赋，徐干曾被曹操任命为司空军谋祭酒掾属，后来转任五官中郎将文学。他的文学与为人处世之道，得到了曹丕的极大赞赏。他所著的《中论》认为："凡学者大义为先，物名为后，大义举而物从之。"他反对流行的训诂章句之学。

主要成就：以诗、辞赋、政论著称，对历代统治者和文学者影响深远。

主要作品：《中论》《答刘桢》《玄猿赋》。存诗8首，《齐都赋》（残）。另有文集，已散佚，后人编辑有《徐伟长集》。

后世评价：东汉末年文学家、诗人，"建安七子"之一。

01. 勤奋，诵文十万言

东汉末年，正处于中国古代社会大变动、大变革的前夜，当时，内忧外患十分严重，具体表现在：统治阶级内部外戚宦官交替执政，奢侈之风盛行，少数民族反叛不断，农民起义风起云涌，同时，自然灾害多发，特别是，连续暴发大规模的瘟疫，致使整个社会危机四伏，处于极不稳定之中。

在汉灵帝在位的 22 年期间，宦官势力发展到顶点。汉灵帝后期军阀割据局面逐渐形成，西北羌族、鲜卑、乌桓以及西南民族不断反叛，汉灵帝中平元年（184 年）爆发的黄巾起义，更是给奄奄一息的东汉王朝一次重创。

就是在这一历史背景下，在北海国的一个徐姓人家中，一个取名为徐干，字伟长的人，默默地降临人间，并与世无争地成长着。

北海国，源于西汉景帝时期开始设置的北海郡，当时，郡的治所在营陵县，即今天的山东昌乐县东南部。到了西汉末年时，北海郡的辖境，相当于今天的山东潍坊、安丘、昌乐、寿光、昌邑等市、县地。

到了东汉时期，北海郡改为北海国，并将治所迁移到了剧县，即今天山东省昌乐县西部，北海国的辖境也扩大了很多。

汉灵帝建宁三年（170年），徐干就降生在北海国剧县的一户徐姓人家中。

说到徐氏家族，还得从得姓始祖徐若木说起。

徐若木是伯益的儿子，而伯益曾经辅佐大禹治水，并为大禹治水的成功立下了汗马功劳，因此，在论功行赏时，伯益的儿子若木就被封到古代的徐城，建立了徐国。

当徐国传到32世徐偃王时，由于徐偃王爱护百姓，施行仁政，结果不仅是徐国，就连周围30多个诸侯国都非常拥戴他。正赶上这个时候周穆王不理朝政，整日沉迷于游玩打猎，于是，徐偃王就起了代周为天子之心，想起兵造反。然而，当双方眼看就要兵戎相见的时候，徐偃王又不忍心士兵们为此而流血牺牲，于是，徐偃王就弃国而出走到彭城（今江苏徐州）一带的山中。由于徐偃王深得民心，追随他进山的百姓士卒就数以万计。

周穆王得知徐偃王如此深得民心，深受触动，于是，就封徐偃王的儿子为第33世徐王，继续治理徐国。因为若木首封徐国，所以他的后代便以国为氏，称为徐氏，而徐若木便成为徐姓的得姓始祖。

当然，徐姓人最早在彭城一带繁衍生息，然后又扩散到了安徽泗县和凤阳。总之，徐氏以古代的徐国为发源地，世居繁衍了1000多年，一直到春秋末期才为吴所灭。

被吴所灭后，有徐姓人避难迁居到了河南、山东一带，最后又在山东繁衍昌盛了起来。这就是为什么徐姓的祖籍地大多数是在山东古地的原因了。

徐干就出生在北海国剧县的徐氏家族，遗憾的是，现已经无法考证他父辈的名字与功绩。

然而，可以确定的是：作为徐偃王的后裔，家学的渊源，使徐干从小就受到了良好的教育。

自幼，徐干就勤奋好学。因为从父辈那里了解到了徐家先祖的故事，所以，作为徐氏的子孙，在他幼小的心田就产生了一个愿望，那就是：远的来说，虽然他也许不能达到先祖的功绩和威望，但是他要勤奋向上，六行修备，不辱祖宗；近的来说，他不能辜负父亲给他取名为"干"，取字"伟长"的期许，因此，他要刻苦勤学，潜心典籍。

少年时，正值汉灵帝末年，宦官专权，朝政腐败，然而社会的动荡，并没有影响徐干的初心。他仍然不改其志，专志于学。

同时，在汉灵帝末期的乱世中，许多世族子弟，秉承着乱世出英豪的古理，以为这是个改变现状，一举功成的大好时机，因此，纷纷结党权门，竞相追逐荣华富贵和功名。

唯独徐干是个例外。事实上，此时徐干所生长的徐氏一族，已经没有了先祖往日的荣光，穷处于陋巷之间，融入了穷苦百姓之中。

然而，徐干坚信：从开始先祖徐偃王开始，徐氏族人就一直秉承着爱护百姓、实施仁政、不忍杀戮的宗旨，他虽不能光大，但他必须坚守。因此，徐干闭门自守，清心寡欲，不随流俗。

少年时期的勤奋好学，终于结出丰硕的成果。

徐干在诵读经书时，声音琅琅如钟鼓般洪亮悦耳，凡是他朗诵过的词句，都过耳不忘，因此，13岁时的徐干，就能一气呵成地背诵十多万字的文章了。

然而，他还不满足于单纯地背诵，他还要将十多万言的文章，融会贯通，学以致用。

为此，从14岁时起，徐干开始遍读古代经书。常常，为了读书，他忘记了吃饭食；常常，他在窗下床前专心致志地苦思冥想，以至于夜以继日，不分白天与黑夜。以至于爱子心切的父亲，害怕本来就身体瘦弱的徐干会因此而更加劳累过度，因此，经常会劝说他不要这样做，不要太累了！

同时，徐干承继祖上的雅达之风，断绝了与那些攀附权门、以求封爵显达的贵族子弟的交往，埋头于诗书之中。

功夫不负有心人。

不到20岁，徐干不仅对儒家五部经典《易经》《尚书》《诗经》《礼记》《春秋》烂熟于心，而且对子书、史书、集部著作也是如数家珍，达到了出言则成文章的地步，并且文不加点，含英咀华。

徐干最擅长写辞赋，但也能吟诗作对，特别是他的五言诗，在当时堪称妙绝之诗。与此同时，徐干也研读各种天象的书。他白天看书，夜观天象，探求宇宙万物的奥秘。徐干还常常虚心向别人求教，不耻下问。如果别人知道的事情自己没有弄懂，他就会感到特别的耻辱和羞愧。

这样，徐干不仅书读得多，而且文章写得也好，特别是，他的德行，被世人所称道。他性情淡泊，无意于官场的应酬，每天只是以吟诗著述自娱自乐。

然而，虽然徐干无意成名，但是他早已经名声在外了。

当时的州郡官员都仰慕徐干的才学与名气，于是，徐干自然成为许多诸侯势力拉拢的对象，纷纷到他家里来礼聘，想任命他一些官职，但他不为所动，一律谢绝。因为，徐干认为：当今天下大乱，国无宁日，这是武人用命、先圣困厄之时，而自己只是一介书生，无足轻重。

当然，徐干这并非是消极避世，不思进取，只是因为奸雄满野，小人得势，而他始终怀着明君道、致太平的远大理想，等待着圣主的出现，来实现自己的人生价值。

与此同时，因为徐干还患了比较严重的疟疾，这就更加进一步打消了他入仕的想法，开始了静养读书的生活。

当残暴无度的董卓，率军进兵汉都洛阳时，见城中贵族府第连绵，金帛财产无数，便放纵兵士劫掠物资、杀人放火、奸淫妇女，洛阳城一片混乱。控制中央政权后，董卓更加肆无忌惮，手下士兵四处抢掠，残暴百姓。

后来，讨伐董卓的义军兴起，董卓便胁迫汉献帝迁都长安。为防止人们逃回故都洛阳，董卓将整个洛阳城以及附近 200 里内的宫殿、宗庙、府库等全部焚毁。洛阳城内外陷入一片火海，令人恐惧。

此时，小皇帝成为了傀儡。朝堂之上，董卓一言九鼎，众臣都是毕恭毕敬地听喝，然后，等董卓出朝时，众臣得恭送。可以说，即便是董卓打一个喷嚏，所有的人都是噤若寒蝉，心惊胆战。

面对这一切徐干感慨万千，作《齐都赋》一篇，洋洋洒洒 3000 字，盛赞过去齐国都城临淄的富庶繁华景象，颇有借古讽今之意。

当董卓专权时，有一个人不服，这个人就是四岁能让梨的孔融。因为孔融总是与董卓作对，就被董卓派到了徐干的家乡北海国当了国相。而此时的北海国正值农民起义风起云涌之时。董卓的原意是想让农民起义军——黄巾军与孔融互相牵制，最好是两败俱伤，然后他坐收渔翁之利。

然而，让董卓没想到的是：孔融用善待百姓、发展生产等一系列政策措施，化解了一个个矛盾。虽然经历了一些波折，但终究是让北海国的百姓享受到了几年难得的好日子。

可以说，此时的北海国正是用人之际，于是，身为北海国国民、才子的徐干，就又成为了北海国各州郡的大小官员们争相邀请出仕为官的人选，然而，又都被徐干一一拒绝了。

当然，徐干拒绝的理由很充分，那就是：身体不好，不堪重任。

02. 出山，从曹操征战

大约在汉献帝建安元年（196年），董卓已死，镇东将军曹操扫除董卓残部，迎立汉献帝到了许县，并改元"建安"，从此，开启了汉末历史中最精彩的一页。

此时，徐干也从老家北海国游居来到了邺城。

邺，即业的居住地的意思。而"业"，是一个人名，又名大业，他是黄帝的孙子颛顼的孙女女修的儿子。

距今4000余年前，大业最初的居住地始称为"邺"。在唐尧、虞舜及夏时，邺属于冀州管辖。商朝时，邺属于畿内名相。西周时期，邺属于卫国。到了春秋时期，邺属于晋国。

齐桓公开始修筑邺城。

战国时期属魏国，并且在魏文侯时以邺城作为陪都。

秦朝统一兼并天下后，邺隶属于邯郸郡。

公元前201年，汉高祖刘邦设置为邺县，汉、魏、南北朝时期，一直设置有邺县，并且治所一直都在邺城。

汉献帝建安九年（204年），曹操击败袁绍进占了邺城（临漳县邺北城），并开始营建邺都。自此之后，邺城就成为了曹魏、后赵、冉魏、前燕、东魏、北齐的六朝都城，所以，邺城有"三国故地，六朝古都"的美誉。

曹操求才若渴，听说了徐干的才华后，当然会邀请他出山了。然而，多次委任官职，徐干都称病不接受。

俗话说，官不差病人。徐干的这个理由找得恰当，况且，徐干的体弱多病，也确实不是装的而是实情，因此，曹操也不好强求了。

大约在建安九年（204年），曹操攻取邺城以后，颁布"求贤令"，许多有识之士欣然前往。

徐干看到曹操乃是当时的英豪，并且还能礼贤下士地对待他，于是，就带病应征，希望在曹操手下干出一番事业。

此时，徐干37岁。

而此时的曹操，被汉献帝任命为司空，允许可以开府自选僚属，于是，曹操当即任命徐干为司空军谋祭酒。这"军谋祭酒"一职，为五品官员，负责军务。

此后，徐干就进入邺下文人集团的行列中，与众文士一起出入西园，游历三台，饮酒赋诗，狩猎为赋。

邺下文人集团，是中国文学史上第一个文学色彩极为明显的文人集团。

汉末乱世，曹操建都邺城。诸多文人为了实现政治理想，同时，也因为钦慕曹操的威名而会集到了邺城。

在汉献帝建安十三年至二十五年这13年期间，曹操和他的两个儿子，父子三人，既是当时的实际执政者，又是诗文领袖。

特别是曹丕，因为他绝大多数时间生活在邺城，不仅组织了大部分文事活动，而且善于总结集团经验，成功推动了文人集团的发展，因而，是邺下文人集团当之无愧的领袖。

相比于曹丕，曹操由于常年外出征战，很少有时间和文人们共同研讨诗文的创作；而曹植当时因为年少单纯，缺乏号召组织集团活动的实力，作品丰富但多为单独创作。

因此，在建安年间的邺城，因为良好的文学环境和自身的文学才华，以曹丕为文学领袖，以曹植、王粲、陈琳、徐干、刘桢、应玚、阮瑀等人为主力，大家在一起游园宴饮，吟诗作赋，同题共作，书信往来，切磋技艺，探讨文道。

在丰富的文事活动中，邺下的文人集团共同创作了大量优秀的文学作品，主要涉及游宴、咏物、赠答、军戎、情爱五种题材内容，不仅形成了"建安文学"的雏形，而且极大地丰富了文学作品的情感世界，提高了文学艺术表现技巧，同时，也推动了中国文学理论的发展，促进了中国文学的繁荣进步。

徐干加入邺下文人集团，如鱼得水，他用作品说话，没有辜负"建安七子"的称号。

曹丕对徐干的文学素养极为赞赏。曹丕在给吴质的书信中评价说："观古今文人类不护细行，鲜能以名节自立，而伟长独怀文抱质，恬淡寡欲，有箕山之节，可谓彬彬君子矣！著中论二十余篇，辞义典雅，足传于后。……诸子但为未及古人，自一时之俊也。"

徐干虽然病体虚弱，但还多次跟从曹操征战。

汉献帝建安十三年（208年），曹操南征荆州刘表，徐干和"邺中七子"中的陈琳、刘桢、阮瑀等一起随军前往。

在这次随军南征时，徐干写有《序征赋》，全文如下：

> 余因兹以从迈兮，聊畅目乎所经。
> 观庶士之缪殊，察风流之浊清。
> 沿江浦以左转，涉云梦之无陂。
> 从青冥以极望，上连薄乎天维。
> 刊梗林以广涂，填沮洳以高蹊。
> 揽循环其万艘，亘千里之长湄。
> 行兼时而易节，迄玄气之消微。
> 道苍神之受谢，逼鹑鸟之将栖。
> 虑前事之既终，亦何为乎久稽。
> 乃振旅以复踪，溯朔风而北归。
> 及中区以释勤，超栖迟而无依。

《序征赋》，虽然寥寥数语，却完整地记述了曹军行军路线和整个征战的过程，间接地为后世研究汉末三国的历史提供了佐证。

汉献帝建安十六年（211年）正月，曹操授意朝廷任命儿子曹丕为五官中郎将、副丞相。徐干被选为五官中郎将文学，负责掌校典籍、侍奉文章等职责，也就是说，徐干正式成为了曹丕的文学侍从。

也就在这年的秋天，发生了关中的马超、韩遂、杨秋等人的叛乱，徐干跟随曹操西征马超等，后马超败走凉州，关中平定。

在这次西征中，徐干写下《西征赋》，原文如下：

奉明辟之渥德，与游轸而西伐。
过京邑以释驾，观帝居之旧制。
伊吾侪之挺力，获载笔而从师。
无嘉谋以云补，徒荷禄而蒙私。
非小人之所幸，虽身安而心危。
庶区宇之今定，入告成乎后皇。
登明堂而饮至，铭功烈乎帝裳。

此篇《西征赋》，歌颂了曹操征战的功劳，强调了北方安定统一的局势。

曹丕十分欣赏徐干的赋作，评价徐干的辞赋与王粲的一样，可以与东汉文学家张衡、蔡邕之作媲美了。

汉献帝建安十九年（214年），曹植被封为临淄（今山东淄博）侯，徐干随即被任命为临淄侯文学。

然而，几年的鞍马军旅生活，让徐干的病情越来越重了，同时，日益紧张的政治局势也促使徐干再次动了归隐的念头。

于是，他便以疾病为理由，辞去了官职回到老家。

徐干辞去了官职，居于穷巷之中，安心养病，过起了清静淡泊、恪守儒家圣贤之道的生活。

03. 辞官，归隐愤著书

话说徐干的这次归隐，除了因为他体弱多病和淡泊名利之外，还与当时日益紧张的政治环境密不可分。

汉献帝建安十八年（213年），曹操进位魏王，同时，汉献帝还准许曹操像西汉丞相萧何一样享有特权，具体是：入朝拜见皇帝时，可带剑穿鞋，不急步而行；行君臣礼时，赞礼官不直呼其姓名，只称官职。

另外，权力日隆的曹操，还诛杀了许多忠于汉室的大臣，比较有名的如孔融等。此起彼伏的政治斗争，让曹操对身边人越发猜忌，也让徐干回想到了董卓专权的时代，内心越来越惶恐。于是，徐干便有了归隐避祸、明哲保身之心。

徐干的离开，让曹植觉得即将失去一个文学上的知己，因此感到恋恋不舍，赋诗《赠徐干》，全诗如下：

惊风飘白日，忽然归西山。
圆景光未满，众星粲以繁。
志士营世业，小人亦不闲。
聊且夜行游，游彼双阙间。
文昌郁云兴，迎风高中天。
春鸠鸣飞栋，流猋激棂轩。
顾念蓬室士，贫贱诚足怜。
薇藿弗充虚，皮褐犹不全。
慷慨有悲心，兴文自成篇。
宝弃怨何人？和氏有其愆。
弹冠俟知己，知己谁不然？
良田无晚岁，膏泽多丰年。
亮怀玙璠美，积久德愈宣。
亲交义在敦，申章复何言！

诗中曹植赞美了徐干的才能，诉说二人之间的情谊，对徐干的离去表示惋惜。同时，曹植对徐干有德行、有才干却过着贫贱生活的状况，表现出了极大的同情，且自惭引援不力，爱莫能助，并以朋友的身份对他提出了恳切的希望和慰勉，这发自内心的关切，体现了两人友谊的真挚和深厚。

特别是，"顾念蓬室士，贫贱诚足怜。薇藿弗充虚，皮褐犹不全。"这四句，写出了徐干衣食不周的窘境，这也是徐干晚年生活的真实写照。

为了回报，徐干也作了一篇《七喻》相赠曹植，现摘录如下：

有逸俗先生者，耦耕乎岩石之下，栖迟乎穹谷之岫，万物不干其志，王公不易其好，寂然不动，莫之能惧，宾曰：大宛之牺，三江之鱼，云鸽水鹄，禽蹯豹胎，黼帱施于宴室，华蓐布乎象床，悬明珠于长帷，烛宵夜而为阳，玄鬓拟于云雾，艳色过乎芙蓉，扬蛾眉而微睇……

这篇赠文的大意是：从前有个超凡脱俗的隐者，在坚硬的岩石上种田，在幽谷的岩穴里居住，不羡慕世间繁华，不惧怕辟地寂静，一个人终守一地，安贫乐道。这是徐干借讲别人的故事，述说自己的情遇，以此来让曹植感觉到他穷并快乐着的心境。

后来，曹操还曾征召徐干做自己丞相府的幕僚，又征召徐干做上艾县县令等职，徐干都以身体有病为由一一婉言谢绝了。

应该说，徐干在政治上的宏大志向并没有实现。

徐干的性格轻官忽禄，不耽世荣，然而，在他辞官归隐穷巷后，想到了不能将平生所学带入坟墓里，因此，他开始了两项堪称伟大的工程：一项是教授门徒；另一项是著书立说。

徐干教授学生，采取的是教人善诱的方法，对于来学者，他采取的是："无不容而见之，厉以声色，度其情志，倡其言论，知可以道长者，则微而诱之，令益者不自觉而大化阴行，其所匡济亦已多矣。"

另外，在归隐之后，徐干便抛弃了不能"阐弘大义"的华丽诗赋，转而专心于著书立说。

徐干秉承着"敷散道教，上求圣人之中，下救流俗之昏者"的宗旨，就像司马迁写《史记》成一家之言一样，徐干也是忍着病痛的折磨，潜心钻研，呕心沥血，综合平生所学，历时3年，终于完成了一部学术论著——《中论》。

可以说，《中论》也算是徐干的发愤之作了。

徐干所著《中论》，共上下2卷20篇。

上卷:《治学》《法象》《修本》《虚道》《贵验》《贵言》《艺纪》《核辨》《智行》《爵禄》10篇。

下卷:《考伪》《谴交》《历数》《论寿夭》《审大臣》《慎所从》《亡国》《赏罚》《民数》等10篇。

其中，关于教育方面的有:《治学》《修本》《贵验》《智行》《谴交》《贵言》等篇。

《治学》篇与荀子的《劝学》及王符的《赞学》相类似，核心内容就是——在劝人为学。《治学》的开篇，徐干就讲了君子能成德立行、身没而名不朽的原因，就在于学习。学习能调理人的精神、思想、情感、个性，特别是，人依靠学习来启蒙，人依靠学习来顿悟道理。

徐干在《治学》篇中写道:"非惟贤者学于圣人，圣人亦相因而学也，孔子因于文武，文武因于成汤，成汤因于夏后，夏后因于尧舜，故六籍者群圣相因之书也。"

徐干否定生而知之，强调学而知之。同时，还指出，为学应不怕困难，不作空想，踏实前进:"倦立而思远，不如速行之必至也；矫首而狗飞，不如循雌之必获也；孤居而愿智，不如务学之必达也。"

徐干还认为，为学最重要的是坚持不懈："君子之于学也，其不懈犹上天之动，犹日月之行，终身亹亹，没而后已。"

为此，必须坚定志向，志乃学之师："故虽有其才而无其志亦不能兴其功也。志者学之师也，才者学之徒也，学者不患才之不赡而患志之不立。"

最后，徐干认为：为学以大义为先，名物为后，而要懂大义就必须择师就学。

徐干的《修本》《贵验》两篇，主要阐述了他严于律己、从自身做起的道德修养论。

在《修本》篇中徐干指出：

> 人心莫不有理道，至乎用之则异矣。或用乎己，或用乎人。用乎己者谓之务本，用乎人者谓之近末。君子之理也先务其本，故德建而怨寡；小人之理也先近其末，故功废而雠多。

在《贵验》篇中徐干则从"事莫贵乎有验，言莫弃乎无微"说起，说明人要被人信任，就要"微言而笃行"。修德必须长期积累："染不积则人不观其色，行不积则人不信其事。"同时，还提出怨己而不怨人、以人为鉴、闻过即改、慎于择友等修养方法。

在《智行》篇中，徐干阐述了他的德智观。他认为德与智两者中，智更为重要。这种重智观点反映了汉末动荡时代人才观的变化。

> 或问曰士或明哲穷理，或志行纯笃，二者不可兼，圣人将何取？对曰：其明哲乎。……夫明哲之为用也，乃能殷民阜利，使万物无不尽其极者也。

在此篇中，徐干列举了许多历史事例，比如，徐偃王知修仁义而不知用武，终以亡国；鲁隐公怀让心而不知佞伪，终以致杀；宋襄公守节而不知权，终以见执等，这有力地说明，空谈道德之有害于身、无益于世的道理。特别是在社会剧烈变化时期，更需要有随机应变的智谋。

同时，徐干推崇管仲等虽然德行有瑕疵，但是能建功立业的人，在他的心目中，理想的人才就是德才兼备者："夫君子仁以博爱，义以除恶，信以立情，礼以自节，聪以自察，明以观色，谋以行权，智以辨物，岂可无一哉，谓夫多少之间耳。"

在《谴交》篇中，徐干批评了当时不务道艺，专事拜师交友、互相提携的不良学风。徐干指出："冠盖填门，儒服塞道，饥不暇餐，倦不获已，殷殷沄沄，俾夜作书。……策名于朝而称门生于富贵之家者，比屋有之，为之师而无以教，弟子亦不受业。嗟乎，王教之败，乃至于斯乎！"

在《贵言》篇中，徐干总结了自己教学的语言艺术。徐干提出："君子必贵其言，贵其言则尊其身，尊其身则重其道，重其道所以立其教。……语大本之源、谈性义之极。……先度其心志，本其器量，视其锐气，察其堕衰，然后唱焉以观其和，导焉以观其随；阅张以致之，因来以进之，审谕以明之，杂称以广之，立准以正之，疏烦以理之。疾而勿迫，徐而勿失，杂而勿结，放而勿逸，欲其自得之也。"

总之，在《中论》篇中，徐干以儒家圣道为本，杂取百家，大至国家之乱、君臣之道、礼德关系、天文历学，小到个人修身、为人处世。可见这是一部现实性很强的议论性著作。

难怪当时曹丕就盛赞道："辞义典雅，足传于后，此子为不朽矣。"

事实上，正像曹丕所说的那样，徐干的《中论》，是建安时代流传下来的最完整的专著。而徐干在《中论》中所留下来的名句，时至今日，还可以当作名言名句使用的。现列举如下：

1. 君子之所贵者，迁善惧共不及，改恶恐其有余。
2. 止谤莫如修身。
3. 学者如登山焉，动而益高，如寤寐焉，久而益足。
4. 故如比目鱼，今隔如参辰。
5. 友邪则己僻。
6. 赏罚者，不在于必重而在于必行。
7. 思君如流水，何有穷已时。
8. 节气已过风景惨淡，兰花开败凋谢零落。
9. 日习则学不忘，自勉则身不堕。
10. 朋友之义，务在切直以升于善道者也。
11. 学者不患才之不赡，而患志之不立。
12. 事莫贵乎有验，言莫弃乎无征。
13. 人生一世间，忽若暮春草。

然而，就在徐干完成《中论》一书后不久，在汉献帝建安二十二年（217年）二月，北方暴发了大规模瘟疫。本来就身体虚弱的徐干，没能逃脱，不幸染疾，被夺去了生命，时年48岁。

在这场瘟疫中逝去的"建安七子"，还有应玚、陈琳和刘桢。

04. 成就，诗赋文见长

在汉献帝建安二十二年（217年）二月，徐干不幸因瘟疫而逝，走完了他48年的人生。然而，徐干也是幸运的。因为他以传世的文字，让自己在浩瀚的历史长河中留痕，让后世的人们，可以领略到他的诗、他的赋、他的文，可以认识他的处世与为人。

徐干的诗文集：在《隋书·经籍志》中载有5卷；在近代丁福保所编辑的《汉魏六朝名家集》中有《徐伟长集》1卷，收录赋9篇、文2篇，绝大部分是从类书中编辑收录的佚句。

徐干的一生，以"清玄体道"著称。而在创作方面，则以诗、赋、散文见长。

徐干擅长写诗，都是五言诗。然而，遗憾的是，徐干的诗大部散佚，现今仅存10首，以《室思》6首和《答刘桢》较为出色。

《室思》诗6首，是爱情诗。

徐干在《室思》诗中塑造的这位少妇，在丈夫远离后，嘱托空中的白云向远隔千里的丈夫捎话，可是，捎话不成，反而引出无限情思。因无心梳理打扮，梳妆台上的镜子都布满了尘土。缕缕的思绪就像长长的流水一般，没有穷尽。

总之，全诗情致缱绻，心理刻画细腻，十分委婉动人，同时，语言朴实、畅达，情辞婉曲畅适，形象逼真地描绘出战乱中妇女对亲人的思念之情，有一定的艺术性。全诗实录如下：

室思（一）

沉阴结愁忧，愁忧为谁兴。
念与君生别，各在天一方。
良会未有期，中心摧且伤。
不聊忧飧食，慊慊常饥空。
端坐而无为，仿佛君容光。

室思（二）

峨峨高山首，悠悠万里道。
君去日已远，郁结令人老。
人生一世间，忽若暮春草。
时不可再得，何为自愁恼。
每诵昔鸿恩，贱躯焉足保。

室思（三）

浮云何洋洋，愿因通我辞。
飘飖不可寄，徙倚徒相思。
人离皆复会，君独无返期。
自君之出矣，明镜暗不治。
思君如流水。何有穷已时。

室思（四）

惨惨时节尽，兰叶凋复零。
喟然长叹息，君期慰我情。
辗转不能寐，长夜何绵绵。
蹑履起出户，仰观三星连。
自恨志不遂，泣涕如涌泉。

室思（五）

思君见巾栉，以益我劳勤。
安得鸿鸾羽，觏此心中人。
诚心亮不遂，搔首立悁悁。
何言一不见，复会无因缘。
故如比目鱼，今隔如参辰。

室思（六）

人靡不有初，想君能终之。
别来历年岁，旧恩何可期。
重新而忘故，君子所尤讥。
寄身虽在远，岂忘君须臾。
既厚不为薄，想君时见思。

此外，徐干的一首《答刘桢》诗，以质朴的语言，抒写了对友人刘桢的深切思念之情，堪称佳作。《答刘桢》全诗如下：

与子别无几，所经未一旬。
我思一何笃，其愁如三春。
虽路在咫尺，难涉如九关。
陶陶朱夏德，草木昌且繁。

刘桢，字公干，也是"建安七子"之一，和徐干是志趣相同的好友。刘桢因平视曹丕妻甄氏，被曹操判服苦役。在服刑期间非常想念徐干，就给徐干写了一首五言诗《赠徐干》，来表达他对徐干的思念之情。

徐干读了刘桢写的赠诗后，就写了这首《答刘桢》来回赠刘桢，同样表达了对刘桢的思念之情。

另外，徐干还有两首五言诗留传下来，虽然不是很有名，但诗能穿越1800多年的时空留存至今，也算是难能可贵了。

其一为《情诗》，全诗如下：

　　高殿郁崇崇，广厦凄泠泠。
　　微风起闺闼，落日照阶庭。
　　踯躅云屋下，啸歌倚华楹。
　　君行殊不返，我饰为谁容。
　　炉薰阖不用，镜匣上尘生。
　　绮罗失常色，金翠暗无精。
　　嘉肴既忘御，旨酒亦常停。
　　顾瞻空寂寂，唯闻燕雀声。
　　忧思连相属，中心如宿醒。

其二为《与妻别》，全诗如下：

　　与君结新婚，宿昔当别离。
　　凉风动秋草，蟋蟀鸣相随。
　　冽冽寒蝉吟，蝉吟抱枯枝。
　　枯枝时飞扬，身体忽迁移。
　　不悲身迁移，但惜岁月驰。
　　岁月无穷极，会合安可知。
　　愿为双黄鹄，比翼戏清池。

这首诗，写纤夫刚刚结婚就被生活所迫离家，他的内心极度悲伤，盼望能和妻子长相厮守，却不知今生今世是否还能相见。诗的意境凄凉，比喻贴切，感人至深。

与诗相比，徐干在辞赋方面的名声更高。

徐干的赋作，除了前文中提到的《序征赋》和《西征赋》之外，还有《齐都赋》《哀别赋》《玄猿赋》《漏卮赋》《橘赋》《圆扇赋》等，可惜的是，大部分赋作的正文都没有流传下来。现今留存的作品不足10篇，而且大多有残缺。其中，《齐都赋》，从残文来看，原先的规模可能相当宏大。

然而，值得一提的是，徐干的赋作多是抒情小赋。在内容上冲淡了汉人赋的贵族气，着眼的范围进一步扩大，触及普通人物、寻常事理，加强了抒情成分，反映了比较深刻的社会问题。

因此，曹丕曾在他的《典论·论文》中评价徐干的赋作说："虽张（衡）、蔡（邕）不过也。"

还有刘勰在他的《文心雕龙·诠赋》一文，也曾经把徐干与王粲合一起，作为魏国的"赋首"而加标举。

徐干的散文存世之作，今只有散文集《中论》。

可以说，《中论》一书，比较全面地反映了徐干的哲学思想及其文章风格。时人评价《中论》说："欲损世之有余，益俗之不足……上求圣人之中，下救流俗之昏者。"

曹丕称赞此书："成一家之言，辞义典雅，足传于后。"

此外，《中论》的语言比较平实，论证讲求逻辑、条理贯通，不失为一部较好的论说文专著。同时，《中论》也是"建安七子"中今存唯一的专著。

第八章

王粲，
"七子"冠冕却英年早逝

王粲，字仲宣。汉灵帝熹平六年（177年）出生于山阳郡高平县的官宦之家，他的曾祖父是太尉王龚，祖父是司空王畅，父亲是官至大将军何进长史的王谦。汉献帝建安二十二年正月二十四日（217年2月17日），随曹操南征孙权，在北还途中病逝，终年41岁。

王粲少有才名，为著名学者蔡邕所赏识。曾依靠刘表，客居荆州10余年，后归曹操，深得曹氏父子信赖，赐爵关内侯。魏王国建立后任侍中。因此，得别号王侍中。

主要成就：擅写文章，其诗赋作品堪称"建安七子"之冠。是建安文学的杰出代表。

主要作品：著有《英雄记》《三国志》中记载诗、赋、论、议近60篇，《隋书·经籍志》录有文集11卷。明朝人张溥编辑有《王侍中集》。

后世评价：东汉末年的文学家，"建安七子"之首，与曹植并称"曹王"。

01. 神童，过目而不忘

如果列出东汉时期显赫家族的排行榜，恐怕山阳郡高平县的王氏家族，一定会榜上有名的。因为，在这个家族中，至少三代人都是朝中的高官。

王龚，字伯宗，在汉顺帝时期官至太尉，王龚的儿子王畅，字叔茂，不仅以执法严明而著称，而且曾担任司空，这父子两人都官至东汉三公。王畅的儿子王谦，又担任了大将军何进的长史。

长史一职，在战国末年的秦国已经开始设置。比如，丞相、国尉和御史大夫的属官中，都设有长史一职。再如，两汉时期的相国、丞相、太尉、大将军、骠骑将军、车骑将军、卫将军、前后左右将军，以及设立三公后的大司徒、大司马、大司空身边，都设置了长史一职。另外，边郡太守身边也设有长史一职，负责掌管兵马，也协助太守掌管兵权。长史，列在掾属之首，俸禄都达到了千石，特别是丞相的长史，职权更大。因此，在东汉时期，山阳郡的王氏家族可谓家世显赫，贵气十足。

何进，字遂高，东汉南阳宛县（今河南南阳）人。何进出生在屠户家庭。由于他的妹妹被选入皇宫得宠于汉灵帝，所以他被任为郎中，再迁虎贲中郎将，又出任颍川（今河南禹县）太守。后来又因为他的妹妹被立为皇后，所以入朝任侍中、将作大匠、河南尹等职。黄巾起义爆发以后，何进被拜为大将军。

在士家大族人们的眼中，何进永远只是一个屠家子。南阳何家除了利用猪肉大发横财之外，实在没有什么值得炫耀的资本。而何进除了有一个异母妹妹入宫受宠成为皇后，从此平步青云，做了大将军、封了侯，有权有势之外，何进原本是个难以担当大事的庸才。

因此当何进位尊权重时，希望与王谦结为儿女亲家，没想到王谦却一口回绝。按理来说，作为何进的幕僚并任职长史，与大将军结姻是求之不得的事情，然而出身士家大族的王谦，却认为两家根本门不当户不对。

随着何进的功败垂成，王谦也在历史上没有太大的作为，但是因为王谦的儿子，才让后世人对王谦有了些许的了解。

汉灵帝熹平六年（177 年），王谦的儿子，也就是后来成为"建安七子"之一，又被曹操封为关内侯的王粲出生了。

王谦给儿子取名王粲，字仲宣。

出身于名门望族，王粲带有一种似乎与生俱来的优越感，同时，他还勤奋刻苦。因此，他从少年时起，才气名声就很大。

王粲似乎天生的善于计算。

每当作算术时，别的同年龄的孩子还没懂题目，王粲的脑子已经开始快速地运转，瞬间就找到了最简捷的运算方法，然后，他就举手抢答了。最难能可贵的是，他的计算并不是胡乱的猜测，而是精准的、有效的。

王粲还擅长写文章。

王粲写文章有一个特点，总是喜欢一气呵成，一蹴而就，并且从来不用修改，就已经是一篇好文章了。

当时有人就因此怀疑王粲，以为他是预先就写好的文章，而不是即时的构思。于是，别人就不服，也想试试一蹴而就写文章所带来的成就感，然而，尽管他们反复精心地构思，写出来的文章也没法超过王粲。

王粲还是一位博闻强记，有着过目不忘之才的人。这一点，从两件小事中，就可以得到证明。

一件小事，是背诵碑文。

有一天，王粲和一位朋友结伴同行，走着走着，两人看见路边有一座古碑，碑上有字。于是，两个人就站在古碑前，大声朗读碑文。

读着读着，朋友突发奇想，问王粲："你能背诵下来吗？"

王粲脸上带着几分傲慢与张狂地回答："能。当然能。这有何难？"

这位朋友也是个好奇的人，心想：我突然袭击，看看你是不是浪得虚名，于是，就说："那好，现在你就背转身去，背一个给我听听。"

王粲也不多言，当即转过身去，然后，开始背诵碑文。朋友照着碑文对比，结果，一字不差。

事实胜于雄辩，经过这一检验，朋友眼见为实，不由得伸出大拇指，并且连声说："厉害，确实厉害！果真是一个记忆力超强的人，名不虚传啊!"

另一件小事,是复原棋局。

其实,王粲不喜欢下围棋,但喜欢看别人下围棋,原因是通过看别人下棋可以锻炼自己的记忆力。

当然,王粲懂得"观棋不语"的道理。因此,一般情况下,他总是静静地围观,只在心里默默地记忆着棋局的变化和招式。

这一天,有两个人在下棋,几个人在围观,当然,王粲也是观棋者之一。当棋下到关键之时,其中一个下棋人,在落下一子后,突然发现不妥,于是,就想悔棋。另一个人当然就不让他悔棋。围观的人,见下棋的两个人争吵起来了,赶紧劝架。

这样,争吵的、劝架的、抢夺的、拉扯的……乱作了一团。混乱中,也不知谁由于动作过大,一不小心,就把棋盘上布局的棋子给弄乱了。

这一下,所有的人都停止了动作,因为,再争吵下去也没有意义了,看来这盘棋是无法下完了。

然而,就在人们都在惋惜一盘好棋无法下完时,王粲站了出来说:"我能帮着按照原来的局势把棋子重新摆放好。"

所有的人都不信王粲能做到这一点。特别是那两位下棋的人,各自心里打着小算盘。想悔棋的那个人,其实,他已经处于劣势,本不想接着下了,就此中止还能多少挽回一丝面子;而不让悔棋的人,原来的棋局对他是有利的,万一重新摆出来的局让他没有了优势呢?

于是,下棋的两个人,几乎是异口同声地提出了疑问:"怎么能证明你恢复的棋局是原来的局势呢?"

看热闹的不怕乱子大。这时，原来旁边围观的其中一个人，想了想，于是，提议道："那就让王粲恢复两盘棋，大家一起检验他的正确性，如何？"

大家一致同意这个提议，然后都将目光聚集在王粲身上。

此时的王粲，脸上写满了不在乎的神情，口中淡淡地说道："小事一桩，但请检验。"

说完，王粲就坐下来，不一会儿，就把刚才弄乱的那盘棋复原了。

其实，随着王粲的一步步复原，至少下棋的那两位，已经暗暗地佩服王粲的记忆力了，因为就是让他们自己重新下一遍，也不能完全地记住每一步。

当王粲把这盘棋复原好了以后，有人又故意破坏了棋路，形成了一盘新的棋局。然后，让王粲看了几分钟，再给他换个棋盘，让他重新摆放棋子。

这回人们可以亲眼验证了。

人们将两盘棋一对比，结果，连一道的误差也没有。

于是，王粲再一次地展示了博闻强记的风采，人们不得不佩服。

就是这样，家世显赫又才华纵横的王粲，一帆风顺地度过了他的幼年和青春时光，成为了远近闻名的神童。

这一时期，对于王粲来说，恨不能让全天下人都认识他。

而这时，真的有一个人听到了王粲的才名，对他赏识，这个人，就是当时的著名学者、左中郎将蔡邕。

汉献帝初平二年（191年），董卓在与孙坚的战争中，大获全胜，因此，更加有恃无恐，胆大妄为。董卓不仅盗用了只有天子才能使用的车马服饰，而且还大封董氏宗族人，就连婴儿也获得了封赏。同时，董卓控制了汉献帝，并将都城向西迁到了长安。累世三公的王家当然会跟随皇帝一起迁都，因此，王粲也随同汉献帝的迁都大军一起来到了长安。

在长安，蔡邕初一见到王粲，就觉得他是个奇才。

此时的蔡邕，凭着才学而天下闻名，不仅受到了满朝官员的敬重，而且蔡府门前，经常是车马将整条巷子都填满了。当然，蔡家的客厅也常常是宾朋满座。

有一天，蔡邕正在家里招待客人。他脱鞋盘腿坐在首席位置上，周围坐满了仰慕他的客人，而他也不摆架子，与客人们谈笑风生。

这时，有下人进来通报，又有客人到了。

蔡邕扫了一眼已经座无虚席的客厅，就只随便地问了一句："来者姓甚名谁？"

蔡邕的意思是，今天已经客满，想请他改天再来。下人回说："他说他叫王粲。"

"什么，什么，他是不是一位少年郎？"蔡邕忙不迭地问。

下人再次回答道："是一位身材矮小，十四五岁的少年。"

"快请，快快请。"蔡邕一边说，一边不顾在场众人的惊诧表情，急忙起身出迎，甚至连鞋子都穿倒了也没顾得上调整。

众人见蔡邕如此隆重地接待这位客人，都以为肯定是朝中重臣到了。于是，众人纷纷起身，翘首等待着。蔡邕走到庭院与大门外进来的王粲相遇，然后就牵着王粲的手一同回到客厅。

王粲一进门，满屋的人都感到很吃惊。大家都没想到，来人竟然是一位个子矮小的毛头小子。

蔡邕介绍说："这位小公子就是司空王公的孙子王粲。别看他年纪不大，确实是个奇才啊！"顿了一顿，蔡邕又接着说，"这小公子的记忆力，让我自愧不如啊！我家里收藏的典籍文章，全部送给他，也不够他读的。"

此时，既然蔡邕都这么说了，其他人也不得不信了。

然而，生逢乱世，有才又能怎么样呢？

接下来，怀才不遇的苦恼一直笼罩在王粲的心头，让他觉得有志不能伸，因此心情忧郁。

02. 附表，荆州十六年

其实，早在董卓挟持汉献帝迁都到了长安之时，由于王家累世三公的名声和地位，董卓就想征辟王粲为黄门侍郎。

此时，王粲只有 15 岁。

如果王粲就任，那么他就可以成为最年少便当此大任者，这在中国历史上也是寥寥无几，可以说，这无疑又将为王粲早年的人生中增添浓墨重彩的一笔。然而此时的王粲，却并不在乎这些虚名。少年成名的他，把功名看得很淡，再加上时局不稳，王粲不想被卷入政治纷争之中，因此便推辞不就。

汉献帝初平三年（192 年）四月，司徒王允与吕布等人设计将董卓杀死。这样，董卓之乱才算结束。

王允，字子师，太原祁县（今属山西）人。王允年少时就开始学习经史子集，演练骑马射箭。成年之后初入官场当了一名郡吏，参与捕杀为害一方的宦官党羽。汉灵帝中平元年（184 年），王允参与镇压黄巾起义军，获得了宦官张让与黄巾军联系的一封书信。汉灵帝知道后，责罚张让，张让因此对王允怀恨在心，便两次陷害王允下狱。后来，大将军何进、太尉袁隗、司徒杨赐等人一再上书替王允求情，王允才获得赦免。被赦之后，王允改名换姓，隐身在民间。汉献帝即位后，重新征诏王允回朝，并拜为太仆，随后又迁任尚书令，兼职代替杨彪为司徒。董卓专权以后，又封王允为温侯。王允暗中联合董卓的部将吕布，里应外合，将董卓诛杀。

由于董卓对蔡邕非常赏识，甚至可以说董卓对蔡邕有知遇之恩，因此在王允主持的一次朝会上，蔡邕便对董卓之死表示出来悲痛之心。于是，王允就指责蔡邕是国贼董卓的死党，并逮捕了他。虽然蔡邕陈辞谢罪，愿意接受黥首刖足之刑，在狱中编修汉史。然而，王允怕蔡邕和司马迁一样，所修汉史对皇帝多有不敬之词，因此并没有答应。在狱中的蔡邕心灰意冷，便自杀身亡。

蔡邕对王粲很赏识，王粲也非常崇拜蔡邕。两人的关系，如师徒，似父子，更像是忘年交。可以说，蔡邕在王粲的人生中影响是巨大的。然而，蔡邕却因为仅仅是说错了一句话，就含冤死于狱中，这让王粲怎么接受得了呢！从蔡邕的境遇中，王粲似乎看到了自己的下场，于是，离开这令人窒息的地方是王粲唯一的想法。那么，去哪里呢？王粲就想到了要前往荆州投靠同乡刘表。

然而，一波未平，一波又起。

与此同时，关中发生骚乱，青州的黄巾军攻入兖州，斩杀了兖州刺史刘岱，使得朝野震动。从这时起，曹操开始崭露头角，入主兖州。当然，此时的曹操与王粲还没有任何交集。

也许是蔡邕的死，让司徒王允感到后悔了，又或者是王允认识到了国家正是用人之际，网罗人才的重要性。于是，汉献帝初平四年（193 年），王粲就受到了司徒王允的征辟。然而，对于蔡邕的死，始终无法让王粲释怀，因此王粲断然拒绝了王允的征召。

王允诛杀董卓之后，解散了董卓的凉州兵旧部，致使董卓旧部人人自危，董卓部将李傕、郭汜合谋作乱，攻进长安，杀了王允。这样一来，董卓和王允在短期内相继垮台，不仅重创了凉州军阀，而且波及范围远不止关中，甚至给文士集团造成了深远的影响。

因此后来，当王粲又被召为黄门侍郎时，看到朝堂内外局势如此混乱，王粲便仍然没有赴任。

此时，王粲才年仅 17 岁。

既然没有到朝廷中赴任，那么王粲就下定决心去投靠刘表了。

刘表，字景升，山阳郡高平县人。西汉鲁恭王刘余的后代。

刘表身高八尺有余，相貌温厚、身材雄壮，也是少年成名，名列当时的"八俊"之一。早年，因参与太学生运动而受党锢之祸的牵连，被迫逃亡。一直到汉灵帝光和七年（184 年），解除了党锢的禁令，刘表才被大将军何进辟为掾属，出任北军中候。当李傕等人攻入长安时，刘表便派人前去奉贡，因此被任命为镇南将军、荆州牧、假节，封成武侯。

可以说，在荆州期间，刘表恩威并施，招纳诱惑有方，因而使得荆州附近地区民悦诚服。同时，他又开经立学，爱民养士，因而能够从容自保。

此后，在军事上，刘表采取远交袁绍、近结张绣、内纳刘备的策略，很快就据地数千里，带甲十余万，并称雄荆江。随后，刘表先杀了东吴的孙坚，后来又经常与曹操对抗。

然而，刘表为人生性多疑，又极端自我，只喜欢坐在家里夸夸其谈，不愿意事必躬亲地付诸实施，并无远大志向。后来更是宠溺蔡氏，使得妻族蔡瑁等人得以掌权。汉献帝建安十三年（208年），刘表病逝。蔡瑁等人便废长立幼，奉刘表的次子刘琮为主。而当曹操南征时，刘琮举州投降，于是，荆州就轻易地易主归了曹操。当然，这是后话了。

王粲到荆州投奔刘表，并不是一时的心血来潮，而是有着多种必然因素的。

首先，刘表是有一定能力的人。

当年，刘表单枪匹马潜入荆州，最后竟自成一派势力，并得以在一定时期内从容自保，这已是不争的事实。

其次，刘表喜欢结交文化人。

可以说，对于前来投奔荆州的文人志士，刘表也是做到了谦虚以待，因此，当时的荆州才成为了雅士云集、贤能群聚的文化中心。这一点，与后来曹操所处的邺下有相同之处。

最后，刘表与王家有着很深的渊源。

刘表与王粲最深的渊源，就是刘表还是王粲的祖父王畅的学生。一日为师终身为父。算起来，刘表还是王粲的师叔呢！对于自己老师的这个才华横溢的孙子，刘表肯定是早有耳闻的，因此，刘表对王粲不可能不予以器重。

于是，综合种种因素，王粲在乱世纷杂中奔向了荆州，奔向了同乡师叔刘表。

而此时的王粲才仅仅17岁，真的还很年轻，他还没有体验过生命最本初的惨淡。虽然过去曾有过耳闻，但在奔走于长安到荆州的这段路程中，王粲才真正地拥有了切肤的感受：每天都有人在死去，死于疾病，死于战争，死于饥荒……也许，今天还在一起谈天说地，明天早上就已经阴阳两隔。于是，触目惊心的王粲有感而发，写下了一首著名的《七哀诗》，全诗如下：

西京乱无象，豺虎方遘患。
复弃中国去，委身适荆蛮。
亲戚对我悲，朋友相追攀。
出门无所见，白骨蔽平原。
路有饥妇人，抱子弃草间。
顾闻号泣声，挥涕独不还。
未知身死处，何能两相完。
驱马弃之去，不忍听此言。
南登霸陵岸，回首望长安。
悟彼下泉人，喟然伤心肝。

在这首诗里，王粲讲了一件事：路旁有一个饥饿的妇人，将自己的孩子丢在了草丛中。孩子放声大哭，妇人却硬着心肠走开了。看到这一切，虽然王粲心中有痛惜，却也无能为力，不得不也如那位妇人一样驱马弃之而去，继续他的旅途。

这些沿途的惨状给予17岁少年王粲的冲击，远远超过他曾经所经历的一切。应该说，受家世的影响，王粲也是一位热衷于仕途功名的人，然而，现实中目之所及的一切，让他开始重新审视自己的人生之路。

经过身体和心灵双重的艰难跋涉，王粲终于到达了荆州，并投靠到自己的同乡、荆州牧刘表的门下。

也许，此时就连王粲也没想到，他在荆州一待就是16年，并且在荆州的这16年里，会是他一生中最为压抑最为苦闷的岁月。

刚开始听闻恩师的孙子，那个赫赫有名的才子王粲前来投奔自己，刘表是充满着期待的。刘表甚至想到了要将王粲召为东床快婿。然而，当王粲到达荆州并拜见刘表时，刘表一见王粲，便大失所望，旋即打消了将王粲招为自己女婿的念头。因为站在刘表面前的王粲，不仅身材矮小，而且面相丑陋，完全没有遗传王氏祖先的翩翩风度。

刘表虽然很看重外表，又因此而拒婚，然而，作为雄踞一方的俊杰，刘表还是很看重王粲的才华的，因此王粲有机会为刘表所用，并起草了三篇文章。

第一篇是《三辅论》。

汉献帝建安三年（198年），长沙太守张羡听信了桓阶的建议，举长沙、零陵、桂阳三郡之兵背叛了刘表，于是，刘表发兵讨伐张羡。

照例，为了宣传这次出征，刘表就让王粲执笔写檄文，以示师出有名。王粲便胸有成竹地完成了一篇《三辅论》。王粲在此篇檄文中写道：

长沙不轨，敢作乱违，

> 我牧睹其然，乃赫尔发愤，
> 且上征下战，去暴举顺。

此篇的核心主旨就是向天下人申明：刘表此次用兵乃是为了"去暴举顺"。

第二、三篇是《为刘荆州谏袁谭书》和《为刘荆州与袁尚书》。

汉献帝建安七年（202年），也就是在曹操与袁绍官渡之战后的两年，袁绍病死，而袁绍的两个儿子袁谭、袁尚两兄弟闹翻了。于是，刘表为了劝和，就让王粲分别起草了《为刘荆州谏袁谭书》和《为刘荆州与袁尚书》。

在这两篇文章中，王粲以刘表的口气，极力劝解袁氏兄弟不要作阋墙之斗，而应当联合御侮。可以说，篇中的文字，既晓之以理，又动之以情，并且很有文采。

实际上，能不能劝和，那就无关乎文笔的好坏，也不是王粲的两篇文章就能左右得了的了。

时光如梭，转眼王粲在荆州度过了16个春秋。

在这16年里，刘表不仅选择了王粲的哥哥作为自己的女婿，而且在王粲最为看重的仕途上，刘表也并不重用他。

16年来，王粲始终都只是依附于刘表的一个普通幕僚，仅仅为刘表写了几篇文章，而并没有被正式地封得一官半职。这和王粲少年时代所受到的际遇相比，真是差别太大了。

03. 归曹，赐爵关内侯

俗话说，希望越大，失望越大。在荆州，怀才不遇的极大落差，让王粲的心中抑郁。于是，王粲又写下了另一首《七哀诗》，聊以表达他心中的情愫。全诗如下：

荆蛮非我乡，何为久滞淫？
方舟溯大江，日暮愁我心。
山冈有余映，岩阿增重阴。
狐狸驰赴穴，飞鸟翔故林。
流波激清响，猴猿临岸吟。
迅风拂裳袂，白露沾衣襟。
独夜不能寐，摄衣起抚琴。
丝桐感人情，为我发悲音。
羁旅无终极，忧思壮难任。

从这首诗中，可以窥见王粲怀才不遇的一些端倪。

对于王粲来说，荆州始终都是蛮荒之地。可以说，少年王粲是一个出身显赫、名重一时的人。他从洛阳辗转到长安，再从长安到了荆州，这个贵族少年，似乎与荆州的文化风俗与政治风气，始终都是格格不入的。

也许，王粲会感慨刘表没有识人之才；也许，王粲还会哀叹自己的怀才不遇，生不逢时。然而，王粲却10多年来始终不能脱离刘表，只能囿于这方寸之地，因为，哪里是他王粲可以施展才能之地呢？为此，王粲很迷茫，也在等待中期盼能获得机遇。

终于，王粲获得了出头之日，而此时，他已经是人过中年了。

汉献帝建安十三年（208年），曹操南征荆州。然而，还没等曹操的大军兵临城下，荆州牧刘表就病逝了。刘表所宠溺的蔡氏一族掌控了大权，蔡氏的族人蔡瑁等人便废长立幼，奉刘表的次子刘琮为主。

此时，曹操的大军已经兵临城下，王粲便力劝刘表的儿子刘琮归附曹操。以王粲之才，劝说涉世未深的新主刘琮做一个决定还是绰绰有余的。

于是，刘琮便举州投降曹操，而王粲也顺理成章地归附于曹操。因此，可以说，曹操兵不血刃拿下荆州，王粲的功劳不小。

当曹操见到王粲时，新归降的荆州文士王粲，便投其所好地向曹操献上了一篇《初征赋》，而曹操开口就问："先生多才，为什么倾心于我呢？"

王粲也不隐瞒观点，直言道，"曹公，您是明公，能够知人善任，乃天下俊杰也。"

于是，王粲深得曹操的信赖，曹操任命王粲为丞相掾属，赐爵关内侯。

还有一次，曹操在汉水旁边设宴款待百官，王粲在给曹操敬酒时，说道："袁绍，崛起河北，倚仗兵多将广，志在夺取天下，然而，袁绍虽爱惜贤才却不能重用，因此奇士们最终离他而去。刘表自守于荆楚，坐观时变，自以为可以像周文王一样。在荆州避乱的贤士，都是海内外的隽杰，刘表却不知道如何知人善任，因此，当处于危难之时就无人辅佐他了。明公您在平定冀州的时候，刚下车，不顾舟车劳顿，就赶忙整顿冀州的军队和收录当地的豪杰各尽其用，因此，您才能称雄于天下。待平定了江汉以后，又征召了这一带的贤才各居其位，使得天下归心，望风归附，文武并用，英雄尽力，所有这一切，都是夏、商、周的开国国君才能做到的事情啊！"

应该说，王粲的这一长篇大论的敬酒词，讲得头头是道，也听得曹操的心里十分舒坦，因此曹操一高兴，又把王粲调任为军谋祭酒。

归附曹操以后的王粲，来到了邺城，加入了曹氏父子领衔的邺下文人集团。可以说，在这里，王粲的才华与学识得以充分展现和发挥。

汉献帝建安十六年（211年）七月，曹操率军西征马超，除了曹丕留守邺城之外，王粲、徐干、阮瑀等邺下文人都一起随军出征。

在紧张艰苦的军旅生活中，邺下文人的创作兴致和热情依然不减。面对军事上的节节胜利，他们更是由衷地抒发个人情怀，洋溢着无限的乐观主义精神。因此，此次一起随军出征，无疑又是当时文坛上的一次群英荟萃。

在这场群英会中，王粲当然也不能缺席，他写有《吊夷齐文》《征思赋》《咏史诗（二首）》等篇章，着实展现了一下自己的风采。

汉献帝建安十八年（213年），汉献帝下诏，将原来的14州合并为9个州。四月，曹操来到邺城。五月初十，汉献帝封曹操为魏公，把冀州属下的10个郡作为他的封地，曹操仍然继续担任丞相，兼任冀州牧。

同时，汉献帝给曹操加"九锡"，即御用大车和兵车各一辆，各配有四匹黑色雄马驾车；龙袍、冠冕并配上红色的礼鞋；诸侯享用的3面悬挂的乐器和36个人演出的方阵舞；住宅的大门可以漆成红色；登堂的台阶可以修在檐下；虎贲卫士300人；象征权威的兵器斧、钺各1柄；朱红色的弓1把，朱红色的箭100支，黑色的弓10把，黑色的箭1000支；祭神用的美酒1罐，并配有玉圭和玉勺。

所有的一切都表明：魏王国建立了。而曹操本人，虽然仍然称为曹公、丞相，但是实际上，曹操已经是名副其实的魏王。

汉献帝建安十八年（213年）十一月，实际上已经成为魏王的曹操，在自己的魏王国里，开始设立尚书、侍中和六卿。于是，王粲与和洽、卫觊、杜袭等人一起被曹操任命为魏王侍中。

由于王粲记忆力强，又见闻广博，所以曹操多次出外游览观赏，都让王粲同车随行。然而，在王粲看来，曹操对他的尊敬和重视不如和洽、杜袭。因为有一次，杜袭曾被曹操单独召见，一直谈到了半夜方才结束。

王粲便一直对此事耿耿于怀。

由于王粲生性急躁，又争强好胜，在一次侍中的聚会上，王粲从座位上站起来，直截了当地问杜袭："不知曹公对你说了些什么？"

杜袭见王粲这样的问话，并没有回答，却笑着说："天下的事，难道你能全部都知道吗？您白天能够得以侍奉曹公就行了，为什么还要因为夜晚发生的事而抑郁不乐呢？难道您是想一个人把曹公的白天黑夜全都兼顾起来吗？"

杜袭的回答，一下子击中了王粲隐藏在心灵深处的小秘密，这一下子，让王粲突然惊觉：自己似乎真的是有些贪婪了。

王粲的博学多识，大家都是有目共睹的。虽然对他的高傲有些不满，但对他的能力都不得不佩服。

由于旧的礼仪制度，在此时已经被废弛殆尽，魏王国必须重新制定完善的规章制度，于是，王粲与卫觊等人就被曹操任命担当起这项工作。

另外，当东汉末年混乱之时，代表权力和地位的各种玉佩、印鉴等都丢失不见了。恢复并制作新的玉佩、印鉴也是不可或缺的。由于王粲出生在三公之家，自然从小就有机会识得旧玉佩的模样，因此，他能根据记忆，重新制作玉佩。而其他人，可能连见都没见过，就更别谈仿制了。因此，在此事上，王粲又充分显示了他的才干和能力，而其他人也不得不对他心服口服。

后来，西晋时期的玉佩，大都是模仿王粲所作的。

王粲不仅才高八斗，而且擅长随机应变。每当遇到突发事件，他总能做到侃侃而谈并对答如流。

在当时的魏王国，钟繇、王朗等人虽然担任卿相之职，但是一到了朝堂之上，有需要当场奏议的事，他们往往都措手不及地不知从何说起了。这时，往往是王粲顶了上去救场。

因此，在曹操的魏王国，王粲不但受到曹操的赏识和重用，而且他同曹丕、曹植的关系也相当密切，建立了深厚的友谊。曹丕、曹植都非常尊重王粲，他们之间经常互相赠诗作赋。曹丕不仅十分欣赏王粲的赋作，而且曾经评价称赞道："王粲的作品，可以与张衡、蔡邕的作品相媲美。"

汉献帝建安二十一年（216年），王粲随同曹操南征孙权。可以想见，在金戈铁马之中，王粲又可以抒发许多的感慨，并将感慨用文字表述出来。

然而，这次王粲却因疾病缠身，不得不提前返回。

令人痛惜的是：汉献帝建安二十二年正月二十四日（217年2月17日），王粲在返回邺城的途中，不幸病逝，时年仅仅41岁。

04. 影响，"七子"之冠冕

传说，在王粲还是 20 多岁的青年时，曾经偶遇了"医圣"张机。

张机，即后世有名的张仲景。

张仲景，名机，字仲景，南阳涅阳县（今河南省邓州市穰东镇张寨村）人。东汉末年医学家，是建安时期三神医之一，被后人尊称为"医圣"。

张仲景善于望闻问切，在看到王粲的面相以后，就说："你已经患病了，应该及早治疗。如若不然，等你到了 40 岁时，你的眉毛就会脱落，而眉毛脱落后的半年内，你就会死去。但是，如果现在服用五石汤，或许还可以挽救。"

有人说自己有病，20 岁的王粲听了，当然很不高兴。因为，他自认为文雅、高贵，并且也没感到身体有哪儿不舒服，他便不听张仲景的话，更没有吃药。

过了几天，张仲景又见到了王粲，再一次问他："吃药没有？"

王粲欺骗张仲景说："已经吃了。"

张仲景仔细观察了一下王粲的神色,连连摇头,并严肃而认真地对王粲说:"你说谎了,你并没有吃药,因为你的神色跟往常一样,一点也没有变化。我不明白,你为什么如此地讳疾忌医,并把自己的生命看得这样轻呢?"

见王粲始终不相信自己所说的话,张仲景只好无奈地叹息了。

当过了20年后的一天,王粲震惊地发现:自己的眉毛果然慢慢地脱落了。联想起当年张仲景苦口婆心对他说的话,王粲开始追悔莫及。他想要补救,可是为时已晚了。在眉毛脱落后的半年,王粲真的就病死了。无论关于眉毛脱落的预言是否是真实的,王粲病死在返程的途中是确信无疑的了。

曹丕当时还是魏王世子,对王粲的死,他极为悲痛,亲率邺城一众文士为王粲送葬。

为了寄托对王粲的眷恋之情,曹丕还对王粲的生前好友们说:"仲宣平日最爱听驴叫,那就让我们学一次驴叫,为他送行吧!"

于是,墓地上空响起了一片驴鸣之声。这就是著名的驴鸣送葬。

在举行完葬礼之后,曹植作了一篇《王仲宣诔》,来纪念王粲。

后来,成为魏文帝的曹丕在给元城令吴质书信中写道:"仲宣独自善于辞赋,惜其体弱,不起其文;至于所善,古人无以远过也。"

由此可见,曹丕、曹植兄弟二人与王粲的交情确实是非同寻常的。

不只是曹丕与曹植兄弟两人对王粲念念不忘,后世一直有人用各种方式来纪念王粲。

在襄阳城东南角城墙之上,建有一座仲宣楼。仲宣楼的楼前立有王粲的石雕像，楼内悬挂有沈鹏等名家题写的"仲宣楼"等8幅匾联，并有壁画石刻的"建安七子"图。最初的仲宣楼，当然是为纪念王粲而修建的。后来又多次修复。现在的仲宣楼，与黄鹤楼、晴川阁和岳阳楼一起，并称为"楚天四大名楼"。

此外，在湖北襄阳万山的北坡，还有王粲故居遗址和王粲井。万山上原来建有一座幽兰寺，明朝万历初年，改为保堤寺。王粲井，为寺庙里的生活用井，由于当时寺僧众多，山高井深，提水艰辛，所以，王粲井又被称作"苦井"。

王粲的文学活动，与他的仕途遭遇相一致，大体上也可以划分为前、后两个时期，划分的界线就是以汉献帝建安十三年，王粲归附曹操为界。

前期，王粲主要在荆州过着流浪寓居的生活。由于亲历过战乱灾祸，又长期得不到施展抱负的机会，使得他的忧国忧民之情与怀才不遇之愤纠结在一道，因此，在这一时期他的文学作品中，不可避免地笼罩着一层悲凄愤悱的情调。

后期，归附了曹操的王粲，一是受到北方广大地区已经实现统一的鼓舞，二是因为担任了重要官职从而激发起了建功立业的信心，所以，他的创作基调又转变为激奋昂扬。

特别是作于曹操西征关右和东征孙权的《从军诗五首》，不仅对曹军的征伐作了热烈歌颂，同时也表达了他从军征战、建功立业的激昂情绪。

《从军诗五首》全诗摘录如下：

其一

从军有苦乐，但问所从谁。

所从神且武，焉得久劳师。

相公征关右，赫怒震天威。

一举灭獯虏，再举服羌夷。

西收边地贼，忽若俯拾遗。

陈赏越丘山，酒肉逾川坻。

军中多饫饶，人马皆溢肥。

徒行兼乘还，空出有余资。

拓地三千里，往返速若飞。

歌舞入邺城，所愿获无违。

昼日处大朝，日暮薄言归。

外参时明政，内不废家私。

禽兽惮为牺，良苗实已挥。

窃慕负鼎翁，愿厉朽钝姿。

不能效沮溺，相随把锄犁。

孰览夫子诗，信知所言非。

其二

凉风厉秋节，司典告详刑。

我君顺时发，桓桓东南征。

泛舟盖长川，陈卒被隰坰。

征夫怀亲戚，谁能无恋情。

拊衿倚舟樯，眷眷思邺城。

哀彼东山人,喟然感鹳鸣。
日月不安处,人谁获恒宁。
昔人从公旦,一徂辄三龄。
今我神武师,暂往必速平。
弃余亲睦恩,输力竭忠贞。
惧无一夫用,报我素餐诚。
夙夜自恲性,思逝若抽萦。
将秉先登羽,岂敢听金声。

其三

从军征遐路,讨彼东南夷。
方舟顺广川,薄暮未安坻。
白日半西山,桑梓有余晖。
蟋蟀夹岸鸣,孤鸟翩翩飞。
征夫心多怀,恻怆令吾悲。
下船登高防,草露沾我衣。
回身赴床寝,此愁当告谁。
身服干戈事,岂得念所私。
即戎有授命,兹理不可违。

其四

朝发邺都桥,暮济白马津。
逍遥河堤上,左右望我军。
连舫逾万艘,带甲千万人。
率彼东南路,将定一举勋。

筹策运帷幄，一由我圣君。
恨我无时谋，譬诸具官臣。
鞠躬中坚内，微画无所陈。
许历为完士，一言犹败秦。
我有素餐责，诚愧伐檀人。
虽无铅刀用，庶几奋薄身。

其五

悠悠涉荒路，靡靡我心愁。
四望无烟火，但见林与丘。
城郭生榛棘，蹊径无所由。
藿蒲竟广泽，葭苇夹长流。
日夕凉风发，翩翩漂吾舟。
寒蝉在树鸣，鹳鹄摩天游。
客子多悲伤，泪下不可收。
朝入谯郡界，旷然消人忧。
鸡鸣达四境，黍稷盈原畴。
馆宅充廛里，士女满庄馗。
自非圣贤国，谁能享斯休？
诗人美乐土，虽客犹愿留。

此外，王粲也是"建安七子"中最早写作《七哀诗》的人，其中在从长安赴荆州路上所作的《西京乱无象》一诗，最能代表汉魏风骨，堪称典范之作。在这首诗中，王粲用举重若轻之法，典型地概括了战乱给人们带来的灾难，读来令人不禁为之落泪。

王粲现存世诗共23首。除了诗，王粲也擅长作赋。王粲的赋作，现今存世20多篇。赋的篇帙短小，大多为骚体。最为人传诵的是王粲在客居荆州时期所作的《登楼赋》，现摘录片段如下：

登兹楼以四望兮，聊暇日以消忧。览斯宇之所处兮，实显敞而寡仇。挟清漳之通浦兮，倚曲沮之长洲。背坟衍之广陆兮，临皋隰之沃流。北弥陶牧，西接昭邱。华实蔽野，黍稷盈畴。虽信美而非吾土兮，曾何足以少留！

王粲的《登楼赋》摒弃了汉赋铺张扬厉的传统写法，以简洁明快的语句，忧愍世道，怀念故乡，热烈期望太平盛世的到来；对自己的坎坷遭遇，也发出了强烈的感慨。赋中写景与抒情紧密结合，是其一大艺术特色。在抒情小赋的发展过程中，这篇作品具有重要地位。

王粲也写有散文，主要以他给刘表拟的《为刘荆州谏袁谭书》和《为刘荆州与袁尚书》二篇比较成功。

总之，从文学的角度来讲，在建安年间的文学上，无疑王粲的成就也是巨大的。因为，据《三国志》记载：王粲共作有诗、赋、论、议近60篇。

于是，有人将王粲与曹植并称"曹王"。梁朝大文学评论家刘勰在《文心雕龙·才略》中赞誉王粲为"七子之冠冕"，而对于"七子之冠冕"的评价，王粲确实也是实至名归。

第九章

应场，
踌躇满志却壮志难酬

应场,字德琏,汉灵帝熹平六年(177年),出生在东汉的汝南南顿,汉献帝建安二十二年(217年),因为疫疾而亡,时年41岁。

应场初被魏王曹操任命为丞相掾属,后转为平原侯庶子。曹丕任五官中郎将时,应场为将军府文学。

主要成就:擅长作赋,有文赋数十篇。诗歌也见长,与其弟应璩齐名。

主要作品:《侍五官中郎将建章台集诗》《灵河赋》《征赋》《撰征赋》,明朝时有人编辑成《应德琏集》。

后世评价:东汉末文学家,"建安七子"之一。

01. 门第，承博学家传

在两汉时期，如果提及汝南南顿应家，那么有些见识的人，就会众口一词地说道："这是一个书香门第的官宦世家。"

关于应姓的姓氏来源大致有四个：一是源于姬姓，出自周武王姬发之后，属于以封邑名称为氏。二是源于官位，出自西周时期应乐史，属于以官职称谓为氏。三是源于官位，出自西周时期应门史，属于以官职称谓为氏。四是源于其他少数民族，属于汉化改姓。

第一个渊源，也就是源于姬姓的应姓，是应姓繁衍传承的主要流派。

大约在公元前1046年至公元前1043年间，周武王在商朝基础上建立周朝。

周朝实行嫡长子承袭王位，庶子分封别处，以地名、国名或爵名为姓。庶子受姓支配为藩，但在失去原姓后，因为是从原姓中派出，所以仍保持贵族身份，享受很多特权。

于是，周武王封他的四子姬达在应地成为了应侯。

姬达，字伯爵，是周王室庶子，为雍妃所生。后来，姬达立国为应国，并以鹰为族徽。姬达立国后更名为应叔，字儒林，号仁寿讳韩，即应氏太始祖。

从此，子孙以封国名号为姓氏，称应氏，世代相传，史称应氏正宗。

应叔等先祖们在应国历经350余年的治国安邦，创造了西周时期应国的辉煌历史，为中华民族的崛起做出了重大贡献。

到了汉代，汝南郡南顿（今河南省项城县北）的应氏声名显赫。

西汉高祖刘邦四年（前203年），开始设置汝南郡，治所在上蔡（今河南上蔡），到了东汉时期，汝南郡的治所迁移到了平舆（今河南平舆）。

汝南堂，也叫汝南第，以望立堂。汝南应氏先祖立有祖训："天下应姓是一家，四海兄弟分堂立。"

应氏也算是家大业大，名人辈出。在两汉时期，应氏一族就出现了许多的历史名人，列举如下：

应曜，汉初，在淮阳山里隐居，不愿出来做官。汉高祖便派大臣，请他和商山四皓一起到朝廷为官，应曜也是坚决不去。当时的人有"商山四皓，不如淮阳一老"的说法。

应顺，字华仲，南顿人。东汉和帝时任河南尹、冀州刺史、将作大匠等要职，他为官廉洁无私，克己奉公，明达政事。应顺，人如其名，对长辈还很孝顺。他还生有10个儿子，都以才学而闻名天下。

应叠，应顺之子，官至江夏太守。

应郴，应叠之子，官至武陵太守。

应奉，字世叔，应郴之子。生卒年不详，应在汉顺帝末年前后在世。应奉从小就记忆力特强，不仅读书能"五行并下"，而且为人处世，具有过目不忘之能。因此，从小到大，凡是他所经历过的事，都能记忆犹新。

据说，在应奉20岁的时候，他奉命为"决曹史"抄录全郡42个县的罪犯名单报送给刑部。回到本郡以后，郡守详细问应奉所报送罪犯的情况，其实，郡守只是笼统地想要个总数就行了，没想到，应奉竟然能将所录的千余名罪犯的姓名、罪状、罪行轻重等，一一准确地背诵了下来，并且毫无遗漏地向郡守做了详细的报告。

另据说，一天，应奉去拜访一位官员。当应奉敲门时，官员家的车夫只把门打开了一条缝，告诉他说官员不在家，搞得应奉的这次拜访，不仅没有看到官员，而且只是从门缝中看到了官员家车夫的半边脸。于是，应奉深深地记住了这半张脸。数十年后，再次相遇，应奉一眼就认出了当年曾经有半面之交的那位车夫。由此，后来就有了"半面之交"或"半面不忘"的成语典故。

应劭，应奉的长子，东汉政治家、军事家、法学家。任泰山太守时，大破黄巾军30万。著有《汉官仪》《风俗通义》等著作百余篇。

应珣，字季瑜，应奉次子，应劭的弟弟，官至司空掾属。

也许，应珣在文学成就上比不上兄长应劭，但是他最引以为骄的就是生了两个扬名后世的儿子——应场和应璩。

应场，便是本篇的主人公，后来成为"建安七子"之一的应德琏。

汉灵帝熹平六年（177年），汝南南顿的应家，随着一声婴儿的啼哭，又添新丁，这让新生儿的父亲应珣喜极而泣。因为应珣知道：应家先祖声名显赫，家学渊源，而自己的身边还没有一子可以传授家学。儿子的出生弥补了应珣的失落感，因此，他高兴地给儿子取名为场，并取字德琏。

应珣并不满足于只有一子可以让他传授学识和光大门楣，因此在给长子应场取名字的时候，应珣就想好了下一个儿子的名字。

果然，应珣的愿望实现了，于是，应场就有了弟弟应璩，字休琏。

应场和应璩两兄弟，在父母的期盼和教授下一天天长大。

也许是儿子们的出生，给应珣也带来了好运，使得应珣不仅才学上有长足的进步，而且加入了著名学者的行列，同时，仕途上也一帆风顺地做到了司空掾属的位置。

由于应场自幼生长在一个博学的官宦世家，使得他在诗学文章上，受到了很好的启蒙教育，在别的孩子还在懵懂之时，应场已经在父亲的书房里学习经史子集了。应该说，应场算是含着金钥匙出生的人，因此应场的人生赢在了起跑线上。

少年时，应场与弟弟应璩一起，在学业上就有了长足的进步，在家乡汝南一带，两兄弟的才学、名气都很大。

到了青年时，应场、应璩两兄弟，都被称为汝南才子。后来，两兄弟的作品被合成为一部集子——《应德琏、应休琏集》。

然而，应场与他的先祖们毕竟是有所不同的。

应场所处的时代，正逢乱世，他不仅没有如应家先祖那样获得一官半职，而且不得不到处飘零，居无定所。因此，虽然应场也是踌躇满志，想用平生所学报效国家，继续光大应氏的门楣，但是严酷的现实终究让他只能发出壮志难酬的无限慨叹。

02. 邺城，入文人集团

汉献帝建安十五年（210年），曹操击败袁绍及其三子，并北征乌桓，平定北方。于是，汉献帝建安年间，曹操在邺城"挟天子以令诸侯"，成为了实际上的掌握朝权者。

随后，曹操在邺城建都。

同时，因为曹操与曹丕、曹植父子三人，不仅都具有很高的文学素养，而且喜欢结交和重用文人雅士，所以，在汉献帝建安十五年（210年），曹操在漳河畔大兴土木修建了一座铜雀台，供曹氏父子与文人雅士聚会之用。

这座铜雀台，建在邺城的西北角，高10丈，分3台，各相距60步远，中间各架飞桥相连。因为在台的楼顶铸造了一只舒翼奋尾势若飞动的大孔雀，所以，此台被命名为铜雀台。

可以说，曹操在邺城营造了一个安静的文化环境和浓厚的文化氛围。因此，这让大量的在乱世中壮志难酬的名流学士，纷纷涌向邺城，齐聚在曹氏父子周围，然后，逐渐形成了一个以曹氏父子为领袖的邺下文人集团。

邺下文人集团，是中国历史上第一个文学色彩极为明显的文人集团。

应场当然也是听说了曹氏父子的威名。于是，在汉献帝建安年间，应场也和那些处于汉末乱世的文人一样，为了实现政治理想，投奔到了邺城，并加入邺下文人集团。

应场因钦慕曹操威名而来到邺城。由于此前应场还没有任何功名，初来乍到，他只是凭着年轻人的一股子朝气，初生牛犊的一股倔强，来展示他的诗赋文章。他没有任何的偶像包袱，也没有任何的心理压力，因此从他的诗赋文章中所抒发出来的感情浓烈而纯净。

应场的表现，首先引起了同样是年轻人的曹丕和曹植两兄弟的注意。通过交往和了解，因为应场的家世和才华，曹植、曹丕都很敬重他，经常邀他和众人一起宴游吟诗。

同时，在邺城，应场还结识了孔融、陈琳、王粲、徐干、阮瑀、刘桢等人。特别是应场和王粲，他们不仅同龄，而且同是官宦世家出身的士家子弟，因此更为要好。

邺城，拥有良好的文学环境，应场和文人们聚集在曹氏父子周围，游园宴饮，吟诗作赋，同题共作，书信往来，切磋技艺，探讨文道，使得自身的文学才华得到了极大的释放和发挥。

于是，一篇篇文章，如初升的太阳，在应场的笔下喷薄而出。这些横空出世的作品，或者是反映艰难时世、社会动乱的；或者是反映民生疾苦、悲天悯人的；或者是内容充实、表现乱世英雄建功立业使命感的；或者是慷慨悲歌、以风骨而著称的。

这一时期，他们一群文人聚集在一起，互相激发出了极高的创作热情，创作了大量优秀文学作品。

在这群文人中，应场以作赋而擅长，仅著作文赋，就达数十篇之多。

此外，应场也写诗，数量虽然不多，且大多为应景而作，但是也不乏独特的魅力。现选取几篇摘录如下：

> 报赵淑丽诗
>
> 朝云不归，夕结成阴。
>
> 离群犹宿，永思长吟。
>
> 有鸟孤栖，哀鸣北林。
>
> 嗟我怀矣，感物伤心。

《报赵淑丽诗》，是一首赠答诗，在此诗中，应场用四言诗句，表达了与赵淑丽的浓浓深情。

> 公宴诗
>
> 巍巍主人德，佳会被四方。
>
> 开馆延群士，置酒于斯堂。
>
> 辩论释郁结，援笔兴文章。
>
> 穆穆众君子，好合同欢康。
>
> 促坐褰重帷，传满腾羽觞。

应场的这首《公宴诗》，和其他"建安七子"的《公宴诗》一样，是在邺城浓厚的礼俗氛围下完成的，最直接、最真实地反映了应场的生活和创作情态。

斗鸡诗

戚戚怀不乐，无以释劳勤。

兄弟游戏场，命驾迎众宾。

二部分曹伍，群鸡焕以陈。

双距解长绁，飞踊超敌伦。

芥羽张金距，连战何缤纷。

从朝至日夕，胜负尚未分。

专场驱众敌，刚捷逸等群。

四坐同休赞，宾主怀悦欣。

博弈非不乐，此戏世所珍。

《斗鸡诗》是古代诗歌中的一类表现娱乐的诗，应场的这首《斗鸡诗》也属此类。

斗鸡，是古代人的一种娱乐活动。

据《列子》中记载：早在西周宣王时代，就已有"养斗鸡"的事了。到了春秋时代，鲁国季氏、郈氏还因为斗鸡，造成了两个家族的不和。两汉时代，斗鸡更为盛行。据《汉书》记载：汉宣帝登基前，就常常斗鸡。

古人们喜欢斗鸡，在于这种娱乐既令人兴奋，又给人以刺激之感,并且没有任何危险。应该说,古人的生活是单调而乏味的。虽然上流的贵族社会,可以欣赏到轻歌曼舞的美妙,但比起斗鸡来,似乎总感觉缺少点什么味道。于是,当人们寂寞无所事事时,便一群人聚集在一起进行斗鸡取乐了。

因为有了这种游戏,文人们便把游戏的玩法、乐趣等写成了诗,于是,就有了各种版本的《斗鸡诗》。

汉魏六朝之间,许多文豪都喜欢看斗鸡、写斗鸡,如曹植、刘桢、梁简文帝、刘孝威、庾信、徐陵、王褒等,都有"斗鸡诗"传世。

应场在他写的《斗鸡诗》里,描写的斗鸡之戏,常常"连战何缤纷,从朝至日夕",可以说,参与斗鸡的人,会斗个昏天暗地、通宵达旦。

其实,这些流传下来的《公宴诗》《斗鸡诗》等,不仅是一部文学作品,更是研究当时人生产生活状况的珍贵史料,具有不可多得的史学价值。

就这样,应场的才学与名气,慢慢地传入了曹操的耳中,当时身为丞相的曹操,立即便任命应场为丞相掾属。

所谓掾属,是佐治的官吏。

汉代以来,上至三公,下至郡县,都有掾属。人员由主官自选,不由朝廷任命。一直到隋朝,才改为由吏部任命。

也就是说,成了丞相掾属的应场,已经得到曹操的赏识,并来到曹操的身边工作了。这对于应场来说,是莫大的荣幸。同时也说明,应场的机会来了。

一人之下万人之上的曹操，唯才是举，但他的身边绝对不留庸才。能在一段时期内，在丞相曹操身边担任掾属，也从侧面说明了应场的能力和水平还是相当高的。

后来，曹操又将应场转任为平侯庶子，这是相当于五品的侍从之臣，从这一点来看，应场的才能得到了曹操的认可。

03. 鸣雁，五官将文学

汉献帝建安十六年（211年），曹操暗示汉献帝封曹丕担任五官中郎将一职。这是负责统率皇帝侍卫的职务。也就是说，曹丕担任五官中郎将一职之后，汉献帝包括汉室朝廷，就实际上完全在曹氏的掌控之中了。

此时，应场的官职也由平原侯庶子转为五官中郎将文学。也就是说，应场由在曹植身边工作，转到了在曹丕身边工作，负责掌校曹丕府的典籍，侍奉曹丕所需要撰写的文章。

汉献帝建安十六年，应场在曹丕设置的宴席上，作了一篇《侍五官中郎将建章台集诗》，以此诗来酬谢和回应曹丕的知遇之恩。

《侍五官中郎将建章台集诗》中的"五官中郎将"，当然是指曹丕，而"建章台"，是指建章宫内的一座高台，后人猜测可能就是指铜雀台。

应场创作的《侍五官中郎将建章台集诗》，是一首五言诗，也是一首公宴诗。

诗中，应场以雁自喻，这充分反映了他个人经历的艰难和仕途的坎坷，充满着对功业、名利禄位的向往和追求，同时，也表达了希望依附曹丕的愿望和渴望得到曹丕的提拔重用等复杂的感情。

诗中，有辛酸，有痛苦，有欢快，有希望，相互交织，相互渗透。

诗中，设喻妥切，语言质朴无华，风格清新，托意寄情，含蕴颇深。

《侍五官中郎将建章台集诗》全诗如下：

朝雁鸣云中，音响一何哀。
问子游何乡，戢翼正徘徊。
言我塞门来，将就衡阳栖。
往春翔北土，今冬客南淮。
远行蒙霜雪，毛羽日摧颓。
常恐伤肌骨，身陨沉黄泥。
简珠堕沙石，何能中自谐。
欲因云雨会，濯羽陵高梯。
良遇不可值，伸眉路何阶。
公子敬爱客，乐饮不知疲。
和颜既以畅，乃肯顾细微。
赠诗见存慰，小子非所宜。
为且极谨情，不醉其无归。
凡百敬尔位，以副饥渴怀。

汉献帝建安二十二年（217年），北方大范围流行瘟疫，徐干、王粲等人相继染病过世，而应玚和刘桢、陈琳等文人也接二连三地病倒了。

此时，应玚预感到将不久于人世，回首往事，感慨万千，思绪飘忽之中，思乡之情油然而生。

于是，应玚望着窗外飘忽的白云，想象着那滚滚向东奔流的漳水，勉强支撑着病躯，伏案写下了《别诗二首》，全诗如下：

其一
朝云浮四海，日暮归故山。
行役怀旧土，悲思不能言。
悠悠涉千里，未知何时旋。

其二
浩浩长河水，九折东北流。
晨夜赴沧海，海流亦何抽。
远适万里道，归来未有由。
临河累太息，五内怀伤忧。

应玚在《别诗》其一的起首二句，就用了响亮高亢的词句，但描写的是自然界最平凡的景象：早晨的云朵飘浮四海，黄昏时夕阳归沉于故山。然而，这平凡的景象却在向人们表明：云朵本应飘浮于天空，太阳更是日日归向渊虞。

起首二句之后，应玚又直接抒发了怀念故乡泥土的深情。所使用的语言文字虽然平直，似乎是无意说出来的，但让人看见了乱世流离者的悲哀。

在这首诗的末尾，应场讲述了跋涉千里万里，自己也难以知道何处是归途，至于何时才能重返故里，更是他无法预料的事情了。

这里，应场似乎在述说着：人总要经受离别痛苦的。平时岁月里，因离开故乡或与亲人分别，都是极其令人悲伤的事情，更何况在艰难离乱的时代，人的生命尚且常常都不能自保，流离他乡又怎么能够轻易回返故乡呢？

应场在《别诗》其二中，表达的意思和情绪与第一首是承上启下的。

《别诗》其二的诗首四句，应场写的是：黄河的流水浩浩荡荡，回环九折地流向东北。但见那河水奔腾万里，终于走向了沧海的归宿。河水昼夜不停地奔赴沧海，而沧海也迎来了河水。河水汹涌回转着，流荡生波，一刻也不曾停歇。

这首诗，应场以长河沧海起兴，抒写了自己行役万里，从未有止息的感慨。不论是河水的奔流，还是海流的牵动，其实都是应场自己内心极度不安的象征。

应场接下来写道：远行万里，不知道归期。当登临大河时，只能一再叹息。因此，可以想象得出，在应场的心中，是充满了无限的乡思、悲伤和忧虑的。

全诗，会让人仿佛能从那九折河水的奔流声里，从海流牵回涌动不曾休止的撞击声间，窥听到应场的疲于奔命，盼望得到身心安宁的沉重叹息声。而这叹息声，也正似河海之水一般，一直川流不息，不知何时才能停止；也似那河海之水一般，浩荡无涯，不知其深，究竟有几许。

《别诗》其二与《别诗》其一相同,在诗的后四句也是直抒胸臆,语言浅显得无须诠释,然而沉重的忧思却感人至深。

综观应场的这两首《别诗》,起调都很高昂令人感到振奋。不论是云浮四海,还是日暮归故山;或者是莽莽苍苍奔突而来的浩浩长河水……都写得壮美而又饱含深情。同时,这种高亢的起调,不仅扩大了境界,扩大了感情的容量,并且使下文也被高亢的基调囊括了。

应场的《别诗》,会令人情不自禁地在感情上与应场有了心心相印、同歌同哭的感觉。令人不禁叹息:应场这是在与世人告别吗?

汉献帝建安二十二年(217年),也就是在应场作《别诗》后不久,应场与徐干、陈琳、刘桢都因疫疾相继去世了。

应场时年41岁。

建安诗歌,以慷慨悲凉而著称。"建安七子"不仅在诗文上互相学习借鉴,甚至就连"死亡"也抱团离世,说来,这也许是一种无法言说的人生际遇,又或许是惺惺相惜的缘分了吧!

04. 蹉跎，德琏长于赋

曹丕说，应场"和而不壮"。

后来，在曹丕成为魏文帝后，又在给元城令吴质的书信中，称赞应场说：

> 昔年疾疫，亲故多离其灾，徐、陈、应、刘，一时俱逝。观古今文人，类不护细行，鲜能以名节自立。……德琏常斐然有述作意，其才学足以著书，美志不遂，良可痛惜！

在此，曹丕称赞应场的才学足以著书立说。

同时，从曹丕对应场的评价上来看，应场被列为"建安七子"之一，也是名副其实的。

可以说，应场没有辜负曹丕对他的期望。应场生前著作很多，在他去世后，他的后代曾经为他编成过一部《应德琏集》，然而可惜的是这部集子在乱世中散佚了，没有留传下来。

因此，应场的作品不少，但传世之作不多。

好在，明朝时有人编辑了一本《应德琏集》。同时，还有人将应场与他弟弟应璩的作品合为《应德琏、应休琏集》，编入《汉魏六朝百三家集》之中。

如此，可以说多少弥补了一些遗憾。

应场擅长作赋，他作有文赋数十篇。

由于应场处于汉、魏战乱时期，对人民的灾难深感同情，因此，在他的《灵河赋》《愍骥赋》《征赋》《公宴赋》《撰征赋》《驰射赋》《校猎赋》等作品中，都辞情慷慨，深刻地反映了汉末社会的动乱和人民流离失所的痛苦，体现了他期盼国家统一的愿望。

现仅摘录《灵河赋》的片段如下：

咨灵川之遐原兮，于仑昆之神丘。凌增城之阴隅兮，赖后土之潜流。衔积石之重险兮，披山麓而溢浮。蹶龙黄而南迈兮，纡鸿体而因流。涉津洛之阪泉兮。

第十章

刘桢，
警悟辩捷却以文见贵

刘桢，字公干，汉灵帝光和三年（180年），出生于东平宁阳（今山东泰安宁阳县），汉献帝建安二十二年（217年），因染疾疫而亡。时年仅37岁。

建安年间，曾被曹操召为丞相掾属、平原侯庶子、五官将文学。与曹丕、曹植兄弟很有交情，后来因为在曹丕的宴席上平视曹丕的妻子甄氏，以不敬之罪服劳役，后又免罪署为小吏。

主要成就：五言诗创作负有盛名。今存诗15首，风格遒劲，语言质朴，重名于世，《赠从弟》3首为代表作，言简意明，平易通俗，长于比喻。

主要作品：《鲁都赋》《黎山阳赋》《遂志赋》《瓜赋》《大暑赋》《清滤赋》《公宴诗》等。《隋书·经籍志》著录中有4卷，《毛诗义问》10卷，都已散佚。明代张溥编辑有《刘公干集》，收入《汉魏六朝百三家集》中。

后世评价：东汉文学家、名士、诗人，"建安七子"之一。被称为"五言之冠冕""文章之圣"，与曹植并称为"曹刘"。

01. 宗室，没落的神童

汉文帝二年（前178年），汉文帝刘恒将与窦皇后所生的嫡次子刘武封为代王，汉文帝四年（前176年），刘武又被改封淮阳王。到了汉文帝十二年（前168年），由于梁怀王去世无子嗣，刘武便继嗣梁王。

七国之乱时，梁王刘武率兵抵御吴楚联军死守梁都睢阳，有力地拱卫了国都长安，因此功劳极大。后来，刘武仰仗着已经成为太后的母后的宠爱和梁国的地广兵强，想要即汉景帝的皇帝位，也就是说要弟承兄的皇帝位，可惜的是，还没等到汉景帝驾崩，刘武却因病薨逝了，因此弟承兄帝位的事未果。

应该说，梁王刘武也是一位才子，他当梁王时，下令建造了一座梁园，招揽天下人才，在梁园形成了一个极具影响力的文学群体。

刘武自受封至去世，共为王35年，其中为梁王24年。刘武死后梁国一分为五，成为了刘武5个儿子各自的封国。

大约过了300多年后，梁王刘武的后代子孙刘梁，字曼山，一名恭,虽然因家道中落而少年孤贫,但他性格耿介,有清才,凭着卖书自给自足。到汉桓帝时,因为他博学有才且警悟辩捷,而被举孝廉,历任尚书郎、野王令等官职。

可以说,刘梁继承了先祖梁王刘武的才学和性格,他一生以文学见贵,不苟合于流俗,不仅受世人称赞,而且对子孙影响也很大。

刘梁的儿子在史书上没有记载,大概是因体弱多病而没有大的成就而被忽略了。然而,刘梁的这个被史书忽略的儿子,却给刘梁留下了两个孙子,特别是其中一个孙子,后来不仅成为了曹氏父子面前的红人,而且成为"建安七子"之一。不仅光大了刘氏的门楣,而且因为这个孙子,还使得刘梁也在后世中提高了知名度,甚至,有人还干脆认为刘梁不是祖父,而是父亲。

这个刘氏的子孙,就是"建安七子"之一的刘桢,字公干。

汉灵帝光和三年(180年),刘桢出生在东平宁阳。

东平宁阳,历史上就是一片热土。

上古五帝时期,属少昊之墟。夏、商时,属徐州之域。西周时,属于鲁国。春秋时期,属鲁国,北部是齐鲁争夺的要地。战国末期,归属秦国。秦代,属薛郡。

西汉时,西部和东北部属于泰山郡,东部属于鲁国。汉高祖在宁山之南置县,因山南为阳,故县得名为宁阳。宁阳境内地势东高西低,东部多为低山、丘陵,西部多为平原。

东汉时,宁阳西半部的南片属于兖州刺史部东平国,北片和东北大部属兖州刺史部济北国,中部、东部属豫州刺史部鲁国。

刘桢就出生在西半部南片的兖州刺史部东平国。

大约在刘桢出生后的两年内，祖父刘梁和父亲就相继去世了，因此，刘桢是在母亲的劝诫、督导与言传身教下长大的。

刘桢的母亲，是汉元帝时京兆尹王章的玄孙女，受家庭的熏陶，她虽然身为女子，但琴棋书画、诗词歌赋样样皆通。又因为她年轻就守寡，她便把希望完全寄托在儿子及众侄身上了。

父辈的遗传基因，加上母亲的教导，使刘桢从小就养成了勤学好问、百折不挠的性格。

刘桢5岁时能读诗。

刘桢8岁时，就能朗诵《论语》《诗经》及赋文等达数万字。因为刘桢的记忆力超群，思维清晰，应答敏捷，所以被众人称为"神童"。

刘桢是一位神童，但神童也不是天生的，除了先天资质超群外，还要有后天的成长环境。

虽然父亲早亡，刘桢成了孤儿（古时父亲去世即为孤儿），但在母亲的熏陶和督导下，使得刘桢拥有了一个相对好的成长环境。随着年龄的增长，刘桢的学识才干也与日俱增，于是，刘桢由神童变成了才子。

汉献帝建安二年（197年），因避兵乱，时年17岁的刘桢，跟随母亲和兄长躲避到了都城许县。

早在刘桢来到许县的前一年，即汉献帝建安元年（196年）八月，曹操将汉献帝从京都洛阳迎到了许县，实际上就是将汉朝的都城迁到了许县，因此，许县成为了许都。

应该说，刘桢生长在一个没落的宗室官宦家族，与汉朝皇族的血缘联系，使他对王朝式微有切肤的感受，而父辈们尊崇儒学，重视文学教化，以修身齐家治国平天下为人生的目标和理想，虽然刘桢没能亲耳聆听教诲，但对他的处世为人也有着潜移默化的影响。

因此，由于早年家庭的熏陶，刘桢有着强烈的政治亢奋和高度的自我期许，这从他的作品中可窥见一斑。

刘桢有一组 3 首赠送给叔伯兄弟的励志诗歌——《赠从弟》，全诗如下：

其一
泛泛东流水，潾潾水中石。
蘋藻生其涯，华叶纷扰溺。
采之荐宗庙，可以羞嘉客。
岂无园中葵？懿此出深泽。

其二
亭亭山上松，瑟瑟谷中风。
风声一何盛，松枝一何劲！
冰霜正惨凄，终岁常端正。
岂不罹凝寒？松柏有本性。

其三
凤凰集南岳，徘徊孤竹根。
于心有不厌，奋翅凌紫氛。
岂不常勤苦，羞与黄雀群。
何时当来仪，将须圣明君。

《赠从弟》其一，刘桢以物托人，借物咏怀，借赞美萍藻，来赞美从弟的高洁品行，也抒发了自己将永葆高洁不污品质的情怀。

《赠从弟》其二，刘桢又借松柏，希望从弟能永远保持坚贞不屈的情操，同时，显示了自己在乱世中不随波逐流的坚定意志。

《赠从弟》其三，刘桢赞颂的是神鸟凤凰，这也是自身的真实写照，他渴望能有朝一日，得遇明君，将与之一同建立不朽功业。

"何时当来仪，将须圣明君。"刘桢怀着拯救和治理乱世的渴望，期待着治世能臣的出现，最终他选择了唯才是用的曹操。

02. 辩才，恪职于三曹

刘桢在来到许都的最初几年，才十七八岁，尽管在家乡东平宁阳有着神童的名声，但毕竟不能与陈琳、阮瑀等人的名气相比。

那时的刘桢虽然渴望追随曹操建功立业，但他还没入曹操的法眼。

又过了几年之后，一个机遇来了。

有一天，刘桢正在驿馆中与一些人侃侃而谈，他的学识与观点引来了阵阵的掌声和喝彩声。

一个略显稚嫩的童音叫好声最响："好，好，好，先生高论！"

刘桢一看，说话的是一个10多岁的小孩子，刘桢虽然不认识，但从这个孩子眉宇透出的英气和灵气，以及穿着打扮上，刘桢猜测这孩子一定大有来头。果然，人群中有认识的，纷纷与小孩子打着招呼："曹公子好，小公子好！"

刘桢这才知道，面前为他叫好的小孩子，就是和他一样有着神童之名的曹植，曹子建。

年纪比刘桢整整小一轮的曹植，通过倾听刘桢的高论，深深地被刘桢的饱学所折服，为了进一步与刘桢深层密切交往，曹植便将刘桢领到位于邺下的曹府里，日夜在一起写文作赋。因为志同道合，兴趣相投，因此关系日渐甚笃。

因为与曹植有了这一层关系，可以说，刘桢成了曹府的常客。

曹植深受父亲曹操喜爱，被曹植夸奖的人，当然很快便引起了曹操的注意。此时，曹操正在广纳贤才，经曹植推荐，曹操就不用考核地准备录用了。

汉献帝建安五年（200年）曹操和袁绍的官渡之战爆发了，刘桢随军参加了此次战役。曹操势如破竹地大败袁军，让刘桢更加坚信：追随曹操，以图建功立业，这条路是走对了。

正好，当汉献帝建安十三年（208年）春，曹操开始设置军师祭酒一职，刘桢就顺理成章地被任命为此职了。

到了汉献帝建安十三年六月，汉献帝根据曹操的提议，废置了三公，设置了丞相一职，曹操自为丞相，刘桢被曹操召为丞相掾属。

刘桢欣然从命。

汉献帝建安十三年，注定是一个不平凡之年。在这一年的冬天，已经统一了北方，并成为了丞相的曹操，亲自统率大军与孙刘联军大战于赤壁。当时，刘桢也在曹军中。虽然最后曹操大败，但是刘桢对于曹操还是十分佩服的。

汉献帝建安十四年（209年）七月至十二月，刘桢还追随曹操参加了东征孙权的战役。

在此期间，刘桢积极为曹操出谋划策。虽然刘桢的奏书早已经失传,但从后人对他奏书的称赞中,可以想象到,刘桢所出的计谋不仅可操作性强,而且奏书中的文笔也相当的优美和恰到好处。

同时,刘桢在行军途中还创作了一些诗赋。从诗赋文章中,可以看出刘桢对曹操是颇怀知遇之恩的。其中,有一首失题诗,正是表达了刘桢的这种心情。全诗如下:

昔君错畦畴,东土有素木。条柯不盈寻,一尺再三曲。
隐生置翳林,倥偬自迫速。得托芳兰苑,列植高山足。

青青女萝草,上依高松枝。幸蒙庇养恩,分惠不可赀。
风雨虽急疾,根株不倾移。

翩翩野青雀,栖窜茨棘藩。朝食平田粒,夕饮曲池泉。
猥出蓬莱中,乃至丹丘边。

在此文中,刘桢把曹操比作起于丰沛、统一中国的汉高祖刘邦,并把对他有知遇之恩的曹氏父子比作礼贤下士的信陵君。

刘桢把结束混战局面,一统江山的希望寄托在了曹操身上,这与当时多数人对曹操名为汉相实为汉贼的谩骂南辕北辙。

应该说,朝代的更迭是历史的必然,从这一点上看,刘桢的思想顺应了时代发展的潮流。因此,他追随曹操南征北讨,参谋军机,是完全心甘情愿的,并渴望在曹操一统天下的大业中立下汗马功劳。这样也就实现了他齐家治国平天下的人生理想。

为此,刘桢还作了一篇《遂志赋》,全文如下:

幸遇明后，因志东倾。披此丰草，乃命小生。生之小矣，何兹云当。牧马于路，役车低昂。怆恨恻切，我独西行。去峻溪之鸿洞，观日日于朝阳。释丛棘之余刺，践檟林之柔芳。皦玉灿以曜目，荣日华以舒光。信此山之多灵，何神分之煌煌。聊且游观，周历高岑。仰攀高枝，侧身遗阴。磷磷礛礛，以广其心。伊天皇之树叶，必结根于仁方。梢吴夷于东隅，掣叛臣乎南荆。戢干戈于内库，我马絷而不行。扬洪恩于无涯，听颂声之洋洋。四宇莫以无为，玄道穆以普将。翼俊乂于上列，退仄陋于下场。袭初服之芜秽，托蓬庐以游翔。岂放言而云尔，乃旦夕之可忘？

汉献帝建安十六年（211年）正月，曹丕被汉献帝封为了五官中郎将，成为了丞相的副手，并单独设置了官署。

朝廷给曹操划分出来3县封地和2万户人口，而曹操将其中的1.5万户人口，划分给了3个儿子。

在长子曹丕被封为五官中郎将的同时，儿子曹植也被封为平原侯。

此时，除了给儿子们争取封邑，曹操还为几个儿子精选辅佐的宾客和助手。

也许是此前刘桢与曹植的交情深厚，于是，刘桢首先出任的是平原侯曹植的庶子。

然而不久，刘桢又被改任为五官中郎将文学，随侍曹丕。

毕竟曹丕这个五官中郎将是丞相的副手，比曹植的平原侯，无论从权力上,还是将来的发展上来说,都是更胜一筹的。因此,可以说,刘桢的这次改任算是升职了。

事实上,由于刘桢的文学造诣很高,而且性格直爽,为人胸襟坦荡,因此,深得曹丕、曹植两兄弟的友爱,曹丕、曹植两兄弟都将刘桢引为知己,经常在一起诗赋酬唱。而每当吟诗作赋时,大家在一起都很开心,刘桢到底是平原侯庶子还是五官中郎将文学,似乎已经不是那么的重要了。

然而,毕竟刘桢此时已经是随侍曹丕的五官中郎将文学,因此,为了体现对刘桢的喜爱,在无法表达的情况下,曹丕头脑一发热,就把自己常配的廓洛带,从身上解下来,送给了刘桢。

廓洛带,也叫郭洛带,据说,这是从东胡的鲜卑传入中原的物件。郭洛,本是一种瑞兽的名字,可能廓洛带就是带头(即带扣)上饰有瑞兽图案的腰带了。带头质地有金、铜、贝等多种,材质的不同,则代表佩戴人身份的不同。以曹丕当时的身份地位来说,曹丕的这条腰带带扣当属金质的。

估计当时曹丕是喝多了,情绪一激动就把如此贵重的东西送人了,可是,曹丕醒酒后仔细一想:"坏了,坏了,坏了。这么重要的物件,是不可以送人的。别说是属下了,就是亲兄弟也不能送啊!不行,得想法要回来。"

然而,送出去的东西,就像泼出去的水,覆水难收啊!况且像曹丕这么有身份的人,怎么能出尔反尔呢?

硬要不行,不要也不行。那么,怎么要回来呢?曹丕思来想去,既然张不开口,最后就只能是采取文化人常用的方式——寄书一纸:

夫物，因人而贵，故在贱者之手，不御尊之侧。今虽取之，勿嫌其不反也。

曹丕的意思是说：凡是物品，都是因人而贵，好东西如果放在下贱的人手中，不如放在尊贵的人身边。因此，我今天虽然要取回来，但是你不能责怪我。

曹丕是以戏言的口气在说，也许，他本无心伤害，但刘桢却听出了对他的羞辱和轻蔑之意，因此，曹丕的这些话极大地刺痛了刘桢的自尊心。

生性刚直的刘桢，当然不会对这种羞辱和轻蔑默默地忍受，于是，刘桢也给曹丕回了一封信：

　　桢闻荆山之璞，曜元后之宝；隋侯之珠，烛众士之好；南垠之金，登窈窕之首；鼲貂之尾，缀待臣之帻：此四宝者，伏朽石之下，潜污泥之中，而扬光千载之上，发彩畴昔之外，皆未能初自接于至尊也。夫尊者所服，卑者所修也；贵者所御，贱者所先也。故夏（厦）屋初成而大匠先立其下，嘉禾始熟而农夫先尝其粒。恨桢所带无他妙饰，若宝殊异，尚可纳也。而未尚听至尊赐而反索者也。

应该说，刘桢的这封回信，不卑不亢，以事实为依据进行辩论。不仅维持了自己的面子和自尊，还以巧妙的言辞嘲弄和回敬了曹丕。

这样一来，经过此番较量，曹丕更加钦佩刘桢的才学。曹丕就想："比起获得了刘桢这样的一位才俊，区区一个腰带又算得了什么呢？"

于是，曹丕也就不再为腰带的事耿耿于怀了。

刘桢被曹氏兄弟视为知交好友，因此，得以居住在邺城。

在邺城，刘桢还结识了山阳人王粲、北海人徐干、广陵人陈琳、陈留人阮瑀、汝南人应场、济阴人吴质等人。他们经常聚在曹氏父子周围，在为曹氏父子效力的同时，还一起研究学问和诗词歌赋，互相心悦诚服。

03. 不拘，受不敬之罪

应该说，在恪职为三曹服务的这段时期，刘桢是乐在其中，并且感觉惬意舒畅。然而，刘桢不仅性情骄傲，耿介憨直，而且不拘礼法，缺乏处理事情的机巧。事实上，他驾驭政治的能力比不上王粲和陈琳，规避政治的能力也不如徐干。因此，他并没有被曹操委以重任，而只是奉旨行文，充当权贵的弄臣。这与他原来的人生理想和目标，有着相当大的差距，所以，他有些郁郁不得志。

刘桢不愿意在平庸无奇中耗费自己的才华和生命，但又无法摆脱现状，于是，就把压抑心中的情愫，不拘于时地在曹氏父子面前表现了出来。

于是，便发生了"平视甄氏"一事，刘桢因此而获罪，但是后来刘桢又获特赦，这不论是在当时还是后世，都算是一桩奇案了。

"平视甄氏"是发生在汉献帝建安十六年（211年）的事。

时任五官中郎将的曹丕与邺下诸子们因文学而结下了深厚的友谊。

有一次，曹丕在府中设下了宴席，邀请了邺下的诸子们来喝酒和吟诗赋词。当然，刘桢也在邀请之列。曹丕与这些文友欢聚畅饮，完全没有五官中郎将的官架子，而只是志同道合的文友而已。因此，大家也都不拘束，尽情地开怀畅饮起来。甚至喝到高兴处，曹丕还抛开了刻板的礼数，而把自己的爱妃甄氏喊出来给大家斟酒。

按照汉朝的礼制，不论是普通百姓家的良家妇女，还是帝王的后宫嫔妃，女眷是不能轻易抛头露面的，更别说是陪男宾喝酒了。普通老百姓尚且不可以，就别说像曹丕这样有身份地位的人了。因此，曹丕请爱妃出来为属下斟酒这事，的确是有些惊世骇俗了。

话说这甄氏本来是一位国色天香、玉肌花貌的女子。她原为袁绍的儿子袁熙的妻子。当初曹操进攻冀州，攻破邺城，彻底打败了袁绍之后，跟随父亲在军中的曹丕进入袁绍家，就把绝代佳人甄氏带回到自己的府中，并私下迎娶了甄氏，收归己有。

因此，在座的人，其实都想一睹甄妃的芳容。

艳光四射的甄妃一出场，就如同一道霞光，照得满堂生辉。顿时，全场鸦雀无声，众名士个个敛容端坐，大气不敢出，酒也忘记喝了。甄妃粉面含春，如风摆荷柳，袅袅娜娜，走到席前，挨个为众人斟酒。众人只觉一片红云飘然而至，有点晕眩，赶紧把头低下。

然而，当甄妃走到刘桢的面前时，刘桢却没有低头，仍然平直地盯视着甄妃，目不转睛，从上至下，细细地将甄氏看了个够，似乎要用眼光把甄妃的美貌深刻吸纳进心田。看得甄妃脸颊微微泛红，不得不躲闪开去。

刘桢的大胆平视，令在座的诸位名士都惊愕不已。

刘桢目不转睛地直面甄氏，曹丕以文人之风再加上酒精的作用，并没有计较。可是这件有违常理的事，很快传到了曹操的耳中。

曹操心说：这也太放肆了，简直是对曹氏的无礼和轻蔑。

于是，曹操就令人将刘桢投入了监狱。看那架势，甚至还有可能将刘桢杀头。

当然，曹丕和曹植及诸文士们不会坐视不管的。他们认为刘桢行事虽有不端之处，但也不至于犯下不可饶恕的罪过，甚至是杀头之罪。

最终，刘桢被定为大不敬罪。

大不敬罪按律当斩，但对刘桢却罪减一等，刘桢只是被发落到输作部做磨石工去了。

这是因为：一是有曹丕兄弟及诸名士的讲情，而包括刘桢在内的这些名士，对曹氏基业的完成，是有着相当大的影响的。二是曹操深知刘桢的"不敬"只是出于文人的倔强性格和文人的行事方式而已。三是最重要的，曹操知道刘桢在骨子里是拥护曹氏的。

像曹操这样的一个聪明人，当然看出了其中的玄妙，因此，他只是借机给那些对他真正不敬之人提个醒而已。

这样，刘桢因"不敬"被罚，在京洛之西的一个石料厂，干起了磨石料这种做苦力的活计。

然而这对刘桢来说，自然是心灵和肉体上一次极为沉痛的双重打击，在服刑中，他给徐干写了一首诗——《赠徐干》，在诗中，流露出他的痛苦心情。

《赠徐干》全诗如下：

谁谓相去远，隔此西掖垣。
拘限清切禁，中情无由宣。
思子沉心曲，长叹不能言。
起坐失次第，一日三四迁。
步出北寺门，遥望西苑园。
细柳夹道生，方塘含清源。
轻叶随风转，飞鸟何翻翻。
乖人易感动，涕下与衿连。
仰视白日光，皦皦高且悬。
兼烛八纮内，物类无颇偏。
我独抱深感，不得与比焉。

徐干生性淡泊寡欲，与刘桢最为亲近。在刘桢的心目中，徐干是最可以和他说心里话的人。然而在他最渴望倾吐衷情以获得安慰时，却不能与好友见面，这在他内心所造成的痛苦是可想而知的。

刘桢既不忍气吞声，逆来顺受，也不阿谀奉承，取悦权贵，而是将愤慨不平的感情渗透到作品的字里行间，从而使作品充盈着一股清正之气，具有一种阳刚之美。

这一天，曹操到石料厂视察。曹操一到，但见众官吏与苦力们，全部都匍匐跪地参拜，然后弯腰低头继续干活，唯有刘桢没跪拜也没理会，像没看到似的照常劳作。

曹操便满面盛怒地走到刘桢面前，刘桢这才不得不放下手中的锤子，站立着说道："魏王雄才天下皆知，我如今身为苦力，怎么敢蔑视尊王呢？然而，因为我在魏王府数年，常聆听魏王的教诲，知道做事应当竭尽全力，事成则王自喜，事败则王亦辱。我如今专心研究石料，是对魏王的敬忠，所以，我不敢停下手中的活啊！"

魏王曹操听后，心里的气已经消了一半，于是，就问："你研究之后，觉得这石料的质地如何啊？"

刘桢大声回答："乃出自荆山悬崖之巅，外有五色之章，内含卞氏之珍。磨之不加莹，雕之不增文，禀气坚贞受之自然，顾其理，枉屈纡绕而不得申。"

曹操闻听刘桢之言，当然知道他这是借石自喻。因此，曹操当时也没再说什么，转身离开了。只是曹操视察石料厂后不久，刘桢就被赦免了。

刘桢是在汉献帝建安十六年（211年）获罪，到汉献帝建安十七年（212年）四月，获释。

这样，刘桢在输作部磨石做苦工，大约一年时间就被释放了，并且，再一次担任了五官中郎将曹丕文学。

汉献帝建安十八年（213年），曹操出去打猎，曹丕跟从，作了一篇《校猎赋》，后来，刘桢和陈琳、王粲、应玚等人一起作了同题赋。

后来，刘桢生了一场大病。这时，曹丕曾来探病视疾，曹植也来关心慰问，使他感到十分温暖。

不久之后，刘桢调任曹植庶子，而原任曹植庶子的应玚则调为五官中郎将文学。

与刘桢一起辅佐曹植的还有邢颙。

邢颙，是一位以学识渊博著称的雅士，而曹植则是个自由散漫惯了的公子，这就造成了两人关系有些紧张。

当然，这件事与刘桢本来没有关系，但因刘桢受到曹植的礼遇，他也就对曹植以诚相待。因此，特别写信劝谏，以免对曹植有诸多不利影响。

在信中刘桢写道："家丞邢颙，北土之彦，少秉高节，玄静淡泊，言不理多，真雅士也。桢诚不足同贯斯人，并列左右。而桢礼遇殊特，颙反疏简，私惧观者将谓君侯习近不肖，礼贤不足，采庶子之春华，忘家丞之秋实。为上招谤，其罪不小，以此反侧。"

刘桢的这封信，言辞恳切，饱含着对曹植政治前途的关心，而将自己的名利荣辱置之度外。这同那些或争名逐利或唯唯从命的文人相比，刘桢对曹植的态度则显得坦诚、大度、超脱。

汉献帝建安十九年（214年），曹植转封为临淄侯，刘桢又成为临淄侯庶子。

在此任上，刘桢又作了《行女哀辞》《仲雍哀辞》《瓜赋》《大暑赋》等文章。

汉献帝建安二十二年（217年）二月，因瘟疫流行，刘桢不幸染疫病故，时年仅37岁。

04. 诗人，五言之冠冕

汉献帝建安二十二年（217年）冬，北方瘟疫流行，刘桢染病去世。曹丕为此极为悲痛，亲自为刘桢整理遗文，同时，曹丕还对刘桢做出了评价，并追思往日与刘桢相处时，行则连舆、止则接席、酒酣耳热、仰而赋诗的一幕幕，不胜痛悼。

应该说，当三国鼎立的局面逐渐形成之后，建安诸子的生活也趋于稳定，于是，他们就在邺城与曹氏父子一起昼游夜饮，吟诗作赋。而由于曹操的提倡、曹丕的鼓励、曹植的参与、建安诸子的攀龙附凤，在邺城，着实掀起了一股强劲的文学热潮。

刘桢在这种文学交流的过程中，也创作了不少脍炙人口的名篇。

刘桢以诗歌见长，特别是他的五言诗在当时颇负盛名。

刘桢在五言诗上的行文，表现得才思敏捷，在当时就与曹植齐名，后人又将他与曹植并称为"曹刘"。而一个叫钟仲伟的人，评价刘桢为："五言之冠冕""文章之圣"。

如今，刘桢的存诗有15首。大部分诗的风格遒劲，语言质朴。

刘桢的诗又分为两类：一类是赠答诗，一类是游乐诗。

在赠答诗中，最著名的就是前文中已经提到的《赠从弟》3首，为刘桢的代表作。全诗言简意明，平易通俗，长于比喻。分别用萍藻、松树、凤凰为喻，抒写了坚贞高洁的性格。

还有刘桢在获罪时写的《赠徐干》一首诗，被钟嵘评价为："五言之警策也。"

另外，还有《赠五官中郎将诗》4首，全诗如下：

其一

昔我从元后，整驾至南乡。过彼丰沛郡，与君共翱翔。四节相推斥，季冬风且凉。众宾会广坐，明镫熺炎光。清歌制妙声，万舞在中堂。金罍含甘醴，羽觞行无方。长夜忘归来，聊且为太康。四牡向路驰，欢悦诚未央。

其二

余婴沉痼疾，窜身清漳滨。自夏涉玄冬，弥旷十余旬。常恐游岱宗，不复见故人。所亲一何笃，步趾慰我身。清谈同日夕，情盻叙忧勤。便复为别辞，游车归西邻。素叶随风起，广路扬埃尘。逝者如流水，哀此遂离分。追问何时会，要我以阳春。望慕结不解，贻尔新诗文。勉哉修令德，北面自宠珍。

其三

秋日多悲怀，感慨以长叹。终夜不遑寐，叙意于濡翰。明灯曜闺中，清风凄已寒。白露涂前庭，应门重其关。四节相推斥，岁月忽已殚。壮士远出征，戎事将独难。涕泣洒衣裳，能不怀所欢。

其四

凉风吹沙砾，霜气何皑皑。明月照缇幕，华灯散炎辉。赋诗连篇章，极夜不知归。君侯多壮思，文雅纵横飞。小臣信顽卤，僶俛安能追。

刘桢的游乐诗，包括《公宴诗》《斗鸡诗》《射鸢诗》等。《公宴诗》用华丽诗笔尽情写山水之美与游赏之乐，全诗如下：

永日行游戏，欢乐犹未央。遣思在玄夜，相与复翱翔。辇车飞素盖，从者盈路傍。月出照园中，珍木郁苍苍。清川过石渠，流波为鱼防。芙蓉散其华，菡萏溢金塘。灵鸟宿水裔，仁兽游飞梁。华馆寄流波，豁达来风凉。生平未始闻，歌之安能详。投翰长叹息，绮丽不可忘。

另外，刘桢的《斗鸡诗》，是一首描写古代斗鸡活动的五言诗。全文动静结合，又将斗鸡场面描述得富于气势。

《斗鸡诗》全诗如下：

丹鸡被华彩，双距如锋芒。

愿一扬炎威，会战此中唐。

利爪探玉除，瞋目含火光。

> 长翘惊风起，劲翮正敷张。
> 轻举奋勾喙，电击复还翔。

除了诗作，刘桢也写赋。他最著名的赋作有《鲁都赋》《黎山阳赋》《遂志赋》《瓜赋》《大暑赋》《清虑赋》等。

《鲁都赋》原文已经散佚，现摘录片段如下：

> 昔大庭氏肇建厥居，少昊受命，亦都兹焉。巨海分焉，倾泻百川。山则连冈属岭，瞠魅峡北。紫金扬晖于鸿岸，水精潜光乎云穴。岱宗逸其层秀，干气雾以高越。其木则赤棣青松，文茎蕙棠，洪干百围，高径穹皇。竹则填彼山垠，陔弥阪域，夏荡攒包，劲条并直。蒙雪含霜，不渝其色，翠实离离，凤凰攸食。芳果万名，攒罗广庭。霜滋灵润，时至则零。……

刘桢在这篇《鲁都赋》中，对鲁都的历史、山川、物产、宴会、歌舞、宫室、园囿、羽猎、人物……无不备述。

刘桢的赋文风格独特。他一改粉饰太平的世俗，以清新的笔调，娴熟的技巧，朴实准确的语言，有纵古合今的大气。在刘桢的赋作中，或是描写家乡的风土人情和优美的自然风光；或是讥讽时事，咏物抒情。

刘桢的赋作在内容上，实现了由宫廷向社会，由帝王向平民的转变。而在篇幅上，实现了由长篇宏制向短小精悍的转变。在作品的气势上，实现了气势跌宕起伏，意境陡峭挺拔，不假雕琢而又格调颇高。因此，这些都为以后的文学发展开了先河。

刘桢在赋作上，与王粲合称为"刘王"。

其中，刘桢与王粲各有一篇《大暑赋》。

虽然是同题文章，但在文采上的差异是很明显的。同样面对动乱的社会，遭遇坎坷的人生，刘桢更多的是表达了个人愤慨不平的情感，因此他的作品中总是充盈着慷慨磊落之气。这种精神和气骨造就了刘桢诗歌俊逸而奇丽的风格。

刘桢的《大暑赋》全文如下：

> 其为暑也，羲和总驾发扶木，太阳为舆达炎烛，灵威参垂步朱毂，赫赫炎炎，烈烈晖晖，若炽燎之附体。又温泉而沉肌，兽喘气于玄景，鸟戢翼于高危，农畯捉镈而去畴，织女释杼而下机，温风至而增热，歊悒憎而无依，披襟领而长啸，冀微风之来思。

刘桢也写有散文，但他的散文留传下来的很少，现仅见寥寥3篇，即《与曹植书》《谏曹植书》《答魏太子丕借廓落带书》。前两篇皆已残缺，唯有后一篇较为完整，且辞多谐趣，颇可一读。

刘桢一生中的著述包括《毛诗义问》10卷，文集4卷。后人集有《刘公干集》传世。刘桢文学上的巨大成就、雄辩的技巧及忠友敬业精神，赢得了后人赞颂。如此可见，刘桢确实是"建安七子"中的佼佼者。

后 记

当点下最后一个标点,完成《风云激荡的建安时代:曹操父子和"建安七子"》这部书稿时,多少天来,或欣喜或悲伤或风花雪月或金戈铁马的心情,终于平静下来。

实话说,此前,笔者对曹操父子和"建安七子"的了解,只是停留在那些家喻户晓的故事和著名的篇章上,而对于他们在东汉末年的乱世中,如何与命运抗争,又是如何创作的,却掌握得很有限。特别是对"建安七子"的了解知之甚少。

于是,笔者试图去查找、去阅读、去了解……然而,查找、阅读得并不是很顺畅,并且,当仔细研究之后才发现,原来以前被妇孺皆知的故事,也并不是有据可查的真实历史。

特别是,因为本就作于战乱的时代,再加上年月的流逝,"建安七子"的生平经历记载有限,且所创作的大量优秀作品,至今大部分散佚,存世的作品也多有残缺。

于是,笔者就决定要完成《风云激荡的建安时代:曹操父子和

"建安七子"》一书，要在遍查史料的基础上，尽量将曹操父子和"建安七子"的人生和创作撰写下来，分享给更多的人。

当这部书稿终于完成时，笔者除了觉得十分欣喜之外，还得感谢诸多史书及那些编写史书的史官们，如《三国志》《后汉书》《中国通史》（金兆丰著）等，正是因为有了诸多史书中即便是只言片语的记载，也才会让笔者有依据、有信心来完成这部书稿。书稿虽不敢说完美，但敢保证已经尽力而为之。

这是一部曹操父子和"建安七子"的人物传记合集，也是一本传承中国传统文化的读物。全书每个人物独立设为一章，共10章。除了曹操一章中设10小节之外，其他人物均每章4小节，共46小节。

特别说明一下：在本书中，曹操父子按长幼排序，而"建安七子"的排名不论成就，只以出生时间为序。

在撰稿的过程中，本着集文学和史学于一体、集传统和现代于一体、集知识和趣味于一体等原则，同时，力求克服说教式、刻板式等缺点，力求运用小说、故事、散文等相结合的笔法，引领读者，共同回到汉末魏初，了解曹操父子与"建安七子"人生与文章背后的故事，穿越时空，与他们做一次晤面，在他们的人生际遇与文学创作中，领略中华传统文化的美妙和博大精深。